HERBERT SCHOPPMANN

ERROR SIX in INDIA

Roman

AF792852

Zuletzt im chiliverlag erschienen (Auswahl):
Herzschlaf, Gedichte und Kurzprosa über Trauer, Trost und Hoffnung
Juleika Lippenrot, Erzählungen, David Wozniak
Stimmwirbel, Gedichte, Michel Ackermann
Machen! Silben, Sätze, Sensationen, Marc Mandel
Gatti – Katz'n, 21 krasse Katz'nstories
Kodex Rosebud, Hans-Jörg Kühne, Roman
Kiss Me Cyprus Hell, Miriam Sonntag, Jugendroman
Abschreibungen, Satirisches und Lyrisches von Stefan Krückmann
Provozia, Ronald Zieger, Roman
Schwellenbrand, Helena Ende, Roman
wir wölfe – Gedichte, Eine poetische Hommage an unsere Tierwelt
Verstummung, Tier- und Naturschutzkrimis
Pappalappa Mirzapan, Gedichte für besondere Kinder
Tanze mit Raketenschuhen – Dance with Rocket Shoes, Alex Dreppec

1. Auflage Dezember 2016
(c) chiliverlag, Franziska Röchter, Verl
franchili / 45
Die Rechte an den einzelnen Texten sowie Abbildungen liegen beim Autor.
Detaillierte bibliographische Daten sind unter http://dnb.ddb.de bei der Deutschen Nationalbibliographie abrufbar.

Gestaltung, Layout, Lektorat: chiliverlag
Fotos Backcover und innen: Herbert Schoppmann
Printed in Germany
ISBN 978-3-943292-47-3

www.chiliverlag.de

chili verlag

Das Universum war seiner Ansicht nach im Kopf, und dort konnte man soviel herum wandern, wie man wollte. Und das auch noch umsonst. Man musste nicht alles gesehen haben, weil man sich auch alles denken konnte.

INHALT

WESTKIRCHEN

Warum so und warum nicht anders und warum überhaupt?

Robert saß vor seinen Tasten, starrte die vielen Knöpfe und Regler an und überlegte, ob das alles noch einen Sinn hatte.

„Passe ich überhaupt in die Zeit oder werde ich mit der Zeit passend gemacht?", fragte er sich aus seiner notorisch melancholischen Grundstimmung heraus. Wie es wohl wäre, wenn er alles spielen könnte, was er wollte? Aber kann man überhaupt mehr wollen, als man kann? Schon manche Band hatte ihre Virtuosität in die Langeweile getrieben. Und geradezu stümperhaften Amateuren konnte das Glück der schlichten Erhabenheit zuteil werden. Man darf nicht den Fingern gehorchen. Wenn man alles so herunter spielt, was den Fingern angenehm ist und ihnen keine Schwierigkeiten bereitet, wird es Mist. Wenn man sich in den Geist der großen klassischen Meister stellt, sollte man sich nicht mit Technik abmühen müssen. Aber wenn man alles selber macht, sich quasi in seinen eigenen Geist stellt, oder, noch schlimmer, sich dem Geist einer Gruppe unterwirft, der nicht mal immer erkennbar ist, der manchmal sogar erkennbar abwesend ist, was dann? Ist der Horizont eine Frage der Fähigkeiten? Wird er kleiner bei fehlenden und größer bei vorhandenen oder ist er letztlich völlig unabhängig davon? Warum findet man eigentlich gut, was man gut findet? Vielleicht wird man befangen, sobald man es selber hergestellt hat. Aber das Gefühl, dass man abhebt, dass es auf einmal wie von selber läuft, dass das Adrenalin einem durch den Körper schießt und dass es den anderen genauso geht, dieses Gefühl ist untrüglich. Es setzt eine Kraft frei, die sich nicht belügen lässt und die man sich auch nicht einbildet. Robert legte noch einen Holzscheit in den Bollerofen, der den Proberaum heizte, und testete noch ein paar Sounds, bevor die anderen kamen.

Jetzt war noch die Gelegenheit für etwas Zarteres, gleich wurde es lauter. Die Treppe knirschte. Schweren Tritts wuchtete sich der Lange die schmale Treppe hinauf, deren Holzgeländer mit kleinen Ausbuchtungen versehen war. Lohmann war nämlich Bildhauer, Holzbildhauer, und in seinem ganzen Haus begegneten einem kleine Knubbel und Wölbungen, die die tastende Hand zum Verweilen einluden. Der Lange freilich verweilte nicht, sondern hievte sich durch die offenstehende Luke über die letzte Stufe in den ausgebauten Dachboden, der seit vielen Jahren als Proberaum zur Verfügung stand. Dort ließ er sich auf den nächstbesten Stuhl fallen. Lohmann hatte im Laufe der Zeit alle Stühle ausgetauscht, denn sämtliche aus Holz waren schon zu Bruch gegangen. So hatte er Stühle mit Stahlfüßen vom Sperrmüll aufgetrieben, die der Lange gefahrlos in Beschlag nehmen konnte.

Auch unten im Haupthaus gab es extra Mobiliar für den Langen, das sofort aus einer Kammer herbeigeschafft wurde, sobald der Lange den Hof betrat. Gleichzeitig ließ man alles Essbare, insbesondere Schokolade und Süßigkeiten, unverzüglich verschwinden, wenngleich der Lange fast alle Verstecke mit zielsicherer Nase unverzüglich ansteuerte. Der Lange war über zwei Meter groß und wog ca. 150 Kilogramm, von denen sich mindestens die Hälfte ausschließlich am Bauch konzentrierten. Der Rest verteilte sich auf einen vergleichsweise normalen Körper, an dem aber alles proportional recht groß geraten war. Wenn solche Leute Musik machen, dann spielen sie Bass. Angeblich sind sie der ruhende Pol von vielen Bands und geben ihnen das Fundament. Angeblich. Begrüßungen im klassischen Sinne, also im Sinne von „Hallo, Tach, Moin“ und ähnliches gab es in dieser Band genauso wenig wie Verabschiedungen. Man war halt da und dann eben wieder weg. Robert hörte auch nicht auf, zu spielen, als er den Langen sah, sondern nudelte irgendwelche Läufe herunter, um die klammen Finger etwas warm zu machen.

Der Lange schob weiteres Holz in den Ofen. Es gefiel ihm immer, an dem Ofen herumzurütteln, damit die Asche durch den Rost fiel. Überhaupt rüttelte er gerne, sowie er gerne pfriemelte und pulte. Seine Finger waren neugieriger als etwa seine Augen. Und mochte auch der Körper sich klobig, ja geradezu gewaltig auf stahlfüßigem Gestühl winden, so zeigten sich seine Finger selbst zartem Porzellan gewachsen. Sollte eine Elfe in ihm wohnen?

Sollten wir alle eine Art Gefäß sein, in dem Wesen wohnten, die sich nur meldeten, wenn wir Verrichtungen nachgingen, die diesen Wesen auf den Leib geschnitten waren? Lohmann stapfte langsam hoch und brachte noch einen ganzen Korb voll Holz mit. Schlagzeuger, Taktgeber, der Mann für den Drive. Aus der Zeit gefallen: schratig, kauzig und verwurzelt. Das Wurzelwerk wuchert im selbst geschütteten Erdreich, geschreddert aus den Entwurzelungen des öffentlichen Kulturraums, die kleingehackt und gehäkselt den Bodensatz für Lohmanns Individualverästelungen bilden.

„Soll ich lieber gerade oder soll ich lieber nicht?“, ein Refrain aus einem der Programme. Nein, nicht gerade, aus krummem Holze sollst du sein.

Der Schiefmacher und Gralshüter des Schrägen winkte majestätisch in die Runde: „Pröbsting noch nicht da?“

Der Lange: „Hat SMS geschrieben, dass er noch auf der Autobahn ist. Kommt halbe Stunde später.“

Pröbsting fährt immer am Limit und ist ein Freund des großen Auftritts in jeder Beziehung, Gitarrist seines Zeichens. Er ist ein Mann des Tempos, dessen Bremsen natürlich permanent überhitzt sind angesichts der Geschwindigkeiten, die sie drosseln müssen. Die Rituale der Langsamkeit sind seine Sache nicht, und das gezischte Bier ist ihm allemal lieber als der seidenweich goutierte Rotwein. Pröbsting ist die Gegenfigur zum Langen, dessen Buddha-Haftigkeit ihm Anreiz und Angriffsfläche für nervöse Sticheleien bietet, die derselbe dann aber keineswegs stoisch wegsteckt, sondern die ihm kleine Ausreißer ins brutale Gebrüll gestatten, die er sich gerne genehmigt, sowie er sich eben auch sonst so einiges genehmigt. Die Gründe für diese dann sehr lautstarken Eskapaden bleiben Außenstehenden verborgen. Robert und Lohmann haben sie in langen Jahren nicht herausfinden können und nehmen das laute Geschrei als normales Ritual einfach hin. Kommen beide gleichzeitig durch das Tor zum Hof, kann man es von weithin hören, und es ist dann Zeit, sowohl das Mobiliar für den Langen auszuwechseln als auch den starken Kaffee für den Nervösen auf den Tisch zu stellen.

Die Totenglocken läuteten nebenan und Pröbsting schwang sich die Holztreppe hinauf und schmiss ein paar CDs auf den Tisch.

„Mitschnitte von der letzten Probe, Meuter." Meuter sagt er immer, wenn er etwas umwerfend gut oder ganz einfach extrem findet.

„Meuter Probe."

Lohmann verdrehte die Augen. „Anhören?"

„Klar, unbedingt, listening session. Track drei und vier. Montreux, New York. Da muss das hin. Wir müssen aus dieser verstunkenen Provinz raus. Track vier ist total stadionmäßig, unglaublich."

Und sie hockten sich hin, Lohmann holte den Kaffee hoch und dazu noch ein paar Plätzchen. Der Lange regte sich. Für einen Moment schrien sie sich nicht an. Für einen Moment.

„Wirklich nicht schlecht, wenn man das so aus der Distanz hört", meinte Robert, leicht zergrübelt wie immer. Und Lohmann pochte dann immer auf Übungsdisziplin. „Müssen wir dran arbeiten, festhalten. Ist auch viel zu lang."

Aber der Arbeitsgeist schwebte nicht immer über den Köpfen dieser Gruppe, dafür feierten der Experimentiergeist und der Improvisiergeist immer fröhliche Urständ, selbst dann, wenn den Vieren nicht nach Feiern zu Mute war. ERROR SIX, ein disziplinloser Haufen nicht ganz sicher verorteter Spezialcharaktere mit einer erstaunlichen Bandbreite zwischen banaler Klimperei und genialen Einfällen, die manchmal wie aus einer anderen Welt auf sie herunterfallen, sodass sich alle wundern: „Haben wir das wirklich gespielt? Unglaublich. Das kriegen wir nie wieder hin." Und rums, knallt Lohmann sein Mantra runter: „Das müssen wir festigen und üben. Eventuell kürzer machen und ein Thema drüber."

Doch allzu oft verhallten die ehrenwerten Ermahnungen in hektischer Betriebsamkeit und überbordender Spielfreude. Arbeitsgeist erwachte nur vor Projekten, dann allerdings war er nicht zu bremsen. Es gab keinen Markt oder besser gesagt, es gab keinen Markt mehr für solche vagabundierenden Amateure, deren Zeit vorüber zu sein schien, aber als Hintergrundstrahlung immer noch brannte und jene Frierenden wärmen konnte, die es noch gab, vereinzelt, unauffällig, und die zusammenzutrommeln ein schier unlösbares Problem darzustellen schien, denn die Versprengten hatten sich scheinbar verschanzt. Und auch ERROR SIX war so unfreiwillig verschanzt und spielte mit aus geheimnisvollen Quellen sich speisender Energie gegen die unsichtbaren Mauern an, die sie umgaben. Oft klang es wie ein Trommeln gegen diese Wände, die mit mehrschichtigen Klangteppichen und eruptiven Gitarrensoli traktiert und eingerissen wurden, um dann doch wieder langsam und penetrant nachzuwachsen.

„Meuter", entfuhr es Gereon Pröbsting noch einmal, und die vier Herren begaben sich an ihre Instrumente.

Wo das Ganze stattfand? Irgendwo in Zentralwestfalen, auf dem Lande, in dem Kaff, in das es Lohmann geschossen hatte, nachdem sich seine erste Frau selbstverwirklicht hatte. Man kann sich nicht aussuchen, wo man strandet. So war es halt eines von jenen vielen Dörfern, die ihre bäuerliche Vergangenheit nur noch als Staffage gebrauchen und ihren Charakter gegen gepflegte Vorgärten eingetauscht hatten. Sie hatten den verschiedenen postmodernen Verhässlichungswellen nichts entgegen zu setzen und gehorchten dem Gestaltungswillen geheimer Mächte, die ihnen Supermärkte versprachen als Garanten von Lebensqualität, die aber höchstens behauptet wurde, sich nirgendwo als Erlebnis niederschlug. Lohmanns Anwesen hatte diese Wellen erfolgreich über sich hinweg brausen lassen und behauptete sich auch weiter als Fels in der Brandung.

Und jeden Freitag ab 15 Uhr hockten die Figuren von ERROR SIX auf diesem Affenfelsen und trieben ihr ungepflegtes Unwesen, das den Einflüsterungen des Zeitgeistes hartnäckig widerstand und diesen brutal in die Schranken verwies. Nein, es musste nicht gefällig sein. Es musste sich nicht geschmeidig durch die Gehörgänge spülen lassen, ohne Spuren zu hinterlassen. Obwohl es bei allen Vieren zum Teil unterschiedliche Vorlieben gab und obwohl sie aus verschiedenen Vergangenheiten kamen, von denen sie alle anders geprägt waren, verschmolzen sie doch im gemeinsamen Nenner dessen, was sie zusammen herstellten, obwohl es keine Aussicht auf Erfolg gab. Es war eine Sisyphos-Tätigkeit, die ja vermeintlich glücklich macht. Vermeintlich. Dennoch stellte sich die Frage nach dem Warum für diesen jahrelangen Aufwand nur am Rande, denn im Geheimen wussten alle, dass sie sich in diesem zweckfreien Tun wohl fühlten. Robert und Lohmann kamen noch aus der wilden Zeit und litten deshalb besonders unter den gnadenlosen Einfältigkeiten des Gegenwartsgesäusels. Ihnen erschien das meiste als flache Wiederholung und die hohlen Protestgebärden waren nur noch Pose, während Pröbsting die Posen keinesfalls so suspekt erschienen, dass er wie die beiden Altvorderen unter Brechreiz zu ersticken drohte, sobald ein Langmähniger das nietenumkränzte Handgelenk rebellisch gen Himmel streckte.

Der Lange hatte einen ziemlich sicheren Instinkt für authentische Auftritte. Jeder Bombast war ihm schnell verdächtig, während Pröbsting sich gewissen Anfälligkeiten nicht ganz entziehen konnte, ein triftiger Grund für bittere Ironie, die er beiseite schob, denn die Scorpions waren für ihn aus dem Schneider, weil er ein Autogramm von denen auf der Gitarre hatte. Für die anderen war das billiger Stadion-Schrott und vulgärer Mainstream. Dennoch holte Pröbsting dann Sachen aus seiner Gitarre, die man eher auf dem Jazzfestival in Moers zu Gehör bekam als bei einem Scorpions-Konzert. Jeder spielt letztlich so, wie er auch ist, aber der Leviathan der Gruppendynamik ist ein merkwürdiges Zwitterwesen, in dem sich zwar jeder gerne wiedererkennen möchte, zuweilen jedoch auch erbarmungslos untergebuttert wird. Vor allem, wenn der Lange seinen Bass auf volle Kanne drehte. Und so ist jede Begegnung auch Kampf und Wettbewerb um die beste Idee, die interessanteste Harmonie, die abwechslungsreichste rhythmische Figur, den originellsten Refrain, manchmal auch um schiere Hörbarkeit. Musikalische Figuren werden hier nämlich nicht verordnet, sondern in kompromissloser Basisdemokratie gemeinsam ausdiskutiert, denn über Geschmack kann man eben nicht nur streiten, sondern auch verhandeln.

Der Lange legte sich den Bass auf die Plauze und gab erst mal eine kleine Linie vor, während Pröbsting noch am Laptop herumfummelte, um die optimalen Aufnahmebedingungen einzustellen. Es wurde alles aufgenommen, ausnahmslos alles. Man spielte also immer vor erbarmungslosen, unmanipulierbaren, digitalen Ohren, die jede Idiotie aufzeichneten, aber wie Netze ausgeworfen wurden, um verwertbare Ideen an Land zu ziehen. Danach wurde der Fang ausgewertet. Robert legte erst mal einen wabernden Klangteppich unter die Basslinie und Lohmann begann langsam zu rhythmisieren. An diesem Punkt konnte noch alles aus der Session werden. Entweder schrappte Pröbsting rein perkussiv über die Seiten und entlockte ihnen kratzende, pickende, brodelnde, seufzende und gurgelnde Geräusche, oder er suchte den solistischen Weg, der sich im weitesten Sinne melodiös einen Pfad durch die langsam komplexer werdende Welt des Hintergrundes bahnte. Aus diesen Hintergründen schälten sich dann Antworten auf die Gitarrenfragen in Form von Keyboard-Akzentuierungen von Robert, oder der Bass machte sich selbstständig. Die Fäden in der Hand behielt aber in der Regel Lohmann, der mit klugem Spiel bestimmte, ob es aggressiv oder ruhig, schnell oder langsam zugehen sollte. Vor allem bestimmte er, wann das Stück zu Ende war, und er spürte in der Regel recht genau, wann nichts mehr kam, wann es drohte, in stupiden Wiederholungen zu versanden. Dann kam immer das Fallbeil, es sei denn, der Kollege war ausnahmsweise mal selbst nicht bei Trost, völlig eingelullt oder dermaßen optimistisch, dass er den künftigen Minuten noch eine Chance lassen wollte. Aber ansonsten kam immer so eine klassische Schlagzeug-Figur, die eindeutig sagte: Schluss jetzt. Diese Methode war immer selbstreferentiell, sie spekulierte auf gar nichts und das Ergebnis konnte im positiven wie im negativen Sinn überraschend sein.

Das anschließende Sichten der Ausbeute hätte man mit einem Kochkurs vergleichen können, der nach entsprechenden

Bemühungen sein eigenes Essen verkosten musste. Versalzen war versalzen, da gab es nichts zu deuten. Aber wer wollte schon zugeben, dass er einen Fraß zubereitet hatte? ERROR SIX war da etwas unbestechlicher. Nach einer Minute wurde abgewunken, wenn tatsächlich einmal debile Hunde mit ihnen durchgegangen waren. Nur Pröbsting wollte noch aus den kleinsten Takteinheiten Honig saugen und nahm das ganze Material oft mit nach Hause, um es im Heimstudio noch einmal zu bearbeiten. Tatsächlich brachte er es dann manchmal etwas aufpoliert wieder mit und das Zeugs bekam eine zweite Chance. Aus diesem ganzen endlosen Material wurden schließlich Stücke gebastelt, die man dann jederzeit live abrufen konnte. Die Zahl der Stücke stand aber in keinem Verhältnis zu dem riesigen Haufen an Material, der jeden Freitag größer wurde. Das Schwierigste war, den Stücken die Frische zu belassen, aus der sie entstanden waren und sie nicht in ein steifes Korsett festgelegter Abläufe zu pressen. Die Festlegung der Struktur sollte noch genügend Freiräume für spontane Veränderungen und Improvisation lassen. Und so klang auch jedes Stück jedes Mal anders. Heute war nicht schlecht gewesen. Es war inspiriert. Man konnte ein Stück daraus machen. Konnte. Wenn nicht das nächste Mal weiter an der Anhäufung des Materials gearbeitet würde, was zweifelsohne mehr Spaß machte, als an den Stücken zu arbeiten. Den meisten jedenfalls.

Und so entstand über die Jahre ein Soundtrack für vier unterschiedliche Charaktere, deren Lebensläufe für die Zeit des gemeinsamen Musizierens in einen Strom mündeten, dessen Hintergrundrauschen auch bei den entlegensten Alltagsverrichtungen vernehmbar blieb. Irgendwie erkennbar bleiben, wenn schon nicht für ein Massenpublikum, dann wenigstens für einen selbst. Oder sich erkennbar machen, eine Artikulation suchen, die noch nicht zu abgenutzt ist und die etwas beschreibt, was Identifikation erlaubt. Aktiv sein in einer Welt, die einen zum Verzehr, zum Ge- und Verbrauch, zur passiven Teilnahme überreden möchte.

Aber für heute war das erst mal die letzte Probe vor der Sommerpause. Man verdampfte in verschiedene Richtungen. Robert verschlug es nach Indien, Lohmann in die Provence, Gereon Pröbsting nach New York und der Lange musste sich um die Kinder kümmern. Mal sehen, was nach der Pause noch hängen geblieben war. Oder ob man wieder einmal von vorne anfangen musste? Nach allgemeiner Auffassung brauchte man Ferien zum „auftanken". Als hätte man vorher den Tank leer gefahren, was auch immer der Treibstoff gewesen sein mochte.

Es konnten auch wahlweise Batterien sein. Dass Robert ausgerechnet nach Indien fuhr, war natürlich kein Zufall. Zum einen folgte er dem Fernweh seiner Frau. Zum anderen liebte er die indische klassische Musik, denn sie hatte eines gemeinsam mit ERROR SIX: Kein Stück war jemals gleich. Es gab dort einen sehr hohen Improvisationsanteil, allerdings vor dem Hintergrund äußerst ausgeklügelter und hoch komplexer rhythmischer Strukturen. Dass Pröbsting nach New York musste, entsprach natürlich auch dem Wesen seines vegetativen Nervensystems, das ihn gerne in nervöse Umtriebe schleuderte, die ihm zur zweiten Natur geworden waren und die im zentralwestfälischen Umfeld verkümmern mussten.

Lohmann setzte in der Provence sein Landleben eigentlich nur in verändertem Umfeld fort, und der Lange, wie gesagt, musste sich um die Kinder kümmern. Und so nahm alles seinen alljährlichen Lauf. Die Sommerferien plätscherten dahin. Bis auf den notorischen Junggesellen Pröbsting kamen alle mehr oder weniger ihren ehelichen Verpflichtungen nach. Den Absurditäten des Alltags begegneten sie nun mit der gebotenen Gelassenheit. Die Seismographen für den Irrsinn der Welt waren etwas heruntergepegelt. Aufregen konnte man sich später immer noch. Es war auch ein Urlaub von der Gewohnheit, von ihrem wöchentlichen Ritual, von dem sie nicht lassen konnten, da es wie eine Parallelwelt zum festen Bestandteil ihrer Existenz geworden war. Der Unterschied zu dem Angebot tausender von Nebenhöhlen, die den Existenzflüchtlingen eine angenehmere Schattenwelt versprachen, war, dass es umsonst war. Die goldenen Nasen, die die Parasiten des Unglücks sich an ihren Klienten verdienten, konnte man sich getrost schenken, weil es keine Heilsversprechen gab. Alles war ja mittlerweile ein Zugeständnis, der Kompromiss die Lebensgrundlage. Selbst die fälligen Ausbrüche richteten sich an den Koordinaten des Möglichen aus, da machte auch der Urlaub keine Ausnahme. Viel mehr als eine Ortsverlagerung mit einhergehender Komfortsteigerung war bei nüchterner Betrachtung nicht herauszuholen. Was war eine Betrachtung eigentlich, wenn sie nicht nüchtern war? Betrunken, berauscht, umnachtet? Jedenfalls schien sie nicht der Normalfall zu sein, was diesem ein doch zweifelhaftes Zeugnis ausstellte. Dennoch war man allgemein froh, dass dieser Normalfall dann doch wieder in Form der Freitagsprobe eintrat, nüchtern betrachtet.

Berichte über etwaige Erlebnisse gab es so gut wie keine. In kurzen, abgehackten Nebensätzen wurden die jeweiligen Schauplätze schemenhaft skizziert. Die geheime Freude über das neuerliche Zusammenhocken musste mit holzigem, virilen Gehabe überspielt werden, um ja keinen falschen Sentimentalitäten Raum zu geben.

„Hab unserem indischen Reiseleiter von uns erzählt. Der fand das interessant. Wir sollten mal dort auftreten“, warf Robert ein.

Die Bemerkung ging aber im allgemeinen Durcheinander unter. Zur Feier des Tages hatte Cornelia Kuchen und Plätzchen gebacken und zusammen mit ihrem Gatten Lohmann hatten die beiden Schweinehunde diese mit Senf, Unmengen Pfeffer und anderem ekligen Zeugs präpariert. Mit heuchlerischer Mine stellte sie die Sachen auf den Tisch, um sogleich im Nebenraum zu verschwinden, wo sie ihr bräsiges Ohr an die Tür presste und wartete. Es passierte nichts. Der Lange ließ es sich sofort schmecken, drückte sich den Mund voll und spülte mit Kaffee nach. Gereon suchte noch Bilder auf seinem Handy von einem Jazzclub in New York. Robert nahm einen Bissen von einem Schokoladenplätzchen und dachte: würzig. Seine Mine wechselte leicht ins Süß-säuerliche. Lohmann übte sich in beiläufiger

Konversation, konnte sich aber kaum halten vor Lachen. Dann erst nach zwei weiteren Plätzchen platzte es aus dem Langen heraus und zeitgleich entlud sich Cornelia hinter der Tür durch ein infernalisches Prusten.

„Was ist das denn?", schüttelte sich der Lange. „Hat da einer reingekotzt?"

Kindisch, fürwahr. Einfältig, unterirdisch infantil mit leichtem Spiel ins abgründig Blöde: die andere Seite dieser Runde. Aber diese latente Verweigerung gegenüber der Erwartung, die man an erwachsene Männer berechtigt haben durfte, war gleichzeitig so eine Art Öl, mit der der Laden geschmiert wurde.

Schnell breitete sich der Plan aus, eine neue CD herauszubringen. Die Euphorie über diesen Plan infizierte sie wie ein Lauffeuer. Vor Jahren schon hatten sie einmal eine CD veröffentlicht, und zwar in einem Holzmantel. Die CD war gleichzeitig ein bildhauerisches Kunstwerk. Der Holzscheit war innen kreisrund ausgefräst. Ein kreisrundes Lederstück schützte die Platte vor Beschädigungen. Mit einem Lötkolben war der Name der Band in den Holzblock eingebrannt. So lag es auch jetzt nahe, neben der Musik vor allem auch über die äußere Gestaltung nachzudenken. Es wurden mehrere Materialien durchgespielt. Schließlich kam als Vorschlag *Beton* und stieß gleich auf Begeisterung. Beton, genau das war es. Eine CD in einem gegossenen Betonblock. „Meuter", entfuhr es Pröbsting und man machte sich an die Planung. Für die technische Umsetzung war Lohmann der Experte. Er fing gleich an, über eine Gussform nachzudenken. Am nächsten Freitag war der erste Prototyp schon fertig. Ein quadratischer, schwerer Block, außen geriffelt, dessen oberstes Drittel man abnehmen konnte und dessen zwei Teile durch zwei herausstehende Nägel zusammengehalten wurden. Der Platz für die CD im Inneren war ausgespart. Damit konnte man ein Schaufenster einschmeißen. Konnte man sowas auch verkaufen? Völlig egal, es ging ums Prinzip. Die nächsten Freitage waren so eine Art Bastelstunde. Aus langen Stoffbahnen mussten CD-große Kreise ausgeschnitten und in die Aussparungen geklebt werden. Robert schnitt aus, der Lange klebte und Gereon kümmerte sich um die Etiketten, die gleichfalls von innen eingeklebt wurden. Lohmann befreite einen neuen Block aus der mit Sand umhüllten Gussform und goss einen weiteren. Im Hintergrund erschallten laut die Stücke der CD und sie wunderten sich, dass sie das wirklich alles selbst gespielt hatten.

„Die nehmen wir mit nach Indien" raunte Robert.

„Damit kommen wir niemals durch die Gepäckkontrolle", witzelte Pröbsting.

„Träum weiter", meinte Lohmann. „Was sollen wir in Indien? Völliger Blödsinn".

Sie spielten auf einer Ausstellungseröffnung eines Freundes und verkauften dort tatsächlich ziemlich viele Blöcke, sodass Nachschub hergestellt werden musste. Im privaten Kreis gingen auch einige weg. Das Verschicken für Promotions-Zwecke kostete sechs Euro das Stück. Über die Gesichter beim Auspacken ließ sich nur spekulieren. Ein ungewöhnliches Teil war das auf jeden Fall, verkaufsstrategisch katastrophal und absolut nicht massenkompatibel. Man hatte auch schnell ein paar Betonbrösel im Regal und in der Holzversion sollte sich schon mal ein Holzwurm verirrt und unschöne kleine Pulverspuren hinterlassen haben. Insgeheim hoffte jeder, dass das Ding kein Riesenrenner würde, denn die anfängliche Beschaulichkeit der langwierigen Bastelei glich langsam den Arbeitsmaßnahmen in Justizvollzugsanstalten. Und so kam nach und nach wieder Normalität in die Probentätigkeit am Freitag. Die anfängliche Euphorie hatte sich mal wieder gelegt und war der nüchternen Betrachtung gewichen, die schon wieder die Oberhand gewonnen hatte.

„Wir sind zu alt, wir sehen nicht gut aus, wir haben keine Frau dabei", so Lohmanns ewig wiederkehrende Analyse, die ihn aber keineswegs daran hinderte, unverzagt weiter zu machen. „Außerdem können wir nicht singen."

Dennoch wurde noch an dem Nachschub für die Blöcke gearbeitet, bis die limitierte Auflage von zweihundert Stück erreicht war. Und während der letzte Klotz auf den Tisch gewuchtet wurde, um beklebt zu werden, mischten sich wieder die Totenglocken vom benachbarten Kirchturm in den Sound der CD, die im Hintergrund lief. Schwarzgekleidete vierschrötige Landbevölkerung versammelte sich auf dem Kirchplatz, um die letzte Ehre zu geben. Der Fernverkehr bretterte brutal an der Trauergemeinde vorbei und malträtierte das ehemals beschauliche Dorf. Letzte Bauernhöfe gammelten vor sich hin und erwarteten demütig den nächsten Orkan oder die Abrissbirne. Die Zähne der Zeit verbissen sich in diese letzten Zeugen einer Vergangenheit, die sich sonst nur noch in einigen Physiognomien älterer Bewohner niederschlugen. Ansonsten waren diese Orte ihrer Identität beraubt und konnten keine neue finden.

Der Sommer war vorbei und es wurde langsam wieder kälter im holzvertäfelten Proberaum. Die Sommerpause geriet in Vergessenheit und es kehrte wieder Routine ein. Ab und an gab es eine Nachricht von einem verkauften Block, eine Musikzeitschrift druckte sogar eine Besprechung. Aber eigentlich war das Thema abgehakt und man steckte schon wieder in der rein musikalischen Arbeit, die sämtliche Aufmerksamkeit abverlangte. Zu Weihnachten kam dann eine E-Mail von Amit an Robert. Amit war der Reiseleiter der Indien-Tour, von der Robert erzählt hatte. Nur widerwillig hatte er sich auf eine Rundreise durch Rajasthan eingelassen. Wer wollte schon mit einer Reisegruppe unterwegs sein? Aber angesichts der knapp bemessenen Zeit und der damit verbundenen Unmöglichkeit, Indien auf eigene Faust zu bereisen, hatte er sich darauf eingelassen. Überraschenderweise stellte sich die Gruppe dann aber als recht durchmischter Haufen durchaus kurioser Existenzen heraus. Und wieder einmal bewahrheitete sich die Aussage „Du sollst Dir kein Bild machen“. Der vermeintliche Seniorenclub zeigte jedenfalls eine verblüffende Neigung zu durchaus radikalen Ansichten, von denen in jüngeren Kreisen weitaus seltener zu hören war. Ein pensionierter Zahnarzt verkörperte ungewollt ein derartig britisch-aristokratisches Flair, dass jedes Hotelpersonal unverzüglich Haltung annahm und salutierte. Das Ganze war so eine Art Parforce-Ritt durch dieses eine Bundesland, das schon größer als Deutschland ist und mit einem ungeheuren Vorrat an Eindrücken aufwartete.

„War schön, wenn EROR SIX kann spielen hier in India in meine Stadt Jaipur. Kann ich organisieren alles und musst nicht bezahlen nur Flug. Gebe mir bitte Nachricht. Dein Amit."

„Das fehlt mir noch, ausgerechnet in Indien, ist doch Wahnsinn", reagierte Lohmann, während Pröbsting gleich auf Hundert-achtzig war.

„Klar, machen wir. Ist doch ne Superchance. Schreib zurück, wann es losgehen soll."

Nein, ein Kosmopolit war Lohmann nicht gerade und auch der Lange hielt sich zurück, innerlich die Kosten kalkulierend, und so wuchs noch mal etwas Gras über die Sache.

Aber schon bald kam eine zweite E-Mail.

„Habe schon viele Freunde bekannt gesagt für EROSAX. Alle wollen, dass spielen. Ist sehr viel interessiert für Experiment-Music. Auch Technik kein Problem, weil ein Freund in großes Musikgeschäft in Delhi arbeitet und hat Musikanlage für viele Leute. Kann laut. Namaste Amit."

„Sehr gut", meinte Pröbsting, „dann brauchen wir die ganzen Brocken gar nicht mitzuschleppen. Wir schreiben denen einfach eine Liste, was wir brauchen. Neu Delhi ist ne Weltstadt, die haben da alles, PA, Mischpult und den ganzen Krempel. Wahrscheinlich sogar Synthesizer."

„Das wäre natürlich super, wenn man die Synthesizer nicht alle mitnehmen müsste. Ich schreib denen einfach, was ich brauche und nehme ansonsten nur die Software mit, Disketten und Cards. Damit kann ich die Geräte vor Ort laden und hab dann die Original sounds" erwiderte Robert. „Schlagzeug haben die bestimmt auch da".

Lohmann saß versunken im Sessel: „Ihr seid doch wahnsinnig." Er war noch nie in seinem Leben geflogen und ihn bekam schon bei der Vorstellung eine panische Angst, was er aber niemals zugeben würde. Stattdessen zog er gerne alle Register gegen die Tourismusindustrie im Allgemeinen und Flugreisen insbesondere.

„EROSAX, na super, nicht mal den Namen kriegen die auf die Reihe", meinte der Lange. „Der Flug allein kostet doch mindestens achthundert Euro!"

„Na und, wir haben noch was in der Bandkasse. Und außerdem ist das erst nächstes Jahr. Legst jeden Monat ein bisschen was zurück. Das ist doch kein Problem und ne Riesenchance. ERROR SIX in Indien. Irre. Das ist doch ein Abenteuer. Kannst es auch als Urlaub sehen. Müssen wir doch machen", so Pröbsting.

Auch Robert zeigte sich nicht abgeneigt, obwohl ihn in Anbetracht gewisser Ortskenntnisse dunkle Vorahnungen heimsuchten. Er sah es zwar nicht als Höhepunkt der musikalischen Karriere, würde aber doch gerne Amits Familie kennenlernen und bei der Gelegenheit etwas hinter die Kulissen seines Indienaufenthalts schauen, da er es bis jetzt ja nur aus der Touristenperspektive kannte.

Verbergen konnte das Land allerdings nichts und die Schattenseiten waren überall sichtbar. Wie hatte er noch bei Camus gelesen: „In diesem Leben der Armut, unter schlichten oder eitlen Leuten bin ich dem am nächsten gekommen, was mir als der wahre Sinn des Lebens erscheint." Das bezog sich auf Algerien und konnte gleichermaßen für Indien gelten. Man konnte unter gewissen Bedingungen die Armut loben. Dabei war man natürlich immer in einer Zwickmühle, nämlich zu pendeln zwischen moralischen und ästhetischen Bewertungen. Aber der kalte Marmorreichtum der Vereinigten Arabischen Emirate erschien ihm schon immer schwach im Vergleich zu den quirligen, maroden Gassen etwa von Marrakesch. Und auch Deutschlands Prosperität hatte das Land verarmen lassen, indem Werte wie Einfachheit, Schlichtheit und Herzensbildung unter die Räder gekommen waren. Das Leiden unter der Knute eines erbarmungslosen Wettbewerbs und hohlen Effiziensstrebens war allgegenwärtig. Und die Litaneien, wie gut wir doch dastünden, konnten doch nicht darüber hinwegtäuschen, wie das Land mehr und mehr geistig verarmte.

Lohmann und der Lange versuchten, sich langsam an den Gedanken zu gewöhnen und mussten dafür eine Menge Einwände überwinden. Sie sahen sich in einem Albtraum, mussten aber zugeben, dass es dennoch auch einen gewissen Reiz haben konnte, sicheren Boden zu verlassen. Pröbsting holte zwischenzeitlich Erkundigungen über Jaipur ein.

„Geile Stadt, völlig abgedreht. Ich lach mich kaputt, wenn wir da auflaufen."

Robert schrieb eine E-Mail: „Lieber Amit, vielen Dank für Dein großzügiges Angebot. Es kann gut sein, dass wir das machen. Es müssen aber noch einige Sachen geklärt werden. Wenn, dann sollten wir es vielleicht im Frühjahr machen, weil es dann bei euch noch nicht so heiß ist. Ist es möglich, einige Synthesizer wie z.B. Yamaha EX5 und Korg M1 zu besorgen? Gibt es ein gutes Schlagzeug? Dazu noch ein Gitarren-Amp und einen Bass-Verstärker? Die Sachen sollten von guter Qualität sein. Außerdem ist die Anlage plus Mischpult wichtig. Über etwaige Gagen und die Zahl der Auftritte müssten wir uns auch noch verständigen. Wie kommt man denn von Delhi nach Jaipur? Gibt es dort Clubs oder soll das open-air sein? Wird es vor Ort Werbung geben? Brauchst Du dafür Pressetexte oder Fotos? Sollen wir Dir unsere neue CD schicken? Aber pass auf, sie ist sehr schwer. Auf jeden Fall brauch ich Deine Adresse. Namaste, Robert."

Im Kaminofen loderte das Holz vor sich hin. Es war wieder Herbst und empfindlich kalt im Probenraum. Aber auch das kann man vergessen, wenn es richtig gut läuft. In der Erwartung der großen Reise hatte man langsam angefangen, Ordnung in den Haufen von improvisiertem Material zu bringen. Alles Verwertbare wurde gesichtet und in eine Form gebracht. An

den schon bestehenden Stücken wurde geschliffen. Manchmal so lange und so gründlich, dass man sie nicht wiedererkennen konnte. Obwohl sie noch nicht endgültig zugesagt hatten und noch einiges in der Schwebe war, entstand sowas wie eine imaginäre Play-List. Alle bis auf Pröbsting mussten natürlich mit ihren Ehefrauen sprechen. Sie mussten schauen, ob sie alle zur gleichen Zeit Urlaub nehmen konnten. Das war für Lohmann als Freiberufler kein Problem. Robert musste sich als Musiklehrer am Gymnasium an die Ferienzeiten halten. Es musste also in den Osterferien stattfinden.
Der Lange arbeitete in einem Kulturzentrum und Pröbsting in einer Werbefirma. Sie mussten also beide Urlaub für diese Zeit beantragen, was aber kein Problem sein würde, wenn sie es rechtzeitig machten. Es musste also im April sein. Also noch ungefähr fünf Monate. Das Geld für den Flug sollte bis dahin auch aufzutreiben sein. Zur Not musste das Weihnachtsgeld herhalten. Der Scheiß ging ja auch schon bald wieder los. Jedes Jahr ein ganzes Volk unter kollektivem Kaufzwang und zwangsverordneter debiler Sentimentalität. Sie konnten versuchen, den CD-Block-Verkauf noch etwas anzukurbeln. Ein Kunstverein hatte ihn als Jahresgabe angeboten. Man könnte sich darum kümmern, was daraus geworden war. „Druck machen" war Pröbstings Lieblingsimperativ und „Ruhiger werden" Roberts.

Die Herbststürme ließen einige Gemäuer in der Nachbarschaft in bedrohliche Schieflage geraten und aus dem Fenster schauten sie auf einen Schornstein, dessen Steine nur noch lose ohne Mörtel aufeinanderlagen. In der Beziehung war es hier auf dem Lande gar nicht viel anders als in Indien, wo solche Lagen allerdings weniger als Bedrohung wahrgenommen wurden, sondern als schlichtweg gegeben. Die oft behauptete indogermanische Achse war vielleicht viel präsenter, als es den Anschein hatte, und eigentlich gab es für ERROR SIX auch keinen wirklichen Grund, sich dort irgendwie fremd zu fühlen. In Wirklichkeit waren alle aus dem gleichen Holz geschnitzt. Wobei die Herren der Gruppe im phänotypischen Sinne keinen geschnitzten Eindruck machten, sondern eher als geknetet bezeichnet werden durften, wenn man dieser Typisierung etwas abgewinnen mochte.

Während der Geschnitzte einem subtrahierenden Verfahren seine Erscheinung verdankte, war der Geknetete das Ergebnis eines additiven Prozesses. Eine Erkenntnis, die wenigstens der Lange besonders anschaulich zur Geltung brachte und in Westfalen sicher verbreiterter ist als etwa in Indien. Dort regiert eher das hagere, asketische Ideal und die Menschen wirken wie von der Härte der Lebensumstände abgeschliffen. Natürlich musste sich auch Robert in seiner Reisegruppe penetrante Hinweise auf das deutsche Ordnungsamt anhören, das natürlich an vielen, wenn nicht allen Stellen eingreifen würde. Vor allem, als auf der Autobahn Elefanten gesichtet wurden und bei einem Stau der Busfahrer kurz entschlossen in die Gegenrichtung weiterfuhr, unter Billigung der anwesenden Polizei, konnte man sich entsprechende Vergleiche mit hiesigen Verhältnissen nicht verkneifen. Auf der anderen Seite gibt es bei allem Chaos viel mehr unsichtbare Regeln als in Deutschland, vor allem was die Kleiderordnung der Frauen anbelangt. Wann wird Schmuck angelegt, wann wird er abgelegt? Welche Frau trägt Sari, welche nicht? Welche Farbe hat der Punkt auf der Stirn? Die geheimen Codes sind derart subtil und vielfältig, dass jeder Inder sowohl die entsprechende Kastenzugehörigkeit schnell erkennt als auch die jeweilige Herkunft, ganz so wie das unsere Autokennzeichen verraten. Dabei droht das hiesige Ordnungskonzept schon lange in eines der Bevormundung umzuschlagen.

Robert hatte sich schon lange mit Indien beschäftigt, seine Bandkollegen noch gar nicht. Und so hatte er sie sicherheitshalber schon mal zum indischen Essen eingeladen, um sie auf entsprechende Schärfegrade insgeheim vorzubereiten.

Um es kurz zu machen: Es war ein Desaster.

Schon nach dem ersten Bissen verschwand Lohmann auf der Toilette. Als er kreidebleich zurückkehrte, nippte er nur noch ein wenig an den Raitas. Die werden extra als Kühlung zum indischen Essen gereicht und basieren auf Yoghurt. Ansonsten machte er dennoch gute Miene zum bösen Spiel.

Am anderen Morgen kam dann eine SMS: Rosettenschiss.

Pröbsting hatte von vornherein seine Distanz zum Ausdruck gebracht.

„Tut mir leid. Dieses ganze ausländische Zeugs kann ich wirklich nicht essen. Ich hoffe, da gibt's auch was anderes. Mc Donalds ist ja mittlerweile überall."

Natürlich wollte er das Projekt nicht am Essen scheitern lassen und gab sich hoffnungsfroh. Robert war sich da zwar nicht so sicher, aber er wollte ihn gerne in dem Glauben lassen. Nur der Lange langte kräftig zu. Auch die stärker gewürzten Kormas und Curries bereiteten ihm keine Schwierigkeiten. Er hatte immer einen gesegneten Appetit und war fremden Küchen gegenüber sehr aufgeschlossen. Die anderen knabberten dann an den knusprigen Pappadams herum. Zum Glück gab es reichlich Bier. Dabei hatte Robert sich noch stark zurück gehalten, was die Würzung anging. In Indien hatten sie mit einem ganz anderen Kaliber zu rechnen. Also ein besonderes Indien-Faible konnte man der Truppe bis auf Robert nun wirklich nicht bescheinigen. Jedenfalls war es nicht gelungen, die im Zusammenhang mit dem Essen bestehenden Bedenken auszuräumen.

„Meuter Chics da", deutete Robert mit Blick auf Pröbsting an.

„Glaub ich sofort" entgegnete der kennerhaft. Dass man diese *Meuter Chicks* aber nur von weitem zu Gesicht bekam, verschwieg er. Zwar gab es sehr freizügige Darstellungen in einigen Tempelanlagen, seit den Engländern war das Land aber äußerst prüde geworden und außereheliche Kontakte waren so gut wie unmöglich. Da musste man sich schon ins professionelle Milieu begeben. Die Einwände von Lohmann und dem Langen waren aber vor allem finanzieller Natur. Außerdem schauerte Lohmann bei dem Gedanken, möglicherweise mit seinen Kollegen in einem Raum schlafen zu müssen und gleichzeitig plagte ihn seine unsägliche Flugangst, die in Wellen über ihn kam. Dabei war eigentlich Robert der Schlafneurotiker, den jede fremde Matratze am Einschlafen hinderte. Dennoch war insgeheim die Entscheidung schon gefallen. Es war zwar absurd, solch experimentelles Zeugs ausgerechnet auf diesen Subkontinent zu bringen. Auf der anderen Seite öffnete dieser sich gerade für den Westen und es war immer von einem aufstrebenden Schwellenland die Rede. Das war natürlich eine typisch westliche Wortprägung, die suggerierte, dass man im Paradies wäre, wenn man etwa die Braut über die Schwelle trug. Das war ja bekanntermaßen keine Garantie vielleicht sogar eine übertriebene Verheißung. Sicher war, dass es bei der enormen Bevölkerungszahl bestimmt ein paar Nasen gab, die selbst den skurrilsten Eskapaden noch mit Aufgeschlossenheit gegenüber traten.

Und so nahmen die Dinge ihren Lauf. Das Jahr ging mit den üblichen abgedroschenen Ritualen vorüber und es wurde Frühling. Der Termin rückte näher. Man musste sich um das Visum kümmern, wofür besonders große Passfotos nötig waren. Man musste auf einem Fragebogen ankreuzen, ob man Kontakte nach Pakistan habe. Es war zu überlegen, was man mitnehmen sollte. Auf Impfungen glaubten sie verzichten zu können, für die zehn Tage.

Amit hatte sich noch nicht gemeldet. Ob er selber weiche Knie bekommen hatte? Möglicherweise hatte er etwas versprochen, was er gar nicht halten konnte. Vielleicht gab es gar keinen Ort in Jaipur, wo so etwas statt finden konnte. Nachher stand man da in Delhi und keine Sau holte einen ab. Auch Robert schossen solche Gedanken durch den Kopf. War er zu gutgläubig gewesen? Was sollte dieser komische Reiseleiter überhaupt davon haben? Konnte er sicher sein, dass er sich nicht blamierte? Klar hatte ihm Robert das Blaue vom Himmel erzählt und seine Gruppe in höchsten Tönen gepriesen. Aber das war schon sein völliger Ernst gewesen auch wenn er sich damals nicht vorgestellt hatte, was daraus werden könnte. Ihm war Amit ans Herz gewachsen und er vertraute ihm. Oder war es etwa ein sprachliches Missverständnis? Amit hatte in der Schule Deutsch gelernt und es durch seine Tätigkeit als Reiseleiter mit deutschen Gruppen ständig verbessert. Er saugte jede Formulierung wie ein Schwamm auf und so wunderte man sich oft, welche umgangssprachlichen Wendungen er drauf hatte. So sprach er immer vom „Gänsemarsch“, wenn ihm die Gruppe zu Fuß folgen sollte. Eine Pinkelpause nannte er geschliffen ‚Naturpause’, und „wir verbringen schöne Zeit“ gehörte zu den Standards. Nein, gegen Amit gab es nichts vorzubringen. Das war ein guter Mann soweit man das unter den Prämissen hiesiger Beurteilungskriterien überhaupt sagen konnte. Und selbst wenn alles schief ginge, so konnte man es doch noch unter der Rubrik ‚Betriebsausflug’ verbuchen, etwas worüber sie schon öfter geflachst, aber was sie noch nie realisiert hatten.

DUESSELDORF

So geschah es, dass sie sich eines schönen Tages im April mittags um zwölf Uhr am Flughafen Düsseldorf einfanden. Der Flug ging um halb vier. Keine Ahnung, warum man immer so verflucht lange vorher da sein musste. Amit hatte vorher noch einmal alle Daten durchgegeben und auch alle technischen Fragen zufriedenstellend beantwortet. Immerhin hatte er ja „guten Freund in Musikgeschäft".

Der Lange hatte sicherheitshalber seinen Bass dabei, so wie Pröbsting seine Gitarre. Auch Robert hatte in einem roten Softcase sein leichtes Nord Wave geschultert, weil er nicht davon ausgehen konnte, dass sie so was in Indien auftreiben konnten. Er war so leicht, dass man es im Handgepäck transportieren konnte. Schon im Flughafengebäude fühlte sich Lohmann wie ein Schwein in der Kirche, völlig deplatziert und fehl am Platze. „Was ist das für ne Scheiße hier", platzte es aus ihm heraus und er meinte diese Ödnis glattpolierten Größenwahns. Diese Kathedralen der Geschäftigkeit, in der sich alle ganz selbstverständlich bewegten, als seien sie das Normalste der Welt. Welch ein materieller Aufwand, einen feisten Dickwanst von hier auf eine Sonnenliege in Mallorca zu verfrachten. Welch eine Absurdität, in diesen Tempeln der Mobilität zu wandeln, diesen Weihestätten der Verschwendung die Aufwartung zu machen. Robert und auch der Lange konnten diese Bedenken einigermaßen nachvollziehen, während Pröbsting sie in der Abteilung Weltfremdheit ablegte. Lohmann wurde auffällig und genoss innerlich die leise Betretenheit Pröbstings, dem die Peinlichkeit anzusehen war, als dieser lauthals durch die Halle grölte: „Bitte nicht auf den Bahnsteig kotzen, meine Damen und Herren, der Zug hat Verspätung." Das war zwar nicht für jeden verständlich, denn er befleißigte sich eines irren, ausgedachten Akzentes, der sich in etwa so anhörte: „Bitte nacht uff Buhnstaggel lotzen, mane Dam un Harrn, der Zogg vasputt." Dennoch drehten sich einige Passanten leicht verwirrt um und schüttelten den Kopf.

Eine überdrehte Situation erforderte eine überdrehte Reaktion. Und für Lohmann war so eine Abfertigungshalle eindeutig überdreht. So legte er seinen Marionettengang an und wackelte wie eine Figur aus der Augsburger Puppenkiste an geschniegelten Geschäftsleuten vorbei. Es war doch schon skurril genug, dass die Menschen, alle mit Todesurteil ins Leben geschickt, so taten, als wäre nichts. Und hier lieferten sie sich bedingungslos einer Technik aus, die so ziemlich die unnatürlichste Art der Fortbewegung für den Menschen war: Fliegen. Und alle gingen völlig normal ihrer Wege, als sei Fliegen das Normalste der Welt. Der ganze architektonische Aufwand sollte nach Lohmanns Meinung nur von diesem Umstand ablenken, genauso wie die Mahlzeiten, die im Flugzeug gereicht wurden, nur die Angst verdrängen sollten. Schließlich waren ja auch Banker in besonders vertrauenswürdigen Zwirn gewandet, um Zweifel an der Seriosität ihrer Geschäfte gar nicht erst aufkommen zu lassen. Robert mochte sich solchen Gedankengängen gerne anschließen, um sich schließlich einzugestehen, dass es ein zweifelsfreies Verhalten in dieser Gesellschaft gar nicht geben konnte. Jedem Lebensmittelgenuss, jeder Verwendung noch so banaler Gerätschaften wohnte ein leiser Zweifel inne. Die Menge dieser Zweifel summierte sich zu einem unausgesprochenen Unwohlsein und einer Gemütslage, die verzweifelt nach der Ablenkung suchte. Und die gleiche Industriegesellschaft, die allerorten die leisen Zweifel säte, profitierte noch von ihrer Bekämpfung in Form von Unterhaltungsangeboten.

Die Flughafenpolizei näherte sich der kleinen Indien-Reisegruppe und der Beamte wandte sich an Lohmann und fragte ihn, ob alles in Ordnung sei.

Lohmann schaute ihn entgeistert an: „Alles in Ordnung."

„Haben Sie was getrunken?"

„Heute morgen einen Kaffee, später ein Glas Milch ..."

„Witzig, sehr witzig", entgegnete der Beamte und schaute sich hilfesuchend um.

„Er hat Angst vorm Fliegen", flüsterte der Lange ihm schließlich vertrauensvoll ins Ohr.

Pröbsting verabschiedete sich leisen Fußes, um draußen eine zu rauchen.

„Kann ich mal Ihre Papiere sehen?“

Lohmann kramte in der Innentasche seiner Jacke und fummelte seinen Reisepass heraus. „Hier.“

Der Beamte gab die Daten ein, während sein Kollege weiter ungläubig den Delinquenten musterte. Der wiederum konnte, wenn es nötig war, auch schlagartig den Hebel umlegen und sich sehr umgänglich zeigen.

„Entschuldigen Sie, wenn mein Verhalten hier irgendwie auffällig geworden ist. Ich komme vom Lande und das hier ist eine völlig fremde Welt für mich und ich muss mich erst ein wenig dran gewöhnen. Es geht aber mittlerweile. Ich denke, es gibt da kein Problem. Entschuldigung nochmals für die Umstände.“

Der Beamte händigte ihm seinen Reisepass aus und drehte sich mit seinem Kollegen auf dem Absatz um in Richtung Terminal. Im gleichen Moment fing Lohmann wieder an, zu zappeln. Als die Beamten noch einmal zurückschauten, verfiel er wie vom Schlag getroffen in eine ganz entspannte Haltung: „Schönen Tag noch.“

Im Geiste legten ihm Robert und der Lange den Hermelinmantel um und führten ihn besänftigend von der Bühne, so wie es die Mitmusiker von James Brown immer gemacht hatten, nachdem dieser sich tänzerisch und vokal völlig verausgabt hatte.

Der Schalter von Turkish Airlines hatte nun geöffnet. Robert hatte ein wenig Sorgen, ob sein Synthesizer als Handgepäck durchginge. Die Fluglinie zeigte sich aber sehr kulant und akzeptierte die sechs Kilo. Lohmann zockelte immer hinterher. Die elektronischen Anzeigetafeln verstand er nicht und er durchlief die verschiedenen Kontrollen wie ein Auto in der Waschstraße. Bei der Gepäckkontrolle gab es dann doch noch ein Problem. Der Lange hatte einen Block in einem Stoffbeutel mitgenommen. Dieser quadratische, vierzehn Zentimeter hohe und fünf

Kilo schwere Klotz erschien im Gepäckscanner wie ein ziemlich bedrohlicher, grauer Pflasterstein. Der Lange wurde mitsamt Beutel rausgewinkt und er musste sich in einem dunklen Nebenraum zuerst von einem kleinen Mann, der ihm etwa bis zum Gürtel ging, abtasten lassen. Gründlich. Dann zeigte ein anderer Uniformierter auf den Beutel.

„What is this? "

„Oh, this is a CD from my band."

„A CD of your band, aha."

„Yes, music. It is music, you can listen."

„It is a stone!!!!", schrie der Uniformierte. Der Lange nahm den Block aus dem Beutel und gab dem Uniformierten eine kleine Einführung. Er zog die Nägel aus dem Block, entfernte den oberen Teil und entnahm die CD. Er zeigte dem Verwirrten den kreisrunden Ausschnitt mit der Stoffunterlegung und hielt ihm die CD vor die Nase. Der Verwirrte nickte.

„We want to demonstrate music in India", erklärte der Lange, und der verwirrte Uniformierte nahm sofort eine bewundernde Haltung ein. Sein Gesichtsausdruck entspannte sich.

„I understand. Very interesting. I have never seen such a thing before." Der Lange wurde auf das Allerfreundlichste aus dem Raum geleitet. Die anderen warteten feixend auf ihn im Abflugbereich.

Von hier aus konnte man durch die Scheiben die Maschinen schon stehen sehen, und es wurde ihm wieder mulmig. Es war ihm völlig unbegreiflich, warum nicht allen mulmig zu sein schien. Warum wurden nicht allerorten Kotztüten gereicht? Warum standen keine Seelsorger und psychologische Berater bereit? Hatten sie beruhigende Dämpfe durch die Rohre der Klimaanlage geschickt oder die Berieselungsanlagen mit Psychopharmaka bestückt, die tröpfchenweise auf die Häupter geträufelt wurden, in solch kleinen Dosen, dass es niemand bemerkte? Ein Passagier immerhin machte sich verdächtigen Schrittes in Richtung Toilette auf den Weg.

„Na, siehst'e. Geht doch", dachte Lohmann. „Bin doch nicht

der Einzige hier. Sehen mir doch alle irgendwie blass aus." Diese betonte Gelassenheit, die sie alle an den Tag legten, war doch nur gespielt. Es konnte ihm doch keiner erzählen, dass nicht alle insgeheim die Bilder ihrer eigenen Beerdigung vor dem inneren Auge sahen und bilanzierten, was es noch zu regeln gab. Wenn er Pröbsting nicht gekannt hätte, hätte er ihn für einen Nachtclub-Besitzer gehalten, der in Indien eine Dependance aufzumachen gedachte. Der sah seine letzte Stunde mit Sicherheit nicht, sondern zählte innerlich schon die verlockenden Profite durch. Und dann diese Schuhe! Mein Gott, Gereon! Wie konnte man sich so weit verunstalten? Krokodilleder. Billiger ging es nicht. Hatte er in Westfalen nie an. Aber hier war eben große Welt und das sollte man auch sehen. Und bei einigen sah man es eben ganz besonders. Und dann gab es auch welche, bei denen man es ganz besonders nicht sah. Diejenigen, die, praktisch veranlagt, in ganz penetranter Art einen auf normal machten. Da war kein Unterschied zu erkennen. Und zu denen gehörten in geradezu auffälliger Art Lohmann und der Lange, die beide ihre je individuelle Schratigkeit offensiv zur Schau stellten. Da sollte doch ruhig irgend so ein affektierter Modefuzzi aus Düsseldorf naserümpfend daherkommen. Da würden sie ihm schon mit betont lässiger und mutig zusammengestellter Garderobe zeigen, was eine Harke ist. Und überhaupt? Warum mussten Schuhe auch immer gewienert sein, vor allem wenn man morgens in der Früh noch mit dem Hund raus war?

Aufruf für den Flug nach Neu Delhi. Bordkarten vorzeigen und dann durch diesen Schlauch. Der Gang zum Schafott. „Jetzt reiß dich zusammen", dachte Lohmann bei sich und schnappte sich zwei überregionale Zeitungen, die er jetzt cool auf seinem Platz vor sich ausbreitete. Rechts neben ihm am Fenster saß Robert, auf der anderen Seite Pröbsting, dessen weißer Leinenanzug schon etwas in Mitleidenschaft genommen war durch die ganzen Prozeduren. Den Langen in den Sitz gegenüber zu quetschen, kostete einige Mühe. Wenn er die Beine in den Mittelgang strecken konnte, ging es, wenn nicht, war es schlicht unmöglich. Der Sitz biss ins Fleisch. Er konnte sich eben nicht so ohne weiteres in diesen fallen lassen, sondern musste sich quasi in ihn hineindrücken, nicht ohne die dazu passenden Stöhngeräusche von sich zu geben. Ob er da jemals ohne Notoperation wieder heraus käme? Bitte anschnallen. Das Flugzeug rollte langsam zur Startposition. Lohmann krampfte. Kurze Pause, dann dieser Megaschub, der einen in den Sitz drückte. Lohmann entkrampfte. Er schaute sich stolz um, so als habe er gerade einen Gipfel erstürmt.

„Meine Damen und Herren, wir begrüßen Sie an Bord von Turkish Airlines auf dem Flug von Düsseldorf nach Istanbul und wünschen Ihnen eine gute Reise."

Als sie die endgültige Flughöhe erreicht hatten und die Sicherheitsgurte lösten, beeilten sich der Lange, Gereon und auch Robert, um möglichst schnell an einen Whisky zu gelangen. Lohmann konnte nichts vertragen und war auch durch die ganzen Umstände dermaßen stimuliert, dass Alkohol wohl zu einer Überreizung mit dauerhaften Folgen geführt hätte. Das konnte er ganz gut einschätzen und verzichtete deshalb wohlweislich. Vier Stunden in dieser Röhre zu sitzen war vor allem für Pröbsting eine Folter. Deswegen stellte er aus Mangel an Bewegung seine Sprechwerkzeuge auf Dauerbetrieb und verfiel in eine Art Sprechzwang. Ob jemand zuhörte, war dabei ziemlich egal. Das Thema dieser Obsession war auch egal. Es ging nur darum, Körperteile in Bewegung zu halten. Erst als die warme Mahlzeit gereicht wurde, war für einen Moment Ruhe. Der Lange war damit sehr schnell fertig und lauerte auf Nachschlag. Eine überaus aufmerksame Stewardess stellte ihm ohne weiteres Nachfragen einfach eine zweite Portion hin und der Lange war schlagartig verliebt. „Tolle Frau."

Nach dem Dessert setzte Pröbsting seine Sprechwerkzeuge wieder in Gang. Robert versuchte zu lesen, Lohmann schaute sich die Wolken unter ihm an. Ein Anblick, der eigentlich für Menschen nicht vorgesehen war. Eine gestohlene Impression. Der dafür zu entrichtende Preis wurde schlichtweg unterschlagen. Es war ein bisschen so, als ob man der Schöpfung hinter die Kulissen schaute: grandios.

Vielleicht baute sich die Welt ja diese monströsen Maschinen, um ihrer Eitelkeit zu frönen und dem Publikum einen weiteren Blick zu gönnen, auf dass es ihr applaudiere und vor Ehrfurcht in die Knie gehe. Sie nahm ein bisschen Zerstörung billigend in Kauf, die der dummen Menschheit in die Schuhe geschoben werden konnte. Wie vielen Milliarden von Menschen war dieser Anblick verwehrt gewesen, und jetzt saßen sie hier teilnahmslos und glotzten auf die Bildschirme vor sich, um sich amerikanische Serien anzuschauen. Es gibt wohl ganz allgemein eine Disproportion in der Aufmerksamkeit, die auf das Banalste verschwendet wird und das Großartigste achtlos übersieht. Lohmann konnte es nicht fassen und Pröbsting redete auf ihn ein. Robert versuchte, Zeitung zu lesen, und der Lange bemühte sich, eine zweite Ladung Whisky zu bestellen. Gab es denn überhaupt was Groteskeres als Fliegen? Nicht umsonst war das Personal so seriös gekleidet, genau wie die Banker. Und die Durchsagen des Kapitäns klangen, als hätte dieser sein Diplom für Beiläufigkeit mit Auszeichnung bestanden. Sehr, sehr souverän und beruhigend. Wenn nicht eben das genau das Verdächtige wäre. Das alles kam jetzt wieder hoch bei Lohmann, als man sich wieder anschnallen musste zum Landeanflug. Robert war es gewohnt, dann immer die Hand seiner Frau zu nehmen, denn er war bisher immer nur mit ihr irgendwohin geflogen. Im Laufe der Jahre hatte er seine Beklommenheit abgelegt und seine Dunkelbrille weggesteckt. Seine Melancholie wurde von ihr schnell als schlechte Laune empfunden, und soweit man die unterdrücken konnte, versuchte er es. Trotz jährlicher Fliegerei war er immer wieder erleichtert, wenn sie weich aufsetzten. Seine Hand griff ins Leere.

ISTANBUL

Auch Lohmann durchströmten dankbare Gefühle. Sie waren nun in Istanbul und damit auf der Exotikleiter eine Stufe höher gestiegen. Der Flughafen quoll über vor Buntheit und Leben und kannte keine Uhrzeit. Es war sieben Uhr am Abend und man hatte eine Stunde Aufenthalt. Nicht viel, denn es musste neu eingecheckt werden. Diese quirlige Vielfalt war mit Düsseldorf nicht zu vergleichen. Der Lange reckte die Glieder und stakste steifbeinig zum nächsten Counter. Hatte er jemals so beengt gesessen? Und jetzt noch mal in so eine Kiste. Noch einmal sieben Stunden endlose Zeit. Hoffentlich blieb noch ein paar Minuten für einen kleinen Imbiss. Bei Pröbsting brach sich der Kosmopolitismus endgültig Bahn und zementierte sich in weltläufigen Posen des Jetsets. Jeder Gang geriet ihm zum Catwalk, jede Haltung verriet nun den Weltmann. Lohmann hingegen ließ den Bauern heraushängen, wo es nur ging. Es fehlten nur noch die Holzschuhe, die er aber vorsorglich in seiner kleinen Reisetasche verstaut hatte. Holzschuhe, das musste man sich mal vorstellen.

Als Lohmann eine entsprechende Andeutung machte, meinte Robert: „Sag mal, Lohmann, Du hast doch nicht wirklich deine Holzschuhe mitgenommen?“

„Klar, wenn schon Westfale in Indien, dann richtig.“

Dieser „richtige“ Westfale war ja in Westfalen schon fast ausgestorben, aber Lohmann hielt an dem Bild fest. Und wenn man ehrlich war, konnte er es auch ganz gut verkörpern. In der Welt der Flughäfen und Fernreisen war Bodenständigkeit natürlich der kontraproduktive Begriff schlechthin. Aber das war der Westfale eigentlich von Haus aus: bodenständig. Doch diese regionalen Knorrigkeiten gelten ja heutzutage als randständig. Die globalisierte Welt duldet keine Hinterwäldler. Der Lange hingegen war nur lang und umfassend, sodass er gar keine Spielräume für irgendwelche Modulierungen für nötig befand. Robert war in Jeans und Turnschuhen einfach nur ein Reisender und nur auffällig, weil er seinen knallroten Synthesizer-Koffer wie einen Rucksack trug. Ansonsten hatten sie alle nur sehr schmales Reisegepäck dabei, das man als Handgepäck verstauen konnte. War ja nur für zehn Tage. Aber richtig auffällig war hier auf dem Istanbuler Flughafen natürlich niemand und jeder gleichzeitig. Man konnte hinschauen, wo man wollte, und sah die verrücktesten Konstellationen.

Ein Scheich in weißer Dishdasha flanierte an einem verschrumpelten anatolischen Ehepaar vorbei. Fesche Flugbegleiterinnen kreuzten den Weg schwarz verschleierter Iranerinnen. Chinesische Investoren saßen müde neben mongolischen Bauern in Landestracht.

Pröbsting musste eine rauchen und Robert schloss sich ihm ausnahmsweise an. Das Raucherareal auf dem Istanbuler Flughafen bestand aus einem fünfzig Meter langen Käfigverschlag und war mit Maschendrahtzaun eingefasst. Nicht besonders elegant, trotz der vereinzelt hingestreuten Stehtische, an denen die ungewöhnlichsten Begegnungen stattfanden. Besonders hier waren die Reisenden sehr kommunikativ und kamen schnell ins Gespräch. Eine junge türkische, modern gekleidete Frau stellte sich zu ihnen und Gentleman Pröbsting war geschmeidig mit Feuer zu Hand. Als sie merkte, dass die beiden Deutsch sprachen, erzählte sie von ihrem Deutschland-Aufenthalt. Sie war Journalistin und sollte für eine große türkische Zeitung über die Türken in Deutschland berichten. Deswegen war sie an einige Brennpunkte gereist, und was sie berichtete, wäre wohl in Deutschland nie gedruckt worden, denn es hörte sich geradezu türkenfeindlich an. Und das von einer Türkin.

Dieses hier war eine veritable Raucherzone, die ihrem Namen alle Ehre machte. Geballtes Nikotin. Man sah die Hand kaum vor den Augen. Aber die Stimmung war geradezu aufgeräumt. Die viel beschworene Rauchergeselligkeit: Hier traf sie zu. An der Gepäckkontrolle nach Delhi wiederholte sich das Spiel mit dem Unterschied, dass nun auch Lohmann aufgefordert wurde, seine Tasche zu öffnen. Der Scanner hatte ein Bild von den Holzschuhen auf dem Monitor erscheinen lassen, das diese als undefinierbare Objekte erscheinen ließ und äußerst fragende Blicke auf die Gesichter zauberte.

„Shoes", beteuerte Lohmann mit Unschuldsmine.

„Shoes??"

„Yes, shoes, german shoes."

Lohmann nahm einen Holzschuh und hielt ihn sich an die Füße. Der Flughafenbeamte konnte sich ein Lachen nicht verkneifen, winkte einen Kollegen herbei und erklärte ihm das Phänomen. Sie tuschelten eine Weile und prusteten dann regelrecht los.

„Shoes!!!" Kopfschüttelnd bedeuteten sie ihm, die Tasche wieder zu verschließen und winkten ihn durch.

Der Lange beteuerte zwischenzeitlich im Nebenraum: „No, this is not a stone. It is a work of art!"

Misstrauische Blicke eines dunklen Herren mit gewaltigem Schnauzbart. Er betastete den Block, zog leicht an den Nägeln.

„It is a dangerous thing, very heavy. Is not allowed."

„But it took the first control because it is music", stümperte der Lange sich einen zurecht. Der Kontrolleur gab erst klein bei, als der Lange den Block öffnete und die CD herausholte. Musik. Auch er winkte einen Kollegen herbei und sie begannen, sich über den Block zu unterhalten. Weiteres Personal kam hinzu und es bildete sich eine Traube von türkischen Kunstfreunden um das Objekt. Fachmännisch begutachteten sie den Beton. „Good work." Schließlich schüttelte der Kontrolleur dem Langen anerkennend die Hand. „It is very original, this", lachte er und zeigte auf den Ausgang.

Das Flugzeug nach Delhi war ein Jumbo und voll besetzt mit Indern. Lohmanns Laune war merklich unbeschwerter als beim Flug nach Istanbul. Und auf das gereichte Essen freute er sich sogar, statt es nur als Therapie gegen die Angst zu sehen. Die ganze Plastikverpackung war natürlich eine Katastrophe. Aber er war wie alle anderen auch von der Annehmlichkeit korrumpiert.

Und so geht es ja letztlich mit allen Verlockungen der Konsum- und Warenwelt: Sie korrumpieren uns. Sie schleifen unsere

Überzeugungen ab und bauen uns ein Lotterbett aus Kompromissen, das uns aber nicht ruhig schlafen lässt, weil wir wissen, dass sie billig erkauft wurden und wir mit einem weichen Rückgrat bezahlen müssen. Aber der Genuss ist getrübt, weil alle ihren Vorteil als Bestochene der Verführer auskosten. Wir sind alle tausendfach korrumpiert.

Die Flugperspektive ermöglicht den Betrachterblick aus größter Distanz, die versöhnlich macht. Je weiter wir von den realen Verhältnissen abrücken, umso metaphysischer wird die Ansicht. Wie unendlich verheißungsvoll leuchtet das Gestade einer fernen Küste und entpuppt sich dann doch als das schnöde Flimmern einer Straßenlaterne, die ihr Licht sinnlos verschwendet. Der Blick aus dem Weltraum auf den Blauen Planten enthebt den Astronauten ins Kosmische und entlässt ihn in den Wahnsinn, wenn er die Erde wieder betritt. Der Flugreisende wird zum Bestandteil dieses Blicks durch sein kleines Fenster, das ihm wie ein Schlüsselloch auf die Wirklichkeit das Sichtbare offenbart und gleichzeitig die unendlichen Verknüpfungen, Vernetzungen materieller und immaterieller Natur verbirgt. Welch komplexes Gitter spannt sich über diese weiten Räume, welch drahtloses Verbindungsgeflecht liegt wie ein Schimmelpilz über den vorbeiziehenden Landschaften, die sich menschenleer vor dem Reisenden ausbreiten? Wie ein Projektil, das sich in die Erhabenheit der Welt bohrt, rast die Maschine mit dreihundert Gehirnen als Bewusstseinsfracht, die die Riesenkugel mit Erkenntnis zuckert. Nur eine Überdosis dargebotener Normalität und Gewohnheit verhindert, dass die Köpfe platzen und die Flugschar in verzückter Ekstase übereinander herfällt und den rauschhaften Eindrücken einen körperlichen Ausdruck verleiht. Das Vertrauen in die Beständigkeit des Materials ist ungebrochen und alle unterschwellig sich regenden Zweifel werden hinweggespült angesichts dieser kosmischen Erhebung. Der fliegende Ikarus ist für einen Moment der Sonne nah, die wenig später sein Tod ist. All das entlud sich im Applaus, der die Landung in Delhi begleitete.

NEU DELHI

Alle von Indien bekannten Bilder bündelten sich im Kopf und verdichteten sich zu einer gespannten Erwartung. Nur für Robert war es ein Wiedersehen, das er mit seiner ersten Begegnung abglich.

Es war wieder vier Uhr nachts. Dem finsteren Herren mit verschlissener Uniform am Schalter war einiges zu zutrauen. Übermüdet und gähnend überflog er flüchtig die Einreisepapiere.

„Tired?“, fragte Robert.

Der Herr nickte und lächelte. „Bad time.“

Auf dem Gepäck-Laufband erschienen die beiden Gitarrenkoffer. Der Flughafen unterschied sich nicht wesentlich von dem in Düsseldorf. Alles war auf Hochglanz poliert und strahlte wie überall auf der Welt. In den Auslagen der Shops lagen die Uhren, Sonnenbrillen und Parfums wie überall auf der Welt. Kein Krümel, keine Spur von Dreck in den weiträumigen Fluren. Emsige Ameisen in blauen Kitteln waren jedem Staubkorn auf der Spur. Kleine Elektro-Taxis fuhren die Passagiere zu den Gates. Ein aseptisch sauberes Interieur von internationalem Zuschnitt. Der Vorhof zur wirklichen Welt war auf unheimliche Art unwirklich. Oder war die wirkliche Welt die unwirkliche? Der Tunnel in diese wirkliche Welt endete abrupt. Beim Verlassen des Flughafengebäudes erwartete sie ein Menschenpulk als Empfangskomitee.

Mein Gott, was für eine Truppe! Die Jungs bekamen den Mund nicht mehr zu. Diese Wand von abenteuerlichen, zum Teil bemalten Gesichtern mit den unglaublichsten Haar- und Barttrachten war der fleischgewordene Gegenentwurf zum westlichen Einheitsgeschmack. Jeder Einzelne hätte in einer europäischen Fußgängerzone einen Menschenauflauf zur Folge gehabt und über kurz oder lang wäre er von einer Ordnungskraft zum Vorzeigen der Papiere aufgefordert worden. Physiognomien wie aus einer anderen Zeit klebten hier an dem Absperrgitter, das sie von einer Welt trennte, die kaum einer von ihnen je von innen zu sehen bekam.

Mitten aus diesem pittoresken Gewimmel ragte ein Pappschild mit der krakeligen Aufschrift: „ERRO SUX??"

„ERRO SUX, das sind wir", stammelte der Lange, schon ganz benommen von den ersten Eindrücken. Sie begaben sich zu einem kleinen Jungen, der mit dem Schild hantierte. Er winkte sie aus der Masse heraus und zeigte in Richtung eines Kleintransporters, der auf einem Parkplatz wartete. Auf dem Weg dorthin wuselten schon einige Verwahrloste um sie herum und boten sich an, das Gepäck zu tragen. Der Lange und Pröbsting umklammerten ihre Gitarrenkoffer und machten abwehrende Handbewegungen.

Robert sorgte sich um seinen Synthesizer, dessen Softcase Tragegurte hatte, sodass man ihn wie einen Rucksack auf dem Rücken tragen konnte. Als sie sich dem Transporter näherten, sahen sie schon von weitem einen kleinen Mann heftig winken. Es war Amit.

Nach eigener Aussage war Amit schon alt, denn er war vor kurzem dreißig Jahre alt geworden. Bis dahin sollte alles in trockenen Tüchern sein: Beruf, Ehefrau, Kinder. Und er hatte der Reisegruppe von Robert auch schmackhaft machen können, dass die vermittelte Ehe doch erhebliche Vorteile mit sich bringt. Immerhin hatte ihm der Familienrat fünfundzwanzig Kandidatinnen vorgeschlagen, die er auch alle ablehnen konnte, genauso wie die Kandidatinnen ihn abweisen konnten. Eigentlich eine Traumsituation, wenn man es recht bedachte. Eine Ehe mit unterschiedlicher Kastenzugehörigkeit dagegen bringe nur Nachteile und käme deshalb so gut wie gar nicht vor. Der für unsere Verhältnisse junge Mann war streng gläubiger Hindu, aber er ging im Dezember auch in christliche Kirchen, weil er die Weihnachtslieder dort so toll fand. In religiöser Hinsicht war er recht tolerant, nur für Moslems fand er nicht so freundliche Worte und Pakistan sei überhaupt ein ziemlich unsympathisches, finsteres Land. Schon beim Visum müsse man ja ankreuzen, ob man aus Pakistan kam oder Verwandte dort hatte. Amit lebte, wie viele Inder, in einer sehr großen Familie. Altersheime gebe es in Indien nicht und alle Generationen lebten unter einem Dach. So wie er es schilderte, war es die reinste Idylle. Ob Amit von Natur aus freundlich war oder ob das eine seinem Job geschuldete Attitüde war, hatte Robert damals nicht ganz herausfinden können. Im Unterschied zu damals war er heute landestypisch gekleidet: Pyjama Kurta.

Die immer noch um die Gruppe lungernden Gepäckträger vertrieb er mit einer brüsken Geste. Robert aber umarmte er mit „mein guter Freund", und es war schwer vorstellbar, dass er sowas nur spielte. Es konnte aber auch sein, dass man zwischen Spiel und Ernst nicht so ganz saubere Trennlinien zog. „Namaste, meine lieben Gäste", begrüßte er die anderen und wackelte dabei mit dem Kopf, so wie es alle Inder ständig tun. Sie scheinen so eine Art Kugelgelenk zwischen Kopf und Schulter montiert zu haben, ähnlich den Spielzeughunden auf der Hutablage von Seniorenautos. Dieses „meine lieben Gäste" schien so eine Art Mantra für Reiseleiter in Indien zu sein. Robert hatte es auf seinem Trip täglich gefühlte fünfhundert Mal gehört und es schien, dass Amit auch hier aus dieser Nummer nicht heraus kam.

Der Kleintransporter war so ein ziemlich altes Ford Transit Model und natürlich im Innenraum über und über behängt mit allen möglichen Kordeln und Abbildungen von Göttern. Am wackeligen Rückspiegel baumelte so ein schwarzer Wedel gegen den bösen Blick wie an praktisch allen Lastwagen und Transportern. Am Straßenrand gab es zuweilen Stände, an denen man solche buschigen Troddel kaufen konnte. Die sahen aus wie von einer schwarzen Plage befallen. Sie verstauten ihre wenigen Gepäckstücke, die beiden Gitarren und den Synthesizer hinter den Rücksitzen und quetschten sich ins Wageninnere. In den Nasen machte sich der Geruch von den unzähligen offenen Feuern in der Stadt bemerkbar. An allen Ecken und Kanten wurde gekokelt oder das Feuer glimmte aus. Menschen stocherten in der Glut oder versammelten sich darum. Es war fünf Uhr morgens und schon fünfundzwanzig Grad. Amit setzte sich ans Steuer und fuhr los. Im Unterschied zu den anderen war er gar nicht müde und redete munter drauf los. Die Schnarchgeräusche des Langen störten sein munteres Geplapper überhaupt nicht. Er erzählte von der Stadt, ihrer Geschichte, dem aktuellen Bauboom, den Immobilienpreisen. Tatsächlich ragten die neuen, aber unbewohnten, fensterlosen Hochhäuser wie faule, marode Zähne in den Himmel und eskortierten die Fahrt gespenstisch. Sie wussten nicht, wohin sie fuhren und hofften nur, dass es nicht mehr so lange dauern würde. Wie nasse Säcke hingen sie in den Sitzen und nahmen das Treiben draußen wie durch eine Nebelwand wahr, obwohl dort schon der Bär tanzte. Die Stadt schien überhaupt nicht geschlafen zu haben. Selbst hier in den Außenbezirken waren die Straßen gesäumt von jenen winzigen Läden, die vollgestopft waren, vor allem mit Autoreifen, Ersatzteilen aus allen Sparten und schlichtweg nicht identifizierbaren Gerätschaften jeglicher Art. Hinzu kamen hunderte von Garküchen, die oft nur einen Topf heiß hielten und die selbst um diese Zeit schon teilweise wieder anfingen, zu brutzeln, um den Heerscharen von Beschäftigten und Arbeitssuchenden sehr preiswert den Magen zu füllen.

Lohmann blinzelte durch winzige Augenschlitze und seine grundsätzliche Faszinierbarkeit war zwar reduziert, aber nicht erloschen. Der Lange schlief tief und fest, Pröbsting war eingesunken und Robert hatte ein Déjà-vu nach dem anderen.

„Meine lieben Gäste, wir fahren nun erst zu eine Freund, können ein wenig schlafen und ausruhen, und dann machen schöne Zeit vielleicht in Delhi Altstadt.“

Der Freund hatte schon ein Matratzenlager vorbereitet. Natürlich alles in einem Raum. Lohmann verdrehte die Augen. Auch das noch. Mit diesen Brüdern in einem Raum. Dennoch plumpsten sie alle wie von einer Gewehrsalve hingerichtet auf das Lager, zogen sich die Decken über den Kopf und schliefen bzw. versuchten zu schlafen. Lohmann und Robert hatten vorsorglich an Ohrenstöpsel gedacht, die aber nur notdürftig das Schnarchen des Langen dämpften. Es würde bestimmt auch Ungeziefer vertreiben, soviel war sicher. So dämmerten sie dahin. Die Körper holten sich einfach, was sie brauchten.

Nach ungefähr fünf Stunden kam Amit gut gelaunt herein und machte die Glühbirne an, die von der Decke baumelte.

„So, meine lieben Gäste, jetzt langsam aufstehen."

Der Kollege hatte Humor. Langsam aufstehen. An schnelles Aufstehen war beim besten Willen nicht zu denken. Gequältes Aufrichten traf es wohl eher. Sie hatten ihre Klamotten allesamt anbehalten. Der weiße Leinenanzug von Pröbsting machte das, was Leinen für gewöhnlich zu tun pflegt: er knitterte. Und zwar gewaltig. Einer nach dem anderen schälte sich aus seinem Lager. Immerhin ein paar Stunden Schlaf waren es gewesen. Topfit war zwar was anderes, aber es ging so einigermaßen. Auf der Toilette gab es natürlich kein Papier. Zum Einsatz der linken Hand konnte sich keiner überwinden. Und so zierte den weißen Leinenanzug ein brauner Fleck, den Pröbsting aber zum Glück nicht sah. Dieser leicht ölige Gang war nun hinzunehmen.

Zum Frühstück setzten sich alle an den Tisch. Der Stuhl des Langen ging allerdings sofort zu Bruch und es wurde ein abgewrackter Sessel herbeigeschafft. Der Freund lächelte: „Is no problem". Warme, gut gewürzte Pakoras und aufgebrühter Nescafé. Danach Joghurt mit Früchten. Der Freund brachte dem Langen ungefragt eine zweite Portion mit den anerkennenden Worten: „Big man!"

Amit und Pröbsting verzogen sich in den Hinterhof, um eine zu rauchen.

„Zu Hause nicht rauchen, Frau mag nicht. Aber wenn unterwegs, dann immer viel rauchen."

„Aha", tat Pröbsting interessiert.

Man konnte nicht gerade behaupten, dass Amit ihm schon ans Herz gewachsen wäre. Dieser penetrante Stadtführer war ihm bis jetzt jedenfalls nur auf die Nerven gegangen. Der sollte erstmal ein anständiges Konzert organisieren.

„Spielen Gitarr ?"

„Ja, ja so ein bisschen."

„Gelernt auf Schule?"

„Ich hab mir alles selbst beigebracht. Mit vierzehn hab ich die ganzen AC/DC Sachen nachgespielt, dann Hendrix und so was. Find das gut, wenn man so richtig die Sau rauslassen kann. Manchmal sind meine Jungs hier noch schräger drauf als ich. Aber das find ich auch gut."

Amit staunte. „Sau raus lassen?" Was sollte das nun bedeuten? Irgendwas mit Musik und Tieren wahrscheinlich. Er würde sich auch diese umgangssprachliche Wendung einprägen und zum Einsatz bringen, sodass er manchmal beängstigend aktuell klang. Dieses impertinente „Geht's noch?" hatte er auch schon drauf.

Sie gingen zurück an den Frühstückstisch.

„Meine lieben Gäste, Jaipur ist noch 450 km. Wir können schaffen in ein Tag. Ist lange Weg. Aber ich will noch zeigen ein wenig Neu Delhi. So wir fahren erst noch nach Sikh-Tempel."

„Au ja", frohlockte Robert sofort. „Den müsst ihr unbedingt sehen."

„Jetzt auch noch Tempel besichtigen", grummelte Pröbsting in sich hinein. Und wieder ging es mit Sack und Pack in den Ford Transit. Dass das hier zu einer Besichtigungstour ausarten würde, hatte der Lange nicht erwartet. Aber er haderte nicht, sondern zeigte sich eher aufgeschlossen. Auch Lohmann zeigte sich erstaunlich frisch und zog zur Feier des Tages sogar seine Holzschuhe an.

Als Amit sie bemerkte, kam er aus dem Staunen nicht heraus.

„Was das? Schuhe von Holz? Warum so?"

„Das ist traditionell so. Schon mein Vater hatte solche Schuhe an. Mittlerweile sind sie unmodern geworden. Deswegen trage ich sie."

Lohmann genoss es geradezu, „unmodern" zu sein,und verstieß mit Lust gegen die zeitgenössischen Diktate einer vermeintlichen Modernität, die als temporäre Moden doch nur eine Haltung vorgaukelten, die im Kern konventionell war. Außerdem hatte es die Natur so eingerichtet, dass sich bei ihm fast alle Schweißdrüsen vorzugsweise am Fuß versammelten. Deswegen trug er auch zu Hause fast nur Birkenstock-Sandalen, was ihn oberflächlich als Öko auswies. Der Kontrast zu Pröbstings Krokodilschuhen konnte größer nicht sein.

Sie fuhren durch ein spektakuläres Chaos der Innenstadt von Neu Delhi. Da waren Palermo und Neapel nichts dagegen. Nicht umsonst war es unmöglich, in Indien ein Auto ohne Fahrer zu mieten. Unterirdischen, tektonischen Plattenverschiebungen gleich bewegten sich die ineinander verkeilten Blöcke aus Rikschas, Tuk Tuks, Autos, Lastkarren und Fußgängern zentimeterweise im Rhythmus einer geheimen Choreografie. Langen Pausen des Stillstands folgten ruckartige Stöße, die keine Richtung zu haben schienen. Inseln von Heiligen Kühen wurden geduldig umfahren.

„In India alle Kühe sind heilig", erklärte Amit. „Warum so? Weil Kuh ist Mutter von allen. Und niemand will essen eigene Mutter. Kühe sind gerne in Mitte von Straßen, weil süchtig geworden von die Abgase." Ob er schon davon gehört hätte, dass es mittlerweile ganze Banden von Verbrechern gab, die nachts Kühe von der Straße stahlen, um sie in Laster zu pferchen, die sie in geheime Schlachthöfe verfrachteten, weil der indische Geldadel nun plötzlich Rindfleisch essen wollte? Diese Herrschaften waren hier im Zentrum natürlich nicht anzutreffen, sondern führten ihr Leben in einer eigenen Schattenwelt, völlig abgesondert vom Alltag der normalen Leute. Sie verachten das Leben der einfachen Bevölkerung und verhöhnen deren Kult- und Opferrituale als Scharlatanerie. Das Goldene Kalb der westlichen Heilsversprechen hingegen wird von ihnen blindlings verehrt. Das seien aber nur Ausnahmen, versicherte Amit, die von der Bevölkerung verabscheut würden.

Den täglichen Massenstau versuchte er schön zu reden, indem er die Irrationalitäten des Landes folkloristisch verklärte. Verstümmelte Kinderhände reckten sich durch das offene Fenster des Ford Transits. Abenteuerlich verknotete und verschnürte Lasten türmten sich zu Riesenpaketen auf allen möglichen Fortbewegungsmitteln. Ein Geruch aus einer Mischung von Holzkohle, Gewürzen, Fäkalien und Abgasen durchzog die verwinkelte Altstadt, die gleichzeitig von einer Unmenge zerfledderten Plastikmülls übersät war. Viele Passanten winkten freundlich zu dem Transit, aus dem vier erhitzte Köpfe mit klebrigen Hälsen sich nach draußen reckten. Der einzig braune Kopf stützte sich gelassen aufs Lenkrad.

„Diese Zeit immer viel Verkehr hier in Delhi. Warum so? Man kann nicht sagen. Ist einfach immer so. Aber ist auch kein Problem. Gleich geht weiter."

Und tatsächlich gab es jetzt wieder so einen Schub, als würde eine Staumauer geöffnet, und man wurde auf eine Nebenstraße gespült. Auch dort war es sehr voll, aber es bewegte sich immerhin was. Schließlich fand Amit einen Parkplatz, wo schon sehr viele Busse standen.

Der Sikh-Tempel ‚Bangla Sahib' war offensichtlich eine Sehenswürdigkeit und es gab entsprechend viele Angebote an Devotionalien und anderem Kitsch. Bettler mit ganz besonders extremen Verkrüppelungen gaben sich hier ein Stelldichein. Als ERROR SIX den Kleinbus verließ, bildete sich gleich eine Traube. Sie löste sich auch nicht auf, als sich die vier Herren unter Leitung von Amit in Bewegung setzten. Im Gegenteil. Viele Neugierige hatten es auf die Holzschuhe von Lohmann abgesehen. Einige Kinder beugten sich zu ihm herunter und wollten sie berühren. Einem kleinen Mädchen in Schuluniform gelang es, den Holzschuh anzufassen. Sie lief sogleich zu den im Hintergrund stehenden Eltern und berichtete. Die Eltern kauften schnell eine Blumenkette, die zuhauf angeboten wurden, und das kleine Mädchen kam zurück und legte Lohmann die Kette um den Hals. Lohmann war jetzt eindeutig der Star und niemand interessierte sich im Moment für den Langen, der alle überragte. Auch Pröbsting fand keine weitere Beachtung. Was waren schon Krokodilschuhe gegen Holzschuhe? Robert machte ein paar Fotos von der Szenerie und genoss es ansonsten, abseits zu stehen. Vor dem Tempel wurden alle in einen

Raum geleitet, in dem man seine Schuhe ausziehen und abstellen musste. Der alte, weißbärtige Sikh, der die Lagerung der Schuhe organisierte, staunte nicht schlecht, als er die Holzschuhe zu Gesicht bekam und stellte sie in ein Regal, als seien sie ein Goldschatz. Vor diesem schnell improvisierten Schrein wurden sogleich ein Paar Räucherstäbchen entzündet. Sie waren Virtuosen darin, Anbetungswürdigkeiten zu generieren. Dann verteilte er an alle orangefarbene Kopftücher, denn man durfte den Tempel nicht barhäuptig betreten. Sie kamen an einem riesigen, an die Raucherzone im Flughafen von Istanbul erinnernden Käfig vorbei, in dem eng gepfercht Menschen auf dem Boden kauerten und spirituelle Gesänge von sich gaben. Besonders der Lange machte mit seinem kleinen orangenen Kopftuch, das seinen Quadratschädel umspannte, einen lächerlichen Eindruck, zeigte sich aber höchst beeindruckt von der Atmosphäre dieses Ortes. Es war, als sei man Bestandteil eines Kostümfilms. Landestrachten aus allen Teilen des Subkontinents kamen hier zusammen und Amit konnte immer genau sagen, woher die Leute kamen. Wenn er die Gruppe um sich versammelte, um einige Erklärungen abzugeben, stellten sich immer sofort einige Schaulustige hinzu und hörten mit, obwohl sie nichts verstanden. Völlig ungeniert und ungerührt begafften sie die Szene und man fragte sich, was wohl in ihren Köpfen vor sich ging.

Die Luft war von Räucherstäbchen geschwängert. Man betrat das Allerheiligste des Tempels, das mit Teppichen ausgelegt war. Rund um den Altar saßen Hunderte auf dem Boden, beteten und lauschten dem Vortrag des Trios aus Harmonium, Tabla und Gesang, das ununterbrochen mit allergrößter Inbrunst diesen magischen Raum elektrisch verstärkt beschallte. Hier im Tempel lag der Fokus einzig auf dem Inneren und die Vier konnten völlig unbehelligt ihre Kreise ziehen. Niemand nahm besondere Kenntnis von ihnen. Robert setzte sich in den Innenkreis und beobachtete die drei vollbärtigen Musiker mit schwarzen Turbanen. Er mochte diesen Sound, der so erfrischend anders und keinerlei Moden unterworfen war. Man war sehr schnell in einer Art Trance und schlagartig war der entrückte Zustand der normale. War er auch verrückt? Die Grenzen verschwammen und leicht narkotisiert verließen sie den Innenraum. Zwischen Verrückung und Entrückung war der Grat hier sehr schmal. Amit führte sie in die dem Tempel angeschlossene riesige Garküche, die die Armenspeisung bereitstellte. Die Tore der Drahtverschläge wurden geöffnet und eine gewaltige Menschenmenge ergoss sich in den Speisesaal. Die Gebete und Gesänge waren der Preis, den sie vorher zu entrichten hatten. In gewaltigen Bottichen brodelten die Suppen, die mit schaufelartigen Kellen entnommen wurden. Der Boden war glitschig. Zum Glück hatten sie ihre Schuhe wieder an. Lohmann klackerte mit seinen Holzschuhen hörbar durch die Pfützen. Auf meterlangen Durchreichen zum Speisesaal reihte sich ein Teller nach dem anderen. Dazu wurde Naan gereicht, das indische Brot, was auch hier vor Ort gebacken wurde. Die Brotbäcker ließen sich auch durch Besucher nicht aus der Ruhe bringen und gingen ihrem Handwerk mit stoischer Gelassenheit nach. Pröbsting kollidierte mit einer Suppenkelle und ein gewaltiger Klacks Linsensuppe landete auf seinem Knitteranzug. „Scheiße!" fuhr es aus ihm heraus. „So ein Mist, der ganze Anzug versaut. Ich hab nur den einen!"

Am Ausgang gab es einen Hinweis auf Toiletten. In der Hoffnung auf Papier eilten sie in die Richtung. Und in der Tat wurde Papier gereicht. Einzeln. Stück für Stück. Der Lange bedeutete dem Unberührbaren mit einem eindeutigen Handzeichen, dass er wohl mehr benötige, worauf der kleine, zarte Mann noch ein paar herausrückte. Großzügig war er nicht gerade damit. Insgesamt investierte der Lange zwanzig Rupien in Toilettenpapier. Als alle Gruppenmitglieder den Zerbrechlichen passiert hatten, hatte dieser kein Papier mehr, dafür aber gut hundert Rupien in der Tasche, womit er seine Familie einen Tag ernähren konnte. Pröbsting wischte an seinem Suppenfleck herum. Aber durch den sehr hohen Kurkuma-Anteil erwies sich dieser als sehr resistent und letztlich verteilte er ihn nur auf dem ganzen Hosenbein, welches dadurch in einer gelblichen, speckigen Note schimmerte. Dass sich morgens auf dem hinteren Teil noch ein brauner Fleck ausgebreitet hatte, wusste er ja zum Glück nicht.

Seine Laune hätte diesen Belastbarkeitstest wahrscheinlich nicht ausgehalten. Auch so hatte er schon nichts anderes vor Augen als sein gelbes Hosenbein. Den Blicken der Gaffer draußen auf dem Weg zurück war das Hosenbein allerdings völlig gleichgültig. Vielmehr hatten es ihnen die Holzschuhe angetan. Und Lohmann stolzierte holzigen Fußes mit geschwollener Brust durch das Spalier der Bewunderer. Doch auch hier war der Grat zwischen Bewunderung und Verwunderung schmal. „Where do you come from?", brachten einige Weltläufige hervor. Und Lohmann, dem wahrhaftig nationalistische Empfindungen fremd waren, fühlte sich ambivalent, als er stereotyp sein „Germany" hervorbrachte. Und wenn dann noch der eine oder andere Inder die arische Gemeinsamkeit zur Sprache brachte, wurde ihm etwas mulmig. Die umgekehrten Hakenkreuze, die überall an die Häuser gemalt waren, hatten jedenfalls mit der Nazi-Zeit nichts zu tun, sondern standen für Gut-Sein.

„Hat gefallen Sikh-Tempel?", fragte Amit. Das musste rückhaltlos bejaht werden. Zu euphorisch sollte man sich nicht zeigen, dachte Robert, sonst würde er das ganze Besichtigungsprogramm herunterrasseln und am Ende hätten sie zig Festungen, Tempelanlagen und Parks gesehen. Seine Rundreise war gespickt gewesen mit solchen Sachen und abends wusste man nicht mehr, wo einem der Kopf stand. Nein, dafür waren sie nicht hier.

Leichte Zweifel an dem Sinn ihres Besuches nagten ständig, an dem einen mehr, an dem anderen weniger.

RAJASTHAN

Meine lieben Gäste, wir fahren jetzt nach Jaipur. Ist meine Heimatstadt, Familie lebt dort. Ob wir heute schaffen, ich weiß nicht. Autobahn in India ist nicht so schnell wie in Deutschland. Wenn nicht, können wir schlafen in Hotel von eine Freund."

Die Autobahn war nicht nur weniger schnell als gewohnt, sie war auch in jeder anderen Beziehung etwas anderes als das, was man sich für gewöhnlich unter einer Autobahn vorstellte. Amit zockelte los, Delhi dünnte nur langsam aus. Endlose Reihen vollgestopfter Buden säumten die Straßen. Amit fuhr rechts heran und machte an einer Garküche halt. „Können essen ein wenig. Ist ganz billig und typisch indische Küche." Pröbsting verzichtete von vornherein. War nicht sein Ding, das typisch Indische. Er hatte jede Menge Schokoriegel und so ein Zeugs in der Tasche, womit er sich über Wasser hielt, und schaute sich nach McDonalds um. In dem Riesentopf schmurgelte etwas Halbflüssiges.

„Ist Korma. Man kann haben mit Fleisch und ohne Fleisch. Fleisch ist nicht von Kuh, ist von Wasserbüffel."

Das Essen kostete nur zwei Rupien. Erstaunlich billig. Aber es war halt auch authentisch. Deswegen sollte man das einmal ausprobieren. Die beiden Jungs in dem Verschlag machten die Schalen voll. Es gab sogar Löffel für die Gäste, denen man sofort ansah, dass sie nicht „richtig" essen konnten. Amit nahm die größeren Stücke mit der Hand und setzte sich ansonsten die Schale vor den Hals. Lohmann nahm den ersten Bissen und ging direkt zu Boden. Keuchend wälzte er sich im Dreck und Amit reichte ihm einen Schluck Lassi, ein kühlendes Joghurt-Getränk mit Mango-Geschmack. Robert war begeistert. Endlich mal was richtig Scharfes. Die vagabundierenden Schweine kümmerten sich unversehens um das Verschüttete. Der Lange machte keine großen Unterschiede beim Essen und war für alle Experimente aufgeschlossen. Um den im Sand winselnden Lohmann bildete sich gleich wieder eine Gruppe von Neugierigen, die den Gefallenen mit offenen Mündern ins Visier nahmen. Es hatte ihn aus den Holzpantinen geschlagen und ihr Augenmerk lag eben genau auf diesen. Sie schienen eine kausale Verbindung herstellen zu wollen zwischen dem merkwürdigen Schuhwerk und der Magenempfindlichkeit des Delinquenten. Dabei waren es eigentlich nur die Geschmacksnerven, die diese extreme Schärfe des Essens nicht verarbeiten konnten und ihn in die Knie zwangen. Er schnappte nach Luft wie ein geangelter Fisch und versuchte mit allen Mitteln, sich Kühlung zu verschaffen. Während Robert und Pröbsting ihn ins Auto schleiften, schnappten sich zwei Jungs die Holzschuhe und liefen damit lachend und laut jubelnd weg. Sie waren schnell um alle Ecken. Eine Verfolgung wäre zwecklos gewesen.

„Hey, ihr Arschgeigen, bleibt stehen“, schrie ihnen der Lange nach und vergaß in der Aufregung, dass sie das wohl nicht verstehen konnten. Auch der hechelnde Lohmann gab seine geliebten Holzschuhe auf. Sollten die Idioten doch glücklich damit werden. Sie würden sie eh nicht zu schätzen wissen, da ihnen der kulturhistorische Hintergrund fehlte. Diesen stinkigen Drecksblagen, die einfach dreist seine Notlage ausnutzten, war eh nicht mehr zu helfen. Rotzlöffel, erbärmliche. Sie würden sie wahrscheinlich zu Brennholz verarbeiten, um ihre blöden Feuer am brennen zu halten, die hier Tag und Nacht die Luft verpesteten. Ein olfaktorisches Desaster würde er ihnen noch gratis mitliefern, wenn sie sich bequemten, ihre dreckigen Rüssel ins Schuhinnere zu stecken. Lohmann kochte innerlich.

„Mein lieber Freund, alles gut?“, kam Amit freundlich auf ihn zu und reichte ihm eine Banane. Seine geradezu notorische Freundlichkeit war schon frappant. Beschwingt setzte er sich ans Steuer und fuhr los: Autobahn! Sie war zweispurig und verlief in zwei Richtungen. Eine Geschwindigkeitsbegrenzung war nicht erkennbar. Allerdings wurde die Geschwindigkeit von vielerlei natürlichen Hindernissen von selbst gedrosselt. Allein die Kühe, die in jede Richtung langsam unterwegs waren, ließen ein hohes Tempo nicht zu, ganz zu schweigen von den vielen Fußgängern, die die Autobahn in beide Richtungen als Fußweg nutzten. Man kam ja aus dieser ewigen Vergleicherei nicht heraus. Nein, eine Autobahn in unserem Sinne war dies nicht. Warum auch? Vor uns hatte es einen Unfall gegeben und es zeichnete sich ein Stau ab. Die Polizei war schon anwesend. Trotzdem wendete Amit und fuhr in Gegenrichtung bis zu einer Stelle zurück, an der er die Fahrbahnen wechseln konnte. Auf der anderen Seite fuhr er dann ebenfalls in Gegenrichtung weiter, bis er durch eine Lücke wieder hinter dem Stau auf die alte Fahrbahn zurückkehren konnte. Für unsere Verhältnisse ein irrwitziges Manöver. Für Amit war das ganz normal, für die Polizei offensichtlich auch.

„Polizei nie direkt in Auge schauen, dann nichts sagen", erklärte er sein Verhältnis zur Ordnungsmacht. So ging es dann zügig voran. Zu beiden Seiten taten sich gewaltige Landschaften auf, ab und zu von den bunten Gewändern der auf dem Land arbeitenden Frauen gesprenkelt. Affen hockten am Straßenrand und hofften, dass mal etwas aus dem Fenster geworfen wurde. Ein festlich gestalteter Elefant mit ebenso festlich gekleideter fünfköpfiger Entourage wurde elegant umfahren, eine Kamelkarawane auf der rechten Spur vorsichtig überholt. Die Engländer haben seinerzeit den Linksverkehr in Indien eingeführt, und die Inder haben ihn nicht wieder abgeschafft. Amit sagte, sie seien ein friedliches Volk und sie hätten den Engländern verziehen. Nur bei dem Thema Pakistan höre das Friedliche etwas auf, aber es seien schließlich die Pakistani, von denen der Unfriede ausgehe.

Nach hundert Kilometern Fahrt nahmen sie die Abfahrt zu einer Art Raststätte. Lohmann brauchte endlich was hinter die Kiemen und die Schoko-Riegel von Pröbsting neigten sich dem Ende zu. Amit kannte natürlich das gesamte Personal und wurde entsprechend begrüßt. Natürlich war er durch Provisionen an den Verkäufen von Touristenplunder an Reisegesellschaften beteiligt, sodass jedes Mal große Freude eintrat, wenn sie ihn in Begleitung einer Reiseschar eintreten sahen. Heute war die Lage etwas anders, was er ihnen auch schnell klar machte. Dennoch gestikulierten sie gewohnheitsmäßig in Richtung der Hinterstuben, in denen sich der ganze Hindu-Kitsch verteilte. Natürlich gab es auch hier Probleme mit den Stühlen, und der Lange wurde auf eine Bank gepflanzt, auf der er sich dann genüsslich räkelte und seine Mahlzeit bestellte. Hier gab es auf Reisende abgestimmtes Essen, sodass Pröbsting und auch Lohmann fündig wurden. Personal schien es eigentlich an allen öffentlichen Orten reichlich zu geben, weil es sehr billig war. Auch hier wimmelte viel Bedienung in Phantasieuniformen servil um sie herum. Dass sich ausgerechnet in Indien, wo fast alle Regeln missachtet wurden, ein Rauchverbot durchgesetzt hatte, war schon erstaunlich. Pröbsting und Amit mussten nach draußen gehen. Pröbstings gelbes Hosenbein wurde allenthalben interessiert bestaunt und auch hier machte niemand aus seiner Neugier einen Hehl.

„Sollen wir eigentlich ‚Bollerwagen' spielen?", fragte Robert in die Runde. ‚Bollerwagen' war ein Stück, bei dem der Lange einen Text zu seinen Baumarkt- und Freizeiterfahrungen mit diesem handgezogenen Kleinsttransportmittel herunter improvisierte und sich dabei in eine gesangstechnische Ekstase steigerte, die in einem komischen Gegensatz zur Banalität des Themas stand. Das Ganze hatte im Unterschied zu vielen anderen Stücken eine klare Songstruktur und war extrem westfälisch. Der Text würde sich den Indern nicht erschließen, aber die Komik würde sich vielleicht trotzdem mitteilen. Es war ein Abgeh-Stück und wurde gern als Zugabe genommen.

„Klar", meinte Lohmann, der sich mittlerweile erholt hatte und wieder sprechen konnte. „Bollerwagen in Jaipur, das hat doch was."

Wenn man den Auftritt vorausahnend vor seinem geistigen Auge ablaufen ließe, hätte er schon was Groteskes, da waren sich alle einig. Also ‚Bollerwagen' wurde gespielt.

Die Gurkerei konnte weiter gehen. Beim Verlassen des Gebäudes bildeten die Bediensteten eine Art Spalier. Keine Ahnung, was Amit ihnen über seine Freunde erzählt hatte. Jedenfalls waren sie froh, dass sie nun körperlich halbwegs saturiert wieder in ihrer fahrbaren Sauna Platz nehmen konnten. Der warme Männerschweiß war der Kokon für ein ganz neues Gruppengefühl. Sie hatten noch nicht einmal die Hälfte der Strecke nach Jaipur hinter sich gebracht und es wurde schon langsam Abend. Die Drohung eines weiteren Matratzenlagers lag in der Luft. Ob das Auto auch bei Dunkelheit seine Dienste tun würde, durfte bezweifelt werden.

Überhaupt war diese Karre alles andere als verkehrstauglich. Da aber an allen Ecken noch klassisch am offenen Feuer geschmiedet wurde, musste man sich hinsichtlich der handwerklichen Fähigkeiten von Werkstätten keine Sorgen machen. Würde es jemals einen Blick hinter diese ganzen Kulissen geben? Am meisten grübelte Robert über diese unendliche Frage, was man überhaupt erkennen konnte. Aus der Gewohnheit gerissen überkam sie ihn noch öfter als sonst. Hinter jeder Tür verbarg sich eine weitere, hinter jeder Frage taten sich tausend neue auf. Würde man in einen Abgrund von Korruption, Frauenmissachtung und brutaler Kastenhierarchie schauen, wenn einmal der Vorhang aus überbordendem Leben beiseite geschoben würde? Wie viele weitere Vorhänge verhinderten den Blick in diesen unendlichen Untergrund, der dieser farbenprächtigen Kulisse die Basis gab? Wie eine Verdichtungszone, in der jedes Wissen sich in eine neue Frage wandelt, heizte dieser Trip den inneren Motor und Bildwerfer an. Dieses hier war ja keine Urlaubsreise, sondern man war halb privat unterwegs. Trotzdem konnte Amit den Reiseleiter einfach nicht abstellen und er zeigte die Schokoladenseiten und fand auch die Schokolade im Schmutz. Denn bei Lichte betrachtet gab es den Schmutz ja gar nicht. Die Materie hatte sich oft nur die unpassenden Plätze ausgesucht. Zu Hause war alles besser versteckt, hier lag alles offen. Die Ortsverlagerung erzeugte bei Robert einen ungeheuer komplizierten inneren Dialog, der versuchte, zwischen den Erscheinungen und der Realität eine Schneise zu schlagen. Immer wenn der Komplexität nicht Herr zu werden war, musste man an die Oberfläche schwimmen, um Luft zu schnappen. Andere tauchten schon gar nicht mehr ab. Aber selbst an der Oberfläche gab es kleine Vertiefungen und Verästelungen, die zu Abgründen werden konnten, wenn man ihnen nachspürte. Lohmann war eher auf dieser Spur unterwegs. Was konnte man in diesen Gesichtern lesen? Was würden die Menschen sagen, die wie achtlos hingestreut am Straßenrand lagen? War alles hoffnungslos, was so aussah, oder spendete der kleine Glücksmoment einer warmen Mahlzeit den Trost für den Augenblick, der mehr wert war als die Perspektive eines geglückten Lebens? Man schaute auf Personen, die irgendwie über den Tag zu kommen hofften und die noch nie etwas von Karriere und Absicherung gehört zu haben schienen. Der Lange und Pröbsting waren im Dämmerzustand. Eine Blaskapelle mit knallroten Uniformen marschierte am Rande eines Dorfes zu einer Hochzeit. Als Frauen verkleidete Eunuchen gingen von Haus zu Haus und gaben gegen Entgelt ein Ständchen. Vereinzelt saßen Sadhus auf geschreinerten Holzplattformen und rauchten Marihuana. Kinder spielten mit selbstgebasteltem Spielzeug. Die Schafhirten sahen mit ihren roten Turbanen aus wie Prinzen aus Tausendundeiner Nacht. Laut Amit gab es immer noch den Beruf des Turbanbinders, der zu festlichen Anlässen die meterlangen Stoffbahnen kunstvoll windet. In verwinkelten Gassen betrieben Astrologen ihr Gewerbe, man ging zu ihnen wie zu einem Arzt, um das Schicksal zu befragen. Ohne astrologisches Gutachten wird keine Ehe geschlossen und die Scheidungsrate ist extrem niedrig. Kleine, flinke Skorpione wieseln herum und beißen die Leute, aber im Skorpiontempel, in dem es von ihnen wimmelte, beißen sie niemanden.

Warum so?

Auf der Suche nach einem Geldautomaten, der funktionierte, hielten sie in der Nähe eines Parks. Amit trottete mit Robert los, der keinen Pfennig mehr in der Tasche hatte. Diverse Automaten verweigerten den Dienst. Dieser nun sollte es bringen. Inzwischen setzten sich die anderen Drei auf eine Parkbank und schauten dem munteren Treiben zu. Hunderte von Schulkindern in reizenden Schuluniformen schlenderten in Gruppen durch den Park, auf dem weg nach Hause. Sie winkten ihnen zu, reckten ihre Hände nach ihnen, versuchten sie zu berühren, lächelten sie mit liebreizenden Minen an. Die Mädchen trugen bunte Schleifen im Haar. Die weißen Kragen ihrer Kleider hoben sich auf das Wunderbarste von ihrer braunen Haut ab. Selbst Pröbsting kamen fast die Tränen. Der Lange war gerührt und Lohmann zeigte seinen allerweichsten Kern. Eine Familie setzte ihren kleinen Sprössling auf den Schoß des Langen und fragte, ob sie ein Foto machen dürften. Der Kleine bedankte sich bei dem Langen. Weitere Familien, die die Szene von weitem beobachtet hatten, strömten herbei und wollten Gruppenfotos mit ihren Familien und den drei exotischen Westfalen machen. Besonders der Lange hatte es ihnen angetan. Auf seinen Schultern hockten kleine Jungs und freundlich lächelnde Väter machten ihre Fotos. „Where do you come from?" war die immer wieder gestellte Standardfrage. Sie war einigermaßen verständlich, denn das Englisch, was sie sonst sprachen, hatte sich zu einem eigenen Idiom entwickelt, das nur schwer zu entschlüsseln war. Die begeisterten Reaktionen auf „Germany" salbten die Seelen doch einigermaßen. Lohmann hasste es, wenn er sich auf Englisch etwas zusammenstotterte und hielt sich deswegen kommunikativ weitgehend zurück.

Allein der weltläufige Pröbsting wusste sein Wort zu machen, wobei er versuchte, die Blicke von seinem gelben Hosenbein abzulenken. Der braune Fleck auf der Hinterseite zog allerlei Fliegen und Geschmeiß an, deren Anwesenheit er sich nicht erklären konnte. „Dieses scheiß Fliegenzeugs hier überall", fluchte er, nahm aber beruhigt zur Kenntnis, dass auch des Langen Hinterteil befallen war, wenngleich es durch den Jeansstoff nicht sichtbar markiert war. Deprimiert kehrte Robert mit Amit zurück. Wieder nicht erfolgreich. Diese von Sicherheitskräften umstellten Automaten behielten ihr Geld bei sich.

„In Jaipur ist besser", versicherte Amit. Musste ja ein Wahnsinnsort sein, dieses Jaipur, nach dem, was Amit ihnen verhieß. Eine Stadt, in der alle Fassaden rosarot gestrichen waren. Vor dem geistigen Auge tat sich eine Märchenwelt auf.

JAIPUR

Als sie schließlich um 22 Uhr Jaipur erreichten, machte die Stadt erstmal den gleichen Eindruck wie alle anderen Ortschaften, die sie bis jetzt gesehen hatten. Die Prächtigkeit hielt sich etwas zurück. Erst, als sie mühsam die Innenstadt erreicht hatten, wurden sie tatsächlich der rosaroten Fassaden ansichtig, die zwar sicherlich schon bessere Zeiten gesehen hatten, aber immer noch einen dezenten Charme versprühten. In allen indischen Städten ist immer zu jeder Zeit Rush Hour. Auch hier das übliche Bild einer schier unfassbaren Geschäftigkeit und Betriebsamkeit. Die Stadt brummt. Der Grund für diese rastlose, scheinbar ziellose Bewegungsorgie bleibt dem Außenstehenden verborgen.

Dabei schien das Warenangebot größer als die Nachfrage, denn ständig wurden Produkte jeglicher Art durch das offene Fenster ihres Ford Transits gereicht. Sie verließen das Zentrum der Millionenstadt und durchquerten diverse Außenbezirke. Schließlich hielten sie vor einem Haus, vor dem schon ein riesiges Empfangskomitee wartete: Amits Familie. Ein kleiner Junge, der Sohn seiner jüngsten Schwester, hielt ein selbstgemaltes Schild hoch: ***Welcome erro six***. Na ja, wenigstens das ‚six' hatte da schon mal geklappt. Amit stellte sämtliche Familienmitglieder vor. Man konnte sich die Verwandtschaftsverhältnisse nicht wirklich einprägen. Jedenfalls waren es einige und sie lebten alle zusammen in einem dreigeschossigen Haus mit Garten und großer Dachterrasse, auf der sich viele abends trafen und auf der auch einige draußen schliefen, wenn es mal wieder so heiß war. Auch Amits Eltern kamen nun mit nach oben, wo indischer Tee gereicht wurde, und alle versuchten, etwas Konversation mit den Gästen zu betreiben. Eine sehr hübsche junge Frau in blauem Sari mit goldenen Streifen sah Pröbstings Anzug, insbesondere die Hose, und bot ihm an, ihn zu waschen. „Haldi very difficult to clean, but I know trick", sagte sie leise.

Eigentlich trugen nur verheiratete Frauen Saris. Aber hier hatten sie wohl eine Ausnahme gemacht. Sie zeigte ihm, wo er sich umziehen konnte, reichte ihm eine Pathani Kurta, die ihm erstaunlich gut stand, und verschwand mit dem schmuddeligen Leinenanzug. Pröbsting war schlagartig verliebt, dachte ‚meuter' und versuchte, sich nichts anmerken zu lassen. Er wusste natürlich, dass er seine Gefühle im Zaum halten musste, wenn er sich nicht leblos in irgendeiner Sickergrube wiederfinden wollte. Lohmann drechselte sich etwas zurecht und man hörte ihn irgendwas von ‚Wood shoes' dahersalbadern. Die Zuhörer rätselten, was es wohl mit Waldschuhen auf sich haben könnte, gaben sich aber empört, als er von dem unverschämten Diebstahl berichtete. Die Kinder scharten sich um den Langen. Einen so großen, kräftigen, stattlichen Mann hatten sie noch nie gesehen. Auch die Erwachsenen teilten unverblümt das kindliche Erstaunen. Dem Langen war im Leben ja schon einiges entgegengeschlagen, aber das hier ging schon in die Nähe von Verehrung, die ihm doch etwas unheimlich erschien. Wenn er nun noch ein Zauberkunststück drauf gehabt hätte, wäre ihm die Heiligsprechung sicher gewesen.

Dabei bewunderten sie jetzt schon alles, was er tat und kringelten sich, wenn er ein komisches Geräusch von sich gab. Wenn er sich einfach nur hinsetzte, ohne dass das Gestühl zerbrach, oder er das Glas Tee trank, ohne dass das Glas zerplatzte, kam es den vielen Voyeuren schon fast wie ein Wunder vor. Wenn er also so weiter machte und einfach nur tat, was zu tun war, könnte es was werden und er zu einer Art ‚Holy Man' berufen werden. Bei den Unmengen von Dingen, die hier als heilig eingestuft wurden, kam es auf eines mehr oder weniger nicht an. Es war jedenfalls völlig natürlich, dass so ein Mann von allem die doppelte Menge haben musste, was ihm selbstverständlich zugestanden wurde. Ein ‚Holy Man' musste auch nicht viele Worte machen, seine Ausstrahlung genügte, wenn sie nur hinreichend unterstrichen wurde.

Um es kurz zu machen: Der Lange stand kurz vor diesem Durchbruch. Er müsste nur ein wenig Gestaltungswillen in Bezug auf seine optische Präsenz erkennen lassen. In der Beziehung waren die als Sadhus bekannten Heiligen Männer ihm um einiges voraus. Mit ein wenig Asche im Haar wäre ein Anfang gemacht.

Nachdem sie mit hinreichend Tee und vielen Dutzend Pakoras abgefüllt waren, wurden sie noch den Eltern vorgestellt, die sich bislang zurückgehalten hatten. Sie saßen vor einer Flimmerkiste im zweiten Stockwerk und schauten sich Menschen an, die ganz anders aussahen als die, die man von draußen kannte. Der betagte Vater erhob sich beim Eintritt der vier Europäer und verneigte sich freundlich. Er sah aus, als wäre er dem bekannten Gandhi-Film entsprungen. Aus der klassischen indischen Wickelhose schauten die Beine flamingomäßig dünn und sandalenbeschuht hervor. Eine vorsintflutliche Kassenbrille verlieh ihm einen Ausdruck von Zeitlosigkeit, die ihn zu immunisieren schien gegen alle Anfälle von Aktualitätsbesessenheit, die er genauso wenig verkörperte wie seine kleine Gattin. Dieses alte Paar wirkte wie ein Fels in der Brandung temporärer Verwirrungen, die der Westen über die Fernsehkanäle auch in diese Region spülte. Sie setzten sich der Dauerbestrahlung zwar täglich aus, aber die Botschaften aus der klinischen Welt der Begünstigten drangen nicht in sie ein. So wie der Sonnenanbieter sich mit Schutzcreme gegen das UV-Licht wappnet, waren sie durch einen unsichtbaren Schild geschützt, der die täglichen Berieselungen an ihnen abperlen ließ. Im Unterschied zu einigen Verunsicherten nahmen sie die Modernismen nur amüsiert zu Kenntnis, ohne sich von ihnen beeindrucken zu lassen. Der Fernsehapparat lief weiter und man konnte nun mit einem Auge einen indischen Schönheitswettbewerb beobachten. Dünne indische Modelfiguren staksten über einen grell beleuchteten Laufsteg, begleitet vom hysterischen Schreien eines kantig gegelten Moderators in schrillem Anzug. Wie viel anmutiger und schöner schritten die traditionell gekleideten Frauen durch die Straßen von Jaipur. Welche lächerlichen Verrenkungen mutet dieser Krankheitsbazillus eines westlichen Schönheitsideals jenen zu, die es mit glücklichem Leben und Wohlstand verwechseln?

Vor allem Robert konnte sich vom Anblick der beiden alten Leute nicht lösen, obwohl die Kommunikation schwierig war.

Wie war es möglich, dass alle unverkennbare Hinfälligkeit von einer Gelassenheit überstrahlt wurde, die diesen Menschen eine Würde verlieh, die zu Hause verloren gegangen schien? Dieses Phänomen war ihm auf den Straßen auch schon aufgefallen. Das Alter war kein Stigma. Die Kleidung sperrte die Menschen nicht ein, sondern umspielte ihre Körper. Jede Altersstufe hatte ihre eigene Aura. Jeder Einzelne war ein Farbtupfer in einem riesigen, oszillierenden Gemälde. Er war Bestandteil einer übergeordneten Choreografie, die in sich stimmig wirkte. Die meterlangen Saris waren nicht nur eine Stoffumhüllung, sondern auch eine Einwicklung in den Kokon eines eigenen Kosmos, der nach seinen eigenen Gesetzen atmete. All das würde auf dem Spiel stehen, wenn man dieses Land auf die Gesetze eines globalisierten Marktes einzuschwören versuchte. Dieses brodelnde Amalgam aus vielerlei Ethnien, Sprachen und Traditionen konnte ein Bollwerk gegen das vereinheitlichende Credo eines die Welt zerfressenden Finanzmolochs sein.

Und so hatte Robert das Gefühl, dass er die Eltern von Amit eigentlich beschützen müsse. Immerhin mussten sie nicht befürchten, dass sie irgendwohin abgeschoben wurden. Aber die Konsequenz einer brutalen Verwestlichung wäre letztlich auch das Altersheim. Der Kampf gegen solche Tendenzen findet ja statt und wird von fundamentalistischen Hindu-Parteien geführt, die in der Wahl der Mittel nicht zimperlich sind. Dabei schaukeln sich die Verhärtungen auf beiden Seiten hoch, wobei die kapitalistischen Verführer ihre Traumbilder auf Hochglanzpapier und weichgezeichnet verbreiten. Blonde, schöne Menschen fahren in blank gewienerten Autos über saubere Straßen, die von schneebedeckten Bergen gesäumt sind.

Glückliche, sorgenfreie Bürger frönen ihrer nicht enden wollenden Möglichkeiten an Freizeitaktivitäten. Sie kaufen gerne ein und erfreuen sich gut geordneter Verhältnisse und vieler Arten von Vergnügungen. Mühsal und Plackerei kommen in der Propaganda nicht vor.

Deutsche Ortschaften mit mittelalterlichen Fachwerkhäusern dienen der Bollywood-Filmindustrie als Kulisse. Auf der anderen Seite lockt die Reiseindustrie in das geheimnisvolle Traumland Indien mit seinen Palästen und Tempeln. Die Aufrüstung mit falschen Bildern läuft auf Hochtouren. Die exotische Oberfläche ist unsichtbar perforiert.

Dennoch sah Robert die betagten Eltern im Einklang mit sich selbst und der Vergangenheit. Sie schienen gewappnet gegen die unsichtbaren Verführer. Der stete Tropfen der medialen Berieselungsanlagen höhlt die Steine nur peripher, weil sie mit einer Schicht aus Identifikation überzogen sind. Ganze Heerscharen von Werbestrategen versuchen, diese Hülle zu durchlöchern und anzugreifen. Die Kosmetik-Industrie versucht, indischen Frauen Haarpflegeprodukte anzudrehen, obwohl deren Haare die gesündesten überhaupt sind und der europäischen Perückenherstellung als Rohstoff verkauft werden. Großkonzerne möchten das trockene Milchpulver als moderne Alternative zum Stillen propagieren. An allen Ästen sägen die Agitatoren der Konsumgesellschaft, weil sie dieses Land und die ganze Welt vor allem als Markt sehen. All das schoss Robert durch den Kopf, als er in diesem kleinen Raum stand, dessen Luft von Räucherstäbchen geschwängert war.

Amit führte sie weiter und sie kletterten eine schmale Treppe herauf, die zu einem Flur mit zwei Türen führte.

„Hier ist zwei Zimmer zum schlafen.“

Immerhin schon mal zwei. Sie teilten sich auf, wie sie sich in der Gruppe auch immer aufteilten, wenn sie nach der Probe Tischtennis spielten. Der Lange und Lohmann gegen Robert und Gereon, das hieß Rhythmus gegen Harmonie. Dabei war Harmonie wohl etwas hoch gegriffen und oft hätte es eher Disharmonie heißen müssen. Böse Zungen behaupten, aus der Band hätte was werden können, wenn die Tischtennisplatte nicht gewesen wäre. Meistens gewinnt Rhythmus, weil der Lange eine gnadenlose Rückhand hat und Lohmann alles retourniert. Die seltenen Triumphe von Harmonie werden von Pröbsting gefeiert wie Heldengedenktage. Oft schreibt er noch am gleichen Abend eine SMS an Robert: „Meuter Sieg“.

Er hatte sich inzwischen bei Amit erkundigt, wie das Mädchen hieß, das seinen Anzug waschen wollte. Sie hieß Dinata. Das bedeutet ‚die Demütige, die Bescheidene'. Und genauso kam sie ihm vor: demütig und bescheiden, dabei sehr grazil und geradezu vornehm. Sie trug einen roten Punkt auf der Stirn und einen Armreif. Das Tragen von sehr vielen Armreifen war nur verheirateten Frauen vorbehalten. Sie war also schon mal nicht verheiratet. Er schätzte sie zwischen sechzehn und achtzehn. Verdammt jung. Aber da war nichts von dem jugendlichen Spätpubertätsgehampel, was einem ansonsten penetrant auf den Wecker ging. Für indische Verhältnisse war sie im heiratsfähigen Alter und entsprechende Vorkehrungen waren auch schon im Gange. Davon wusste er natürlich nichts und es hätte ihn auch nur herunter gezogen.

Gereon und Robert richteten sich in ihrer Bude ein. An den Wänden flitzten einige Geckos hoch und runter. Robert musste an seine Kindheit denken. In dem Dorf, in dem er aufgewachsen war, hatte es ein sogenanntes Spritzenhaus gegeben. Darin befand sich ein Feuerwehrwagen und eine Gefängniszelle vorzugsweise für Ausnüchterungsfälle. Diese Zelle mit ihrem Strohlager stand ansonsten immer offen, und als Kinder hatten sie öfter einen Blick hinein geworfen, wenn sie Lust hatten, sich ein wenig zu gruseln. Das Schlafzimmer hier war dieser Zelle nicht unähnlich, mit dem Unterschied, dass das Bodenlager mit einer reich verzierten Überdecke belegt war.

„Hast du dieses Mädchen gesehen, das meinen Anzug reinigen will? Dinata heißt die."

„Mach keinen Scheiß", raunte Robert schon fast im Halbschlaf. Bei ihm hatte sich ein Alterszipperlein in Form eselsähnlicher Stoßseufzer eingestellt, die er hervorstieß, sobald er in der Horizontale lag. Er konnte diese gutturalen Eruptionen kaum unterdrücken, hoffte aber, dass Gereon schnell einschlafen würde. So lange versuchte er, die Kontrolle zu behalten.

Gereon hingegen ließ seinen Fantasien freien Lauf und schlief zum Glück schnell ein. Nur einmal schreckte ihn so ein kurzes Blöken auf, das sich den Innereien Roberts entwunden hatte, der sich selbst am meisten über dieses Phänomen wunderte.

„Was war das? Hast du das auch gehört?", fragte er ahnungslos, um dann aber sofort wieder wegzudösen, ohne die Antwort abzuwarten.

Der Lange plumpste auf sein Lager und war sofort weg. Lohmann hatte in weiser Voraussicht an Ohrenstöpsel gedacht und stopfte sie sich in den Gehörgang. Der Lange müffelte wie ein Iltis. Sein Schnarchen suchte sich nun gedämpft den Zugang zu Lohmanns Ohren. Er überlegte, wie er ihn aus der Rückenlage in die Seitenlage bringen konnte und stieß ihm kräftig in die Flanken. Der Lange schlug gefährlich um sich. Die Matratze knirschte. Der Mann war absolut raumgreifend. Und er, Robert, hatte das zweifelhafte Vergnügen, dessen warme, große Füße neben sich dampfen zu spüren.

Er zog sich die dünne Decke über den Kopf und ließ den Tag an sich vorüber ziehen. Nur weil er diese dämliche Indienreise mitmachte, war er in diese grenzwertige Lage geraten. Bei Licht betrachtet war es doch der totale Blödsinn. Er war wohl in den Sog einer Gruppendynamik gezogen worden, der seine Widerstandskräfte gelähmt hatte. Was sollte dieses Herumgegurke in der Weltgeschichte? Er hatte keine Probleme damit, als provinziell abgestempelt zu werden. Das Universum war seiner Ansicht nach im Kopf und dort konnte man soviel herumwandern, wie man wollte. Und das auch noch umsonst. Man musste nicht alles gesehen haben, weil man sich auch alles denken konnte. Und eigentlich hatte er doch solche Art von Abenteuer gar nicht nötig. Jeder sollte an dem Ort wirken, an den er gestellt worden war. Die Faszination war überall zu haben, wenn man entsprechend sensibilisiert war. Die Rastlosigkeit konterkarierte eine solche Sensibilisierung. Eine Haltung des Verweilens hatte auf jeden Fall mehr Größe, konnte man doch mittlerweile jeden Trottel in jedem Winkel der Welt antreffen, wo er seine saudämlichen Fotos machte, um sich seine Urkunde in Weltläufigkeit beim

Betrachten dieser lächerlichen Trophäen selbst auszustellen. Die Witzfiguren dieses modernen Nomadentums wieselten kofferbepackt durch alle Flughäfen und fanden sich pflichtschuldig an allen Sehenswürdigkeiten wieder, wo sie sich schülerhaft die stereotypen Weisheiten geschäftstüchtiger Guides reinpfiffen. Allein die Herabsetzung, die in dem Wort ‚Sehenswürdigkeit' steckte! Als ob es eine Hierarchie der Würdigkeiten gäbe und alles außerhalb dieser Skala nicht würdig sei, betrachtet zu werden. Lachhaft. Lohmann haderte im Halbschlaf, der ihn langsam in den Traum herübergleiten ließ.

Dicke Männer mit bloßem Oberkörper und meterhohen knallknallgelben Turbanen beugten sich über ihn. Ihre langen Brusthaare kitzelten sein Gesicht. Sie legten ihm ein weißes Laken unter und zogen ihn damit über eine rote Wasserfläche, aus der ab und zu bärtige Fischköpfe nach ihm schnappten. Das Wasser war wie aus Glas und machte niemanden nass. Aus gutturalen Kehlen drangen ferne Gesänge an sein Ohr.

Dumpfe Trommelschläge ließen einen gleichförmigen, hypnotischen Rhythmus erklingen. Am Ende des roten Sees saß Ganesha, der Elefantengott, auf einem weißen Thron. Er hatte nicht nur einen Rüssel im Gesicht, sondern war übersät mit Rüsseln, die sich in alle Richtungen bewegten wie Kornfelder im Wind. Einer hielt einen nassen Quast und verspritzte damit eine grünliche Flüssigkeit. Sobald das Nass den Boden berührte, entsprangen ihm zunächst winzige, mit Stacheln besetzte Lurche, die aber ganz schnell größer und größer wurden. Aus ihren Stacheln floss zäher Schleim. Die austretenden Schleimmassen organisierten sich in Windeseile zu komplizierten Mustern und Ornamenten, die bald die gesamte Fläche des roten Glassees bedeckten. Nun griff Ganesha zu einem trockenen Quast, der nur weißes Pulver verstäubte. Das Pulver legte sich wie ein Mehltau über die Szene und die Lurche erstarrten zu Salzsäulen. Die Männer zogen das Laken, auf dem Lohmann wie leblos ausgestreckt war, vor den Thron. Sie wendeten sich von ihm ab und reckten ihm ihr Hinterteil hin. Ihre Bollerhosen zierte ein dunkelbrauner, fetter Beistrich. Dann wendeten sie sich wieder ihm zu und fächerten ihm mit ihren breiten Schaufelhänden frische Luft zu. Gleichzeitig bliesen sie ihn aus übermäßig aufgeblasenen Backen an. Die tausend Rüssel von Ganesha standen ihm nun wie die Haare zu Berge. Mit einem griff er hinter sich und zog aus einer goldenen Schublade Lohmanns Holzschuhe. Mit sehr stark verhallter Stimme verkündete er imposant:

„H o l s c h u!!"

Das U hallte wie ein Echo mehrfach nach.

„H o l s c h u h u h u!! "

Der „Mann" sprach offenbar deutsch, soviel war klar. Zwar war es nicht ganz korrekt, aber irgendwie in Richtung Holzschuh ging das schon. So dachte Lohmann, richtete seinen Oberkörper, der ihm schwer wie Blei vorkam, auf und rief: „Holzschuh, ja, das sind meine Holzschuhe."

„H o l s c h u!!"

„Nein, Holzschuh, es wird mit Z geschrieben. Es kommt von Holz. Holz, verstehen Sie?"

„H o l!"

„Nein, nicht Hol. Holz. Das Adjektiv ist „holzig". Da hört man das Z dann ganz deutlich. Holzschuh."

Ganesha blieb unbeeindruckt. Zwei seiner Rüssel hielten nun je einen Holzschuh hoch. Doch was geschah jetzt? Die Holzschuhe gingen plötzlich auf wie gebackenes Brot, und im gleichen Moment wurden sie zähflüssig wie Teig und tropften träge zu Boden. Lohmann grabschte nach den Teigklumpen und versuchte sie hastig zu Schuhen zu formen. Doch so geschickt er auch formte, es entstanden immer nur Teichenten, viele kleine Enten. Sobald eine fertig war, öffnete sie sogleich ihren Schnabel und spuckte eine glatte, durchsichtige Kugel aus. In den Kugeln konnte er die Gesichter seiner Brüder, Schwestern und Eltern erkennen. Sie kullerten durch das weiße Pulver und blieben an markanten Stellen der noch erkennbaren Ornamente liegen.

Lohmann wälzte sich unter seinem dünnen Laken und wurde mit der Hand des Langen auf seinem Gesicht wach, die er zunächst für einen Klumpen Fleisch hielt, bevor er endgültig realisierte, wo er war. Er schob die Hand wirsch beiseite, was mit einem Grummeln beantwortet wurde. Auch Robert hatte eine unruhige Nacht gehabt, worüber er sich nicht wunderte, da er ja schlafneurotisch veranlagt war und schon die geringste Ortsveränderung das Einschlafen erheblich erschwerte. Ob nun Gereon an seiner Seite lag oder ein haariges Wildschwein, das machte im Prinzip keinen Unterschied. Allein der Fremdkörper erzeugte eine Empfindlichkeit, die ihn in den feinnervigsten Zustand versetzte. Zwar war die Matratze breit genug, um ihm aus dem Weg zu gehen, dennoch waren alle Sensoren auf Empfang gestellt, sodass ihm jedes Atemgeräusch wie ein Presslufthammer vorkam.

Die willfährigen psychologischen Alltagsberater sagten immer, man müsse „zur Ruhe kommen“. Wo sollte das sein? „Zur Ruhe“, in welchen Gasthof sollte man da einkehren? Viel zu viele Störer wollten immerzu auf sich aufmerksam machen, sodass das mit der Ruhe für Robert immer ein Problem darstellte. In Punkto Nervosität konnte er es fast mit Pröbsting aufnehmen, der wiederum mit schlafen keine Probleme hatte, sondern nur eine habituelle Aufgekratztheit zu seinem Persönlichkeitsmerkmal rechnen durfte. Die Schreierei mit dem Langen war so ein Ventil für diese Veranlagung, die sich aber unter diesen aktuellen Umständen nicht so richtig entfalten mochte. Ihm wurde eine Langmut abverlangt, die ihm eigentlich wesensfremd war. Bei Robert hieß das Gleiche Stoizismus, der ihm aber nur theoretisch ein Begriff war und sich im Alltag nicht einstellen wollte. Der Lange freilich hatte im Übermaß davon, weil er ihm in die Wiege gelegt worden war. So stand er als Einziger sehr gut ausgeschlafen auf und eilte schnurstracks in den Raum, in dem das Frühstück wartete.

Amit hatte vorsorglich einen speziellen Platz für ihn gesucht, sodass er auf einer Art gemauertem Sims sitzen konnte, neben den man einen Tisch gestellt hatte. Am Vorabend hatte das Gestühl nämlich verdächtig geknirscht. Der Nescafé wartete schon mit vertrautem Duft. Dieses aufgebrühte Mistzeugs war gewöhnungsbedürftig und auch für die anderen Jungs eine Überwindung.

Als Pröbsting in seiner Pathani Kurta sein Zimmer verlassen wollte, stolperte er über ein Paket vor der Tür, auf dem ein Blütenblatt lag. Verdammte Hacke, das konnte nur von Dinata sein. Ging ganz schön ran für seine Begriffe. Es war sein Leinenanzug, der frisch gewaschen und gebügelt in dem Paket lag. Sie musste das in der Nacht gemacht haben, wann sonst? Das Blütenblatt war doch ein eindeutiges Zeichen.

Robert versuchte, ihn erstmal runter zu bringen. Aber Gereon stand schon in Flammen.

„Mensch, so ein Blütenblatt. Da bilde dir nichts drauf ein. Das ist hier so üblich. In Hotels liegen auch immer Blütenblätter auf den Kopfkissen."

Rationale Erklärungen halfen aber nicht weiter, wenn Testosteron die Sinne vernebelte. So öffnete Gereon verliebten Blickes sein Paket und entnahm den sauber gefalteten Leinenanzug. Dabei hatte er sich an die Pathani Kurta schon einigermaßen gewöhnt. Sie sah halt aus wie ein langes Hemd, das bis über die Knie ging, mit dazu passender Hose. Es war ein sehr bequemes Kleidungsstück, das den Körper luftig einhüllte. Wenn man sich einmal daran gewöhnt hatte, erlaubte es alle Bewegungen, die der Leinenanzug nun zwangsläufig versagte. Denn er war eingelaufen. Pröbsting hielt sich die Hose an und musste feststellen, dass sie um einiges zu kurz war. Hochwasser. Viele Young Urban Professionals trugen das heutzutage so, um ihrer Erscheinung die nötige Drahtigkeit zu verleihen, slim fit. Aber Gereon hatte das nie gefallen. Diese wie Störche im Salat staksenden Stelzenbeine machten einfach einen zu großen Fuß. Er legte den Anzug erstmal beiseite, aber anziehen musste er ihn. Allein um Dinata nicht zu brüskieren, musste er sich hinein zwängen, kostete es, was es wolle. Also nach dem Frühstück.

Der Lange hatte schon zwei Tassen Nescafé auf, als die anderen dazu kamen. Auf die morgendliche Dusche musste natürlich verzichtet werden. Diese Dekadenz hatte sich in diesem kleinen Vorort von Jaipur noch nicht durchgesetzt. Das Fernsehen tat zwar alles, um westliche Hygienevorstellungen in die Köpfe zu trichtern, verschwieg aber den damit verbundenen Anstieg von Hautallergien. Jahrelange Bestrahlung mit Lebensmodellen von Wohlstand und Erfolg taten aber auch hier unterschwellige Wirkung, auch wenn sie sich niemals in persönliche Praxis umsetzten.

Robert und Lohmann konnten sich noch vage an die erste Installation einer Dusche erinnern, die damals als luxuriöse Errungenschaft gefeiert wurde. Ungläubig lauschten sie als Kinder den Nachrichten aus Amerika, dass dort jeden Tag geduscht würde. Das konnte doch nicht wahr sein. Jeden Tag? Was für ein Wasserverbrauch. Ihre Väter hatten auf diese Verweichlichungen geschimpft und darauf bestanden, dass nur einmal in der Woche geduscht würde. Da hatten sie als Kinder auch kein Problem mit. Das Bad hatte immer schon ausschließlich dem samstäglichen Ritual gegolten. Doch jetzt musste man sich nicht mehr das lauwarme Badewasser mit den Geschwistern teilen, sondern konnte sich allein stehend am gleichmäßigen Nass erfreuen. Der Reiz ließ jedoch schnell nach und einmal in der Woche reichte allemal. Und es lohnte sich dann auch mehr.

So kehrten hier in Indien alte Selbstverständlichkeiten in ihr Leben zurück.

Die Familie hatte versucht, so etwas wie ein europäisches Frühstück zu improvisieren, und etliche Mitglieder standen nun um den Tisch herum, um zu überprüfen, ob ihre Bemühungen erfolgreich gewesen waren. Es gab weißes Toastbrot und gekochte Eier in rauen Mengen. Sie selbst aßen eine Art Getreidebrei.

„Bitte jetzt nicht die Leier vom deutschen Frühstück“, dachte Robert, als Pröbsting schon loslegte: „Jetzt ne Lage Schinken, das hätte doch was.“

Sie stopften sich die Eier hinein, so wie es ganz früher zu Ostern üblich gewesen war, als man regelrechte Rekorde im Eieressen aufstellte.

„Ich hab mir vielleicht ein irres Zeugs zusammengeträumt", berichtete Lohmann. „Krieg es aber nicht mehr zusammen. Irgend so ein Elefantengott war unterwegs."

Auch die anderen fingen an, von ihrer Nacht zu erzählen, die sie eingewickelt hatte. Alles war wie im Film. Sie kauten auf ihren Eiern herum, die sie dann mit der Kaffeeplörre herunterspülten. Ihre Vertrautheit miteinander schlich langsam aus ihnen heraus und sie sahen sich gegenseitig wie Schauspieler Texte dahersagen, die ihnen auf den Leib geschnitten waren.

Amit ließ sich nicht blicken und sie hatten keinen Plan, wie es weitergehen sollte. Er zog sich im Übrigen immer öfter vom aktuellen Schauplatz zurück und schien sich einen Großteil des Tages irgendwie mit sich selbst zu beschäftigen. Die sie umgebenden Menschen kamen ihnen wie Statuen vor. Sie sich selbst auch. Wie die Hornochsen saßen sie vor ihren leeren Tellern und stellten nach einer Weile fest, dass sie allein in dem Raum waren. Die Familienangehörigen hatten sich nach und nach verabschiedet. Bestellt und nicht abgeholt. Sollte das Ganze etwa eine Falle gewesen sein und sie waren unter falschem Vorwand hierher gelockt worden? Kleine, wieselige Mäuse umkreisten ihre Füße und suchten den rissigen Betonboden nach Krümeln ab. Die Kuh, die gerade noch draußen vor der offenen Tür gelegen hatte, glotzte die Vier an, setzte sich in träge Bewegung, betrat den Raum und blieb wie angewurzelt vor ihrem Tisch stehen. Begegnung zweier Welten. Oder waren es doch noch mehr? Denn jeder sah die Kuh mit seinen eigenen Augen. Gleichzeitig ebneten sich auch alle Unterschiede ein angesichts dieser erbarmungslosen Präsens des Kreatürlichen, die atmend und dampfend den Raum beherrschte, ohne irgendetwas zu tun. Für gewöhnlich wäre nun mit allerlei spaßigen Bemerkungen zu rechnen gewesen. Aber die schlichte Anwesenheit des Tieres erzeugte eine Aura der Würde, die alle sprachlos machte. Wollte es nur der Reste des Frühstücks teilhaftig werden oder war es ein Bote? Robert erinnerte sich an den großartigen Musiker, der sich Moondog nannte und eines Tages in den Siebziger Jahren schweigend und blind in germanenhafter Gewandung mit

Hörnern am Helm an der Mensa gestanden hatte, ohne sich zu rühren. Dieser stumme Impuls war mehr Werbung für sein Konzert, als alle Strategen sich hätten ausdenken können. Er stand einfach nur da, würdevoll und majestätisch wie aus einer anderen Zeit gefallen. Genauso stand jetzt diese Kuh da. Wie ein Fanal, ein Mahnmal. Ihre großen, schwarzen Augen waren wie ein Guckloch in die Schöpfung: geheimnisvoll und abgründig. Lohmann erinnerte sich an das Auge einer Kuh auf einem Gemälde von Rubens im Kunstmuseum Antwerpen, das er vor Jahren besucht hatte. Und es war vor allem dieses Kuhauge, das ihn mehr beeindruckt hatte als alles Getöse, das sonst noch auf diesem Monumentalbild tobte. Für ihn war dieses Auge der Dreh- und Angelpunkt, um den herum sich alles andere organisierte. Wahrscheinlich war die Kuh nur als Beiwerk gedacht, um ein abgehobenes Geschehen irgendwie zu erden. Dabei war es nicht nur die extrem naturalistische Wiedergabe, die ihm imponierte, sondern der Abgrund, in den man schaute. Wie viele Zeugungen und evolutionäre Schichten waren diesem Ergebnis vorausgegangen? Aus welchen unendlichen Tiefen schaute dieses retinale Wunderwerk den Betrachter an? Wie in einem Brennglas mischten sich dort Vergangenheit und Gegenwart. Und die Turbulenzen der barocken Erzählung fanden dort ihren Ursprung und Ausgangspunkt.

Die Kuh legte sich hin und erschien wie die Personifizierung der Ruhe. Nach hinduistischer Auffassung ist sie die matriarchalische Inkarnation schlechthin. Selbst wenn sich dieser Gedanke nicht auf Anhieb erschloss, so konnte man in diesem Augenblick sofort nachvollziehen, dass sie heilig war. Sie flößte ohne jegliches Hinzutun jenen Respekt vor der Natur ein, den alle Schlachthöfe der Welt mit Füßen traten. Und selbst Pröbsting, der einem Steak nie abgeneigt war, umflorte plötzlich so etwas wie Ehrfurcht.

Er konnte es nicht in Worte fassen, aber er tat etwas für seine Verhältnisse Ungewöhnliches: er schwieg. In ihrer Sprachlosigkeit gefangen starrten sie auf das Tier und es bildete sich eine Zuneigung, die weit über dieses einzelne Wesen hinausging. Die

Kontemplation setzte die Uhrzeit außer Kraft und Impulse frei, denen sie sich ohne zu fragen überließen.

Sie verließen die Kuh und das leere Haus und traten auf die Straße. Pröbsting behielt die Landestracht erst mal an und fühlte sich dadurch irgendwie besser integriert, auch wenn die Krokodilschuhe in einem merkwürdigen Kontrast vom Rest abstachen. Es war ungewöhnlich ruhig draußen und von Ferne hörte man spirituelle Gesänge. Diese kamen vom Tempel, in dem anscheinend der Gottesdienst stattfand, der die Straßen leer fegte. Eine Karawane mit Kamelen zog von weitem vorbei, denn die Wüste war nicht weit. Affen lausten sich auf verwitterten Mauern. Bunte Vögel zwitscherten in üppigen Baumkronen. Vereinzelt balancierte eine Frau einen Wasserkrug auf dem Kopf. Den einen oder anderen Rikscha-Fahrer zog es ins Zentrum.

Feste Häuser aus Stein wurden nun weniger und wichen zunächst Bretterbuden, dann mit Planen verhängten Holzgestängen. Hier gab es nun wieder mehr Menschen. Manche verrichteten ihre Morgentoilette an Rinnsalen. Manche saßen im Kreis unter Schatten spendenden Bäumen. Einzelne lagen am Straßenrand und schliefen. Kinder durchwühlten Müllhaufen. Überall lagen in Fetzen die Reste von Plastiktüten herum. An einer Ecke wurde ein Huhn geköpft. Um den weggeworfenen Kopf balgten sich die frei laufenden Schweine.

Aus der Ferne rief ein Muezzin. Es gab also auch Moslems. Struppige Kinder drängten sich heran und wurden zudringlich. Der Lange schrie sie an, als er von einem gekniffen wurde, und sie wichen vorübergehend und kehrten dann zurück. Sie bewegten sich in dieser bettelnden Kinderblase, die sie wie eine Eskorte umgab. Hier gab es keine Touristen und auch sonst keine Besucher, denn sie alle waren unberührbar. Jeglicher Kontakt zu ihnen galt als unrein. Einige besserten ihre Behausungen aus und legten eine neue Schicht von Plastikplanen über die alten. Man legte Steine auf die Fetzen, um sie zu befestigen. Frauen fegten ihre dunklen Höhlen aus, die keinen festen Boden hatten. Männer saßen herum und spuckten rot gefärbten Speichel aus. Ein urtümlicher Blasebalg blies in die offene Feuerstelle, die eine warme Mahlzeit am Brutzeln hielt. Eine Axt drosch auf einen alten Tisch ein, um ihn zu Brennholz zu machen. Gesammelter Sperrmüll wurde weiterverarbeitet. Eine in Tüchern eingewickelte Leiche wurde auf einer Trage zu einem Verbrennungsplatz getragen. Auf einer Karre wurde das nötige Holz hinterher gefahren. Eine einsame Nonne irgendeines christlichen Ordens verteilte Tabletten vor einer Hütte. Ein Krüppel mit völlig deformierten Gliedmaßen schleppte sich auf einem Brett mit vier locker befestigten, kleinen Rädern durch den Staub. Sein Gesicht sackte immer wieder auf den Boden, denn er war nicht in der Lage, den Kopf über längere Zeit hoch zu halten. Männer verrichteten ihre Notdurft völlig unbeeindruckt am Straßenrand. Uriniert wurde an jeder Ecke. Der Geruch lag schwer in der flirrenden Luft. Doch wer einmal richtig im Gestank steht, riecht ihn nach einer Weile nicht mehr.

Räudige Katzen und Hunde durchstreiften das Gelände auf der Suche nach Verwertbarem. Vereinzelt spülten waghalsig montierte Satellitenantennen Bilder aus einer anderen Welt in die dreckigen Löcher. Die Bilder wirkten wie ein Hohn. Der Lange schämte sich seines Bauches. Hier gab es keine Dicken. Sie taperten ziellos durch diesen Kosmos der Vergessenen und verloren nach und nach jegliche Orientierung. Allmählich ließen die verlausten Kinder von ihnen ab und wendeten sich wieder der Durchforstung der Müllberge zu. Auf einem stinkenden und von Maden besetzten Kadaver eines verendeten Wasserbüffels hockten die Geier. Lohmann wurde übel. Ein Greis näherte sich ihnen und bot ihnen ein paar Nüsse an. Sie winkten ab. Der Greis verschwand hinter einem lappigen Vorhang seiner Hütte. Sie schauten ihm hinterher. Der Vorhang öffnete sich noch einmal und der alte Mann erschien ein zweites Mal. Dieses Mal hielt er einen Papagei auf seiner Hand und streckte ihnen den Vogel entgegen, der die verrücktesten Verrenkungen machte und dabei wie am Spieß quäkte. Gleichzeitig fütterte er ihn triumphierend mit den Nüssen, die sie hochmütig ausgeschlagen hatten und die nun ihrer Bestimmung zugeführt wurden. Der unterschwellige Surrealismus dieser Szene erinnerte Lohmann an seinen Traum, der in ihm nachwirkte, ohne dass er sich an Einzelheiten erinnern konnte. Die Grenzen verschwammen und sie fühlten sich wie Außerirdische, die einen fremden Planeten in Augenschein nahmen. Die Rauchschwaden der Leichenverbrennung waberten zu ihnen herüber. Auch hier gab es Normalität. Die Zahnräder des Überlebenskampfes drehten sich, doch man sah sie kaum. Viele Männer waren in der Stadt, putzten die Latrinen oder gingen anderen „unsauberen" Verrichtungen nach. Sie drehten sich im Kreis. Von wo waren sie gekommen? Sie fühlten sich wie in einem schmutzigen Käfig mit unsichtbaren Gittern. Der Lange pfriemelte aus einem Haufen Papier einen Schnipsel heraus, auf der die Überschrift „ERO SEX" zu entziffern war. Das musste das Veranstaltungsplakat sein. ERO SEX, na super. Hinter diesem Analphabetismus steckte doch System. Der Rest war in Hindi geschrieben und man konnte nur noch befürchten, was da sonst noch alles stand. Es wurde also auf diese Veranstaltung hingewiesen. Das war immerhin etwas. Aber bei dieser Namensverunstaltung erwartete wohl niemand eine Musikveranstaltung. Nur um die Bude voll zu kriegen, mit Sex zu werben: absoluter Mist. Endlich hatte dieses latente Unwohlsein im Umfeld desolatester Verhältnisse ein Gegenüber, einen Gegenstand, an dem man es abarbeiten konnte. Lohmann hätte gerne einen Tobsuchtsanfall bekommen, wenn ihm nicht so übel gewesen wäre.

„Was glaubt ihr, was da dann für Nasen sitzen?", polterte Robert.

„Wir müssen erstmal rauskriegen, was da sonst noch drauf steht", reagierte der Lange außergewöhnlich besonnen. Schlagartig waren sie wieder die Band und nicht mehr die versprengten Individuen, die sich ohne Identität im Niemandsland neu erfinden mussten. Ohne diesen Bandzusammenhang wussten sie eigentlich nicht viel miteinander anzufangen. Sobald aber dieser Zusammenhang wieder hergestellt war, sprangen sie ohne Verzug in die Rolle, die ihnen die Band zuwies. Und Pröbsting war sofort wieder der Nervöse, als der er im Ungewissen dieses

Großstadtslums nicht mehr zu erkennen gewesen war.

„Das ist ein Flyer für irgendeine Erotikmesse. So ein ganz billiges Zeugs zusammenkopiert für irgend so eine Hinterhofveranstaltung. Das hat doch mit uns nichts zu tun. So blöd kann man doch nicht sein. Ignorieren, einfach ignorieren. Als wenn die für uns in so einem Scheiß Slum extra plakatieren würden. Da kommt doch sowieso keiner von diesen armen Schweinen. Die haben doch was anderes zu tun, als sich unser Zeugs reinzuziehen", dozierte er.

Ein wenig leuchtete das den anderen ein. Man war vielleicht etwas überreizt und bezog alles auf sich. Klar konnte ERO SEX auch alles mögliche andere sein. Vielleicht war es ja sogar ein Flugblatt gegen die Sexualisierung der Gesellschaft. Dann hätte man dem Papierfetzen wirklich Unrecht getan. Die Zweifel wuchsen und wurden von einem anderen Problem überlagert. Wie sollte man hier raus kommen? Das Beste wäre wohl, nach einem Rikscha-Fahrer zu suchen und sich zurückfahren zu lassen. Aber kannte irgendjemand Amits Adresse? Und Rikscha-Fahrer gab es hier auch nicht. Da musste man wohl erst wieder in zivilisiertere Gefilde zurückkehren. Irgendwo musste dieses Gewucher von selbstgebastelten Behausungen und wild wachsender Ansiedlungen doch zu Ende sein. Sie irrlichterten weiter und stießen nach einiger Zeit auf einen merkwürdigen Tross von Maschinen und bewaffneten Polizisten, der sich langsam in Bewegung setzte.

„Die wollen das platt machen hier", war die erste Reaktion vom Langen. „Einfach so die Bulldozer drüber knallen lassen, Wahnsinn!", meinte Lohmann. Die ersten Steine flogen auf den martialischen Aufmarsch und Warnschüsse lösten sich aus den Pistolenläufen. Weinende Kinder liefen in ihre Hütten zurück. Empörte Menschen rafften ihre Habe zusammen und liefen zusammen. Der Tross rückte unaufhaltsam näher, so wie der Besen auf das Spinnennetz losgeht. Erbarmungslos, ohne Gnade und ohne Mitleid wurde die erste Planenkonstruktion dem Erdboden gleich gemacht. Dann die zweite. Die Menschen kramten verzweifelt in ihren Sachen und mussten in Sekundenschnelle entscheiden, was sich mitzunehmen lohnte und was nicht. Die Mütter liefen mit ihren Babys auf dem Arm und Sack und Pack planlos durcheinander. Wütende Schreie prallten an den kalten Gesichtern der Polizisten ab. Sie taten nur ihre Arbeit. Der Platz wurde gebraucht für neue Immobilien, die als Abschreibungsobjekte in diesen Sand gesetzt wurden, denn die horrenden Mieten konnten sich nur wenige leisten. Robert versank in Niedergeschlagenheit beim Anblick dieses Unglücks. Ausgerechnet auf den Spuren dieser Armada der Spekulanten, die sie im Boden hinterlassen hatte, fanden sie einen Weg heraus aus diesem riesigen Gelände. Ein Flüchtlingsstrom folgte ihnen in gewissem Abstand.

Im Angesicht der ersten befestigten Straßen und festen Häuser verteilte er sich in dunkle Kanäle und wurde von der Stadt geschluckt. Das Hochfrequenz-Brummen wie im Bienenstock ging gleich wieder los. Der Moloch sang seine immer gleiche Melodie. Die Innenstadt brodelte. Dicht gedrängt schoben sich die Menschen durch die engen Einkaufsgassen. Das Warenangebot war unüberschaubar.

„Hier kannst du dir einen neuen Anzug schneidern lassen", schlug Robert Gereon vor.

„Das kann ich Dinata nicht antun", erwiderte dieser und streichelte die Bescheidene mit seinen Gedanken. In der Pyjama Kurta fügte er sich hervorragend ins Straßenbild ein. Hätten sich zu Hause noch alle Hälse nach ihm gereckt, drehte sich hier niemand nach ihm um. Da genoss der Lange schon mehr Augenmerk. Hinter vorgehaltenen Händen war schon mal ein dezentes Kichern zu beobachten, genauso aber auch unverhohlenes Staunen. Sobald man eine Sekunde vor einem Laden stehen blieb, kam sofort ein Verkäufer und pries seine Produkte gesten- und wortreich an. Dieses Englisch, durch die Muttersprache Hindi geformt, war aber nach wie vor nur schwer verständlich und man musste etwa zwei Drittel der Kommunikation abstreichen und sich auf Elementarbegriffe beschränken.

Plötzlich gab es eine Turbolenz im Gedränge. Eine Kuh drehte durch und raste durch das Geschiebe, das sich gelassen vor dem Tier auftat und sich hinter ihm wieder schloss, als sei nichts geschehen. Die Erschrockenheit in den Gesichtern der Gruppe wurde mit einem sanften Lächeln der Passanten quittiert. Bei Robert entwickelten sich mehr Kaufgelüste als in jeder deutschen Fußgängerzone. Auch den anderen gingen die Augen über angesichts der Gewürze, Stoffe, Blumen und Kräuter. Die Besitzer saßen stolz in ihren Gevierten, die hier besser ausgeleuchtet waren als die dunklen Stuben in den Vororten, und überall an den Straßenrändern. Es war wie so oft Festtagsstimmung in Jaipur und man feierte Ram Navami, die Geburt des Königs Rama. Die Leute waren in aufgeräumter Stimmung und man kaufte großzügig für das Fest ein. Robert erinnerte sich, dass seine Reisegruppe damals in Jaipur eine Rikscha-Fahrt gebucht hatte. Als er das Gefährt bestieg, offenbarte ihm der Fahrer mit breitem Grinsen, dass es sich um einen „Indian Helicopter" handele und fand seine eigene Bemerkung unheimlich witzig, obwohl er sie bestimmt zig Mal am Tag machte. Jedenfalls war ihm aufgefallen, dass Amit alle Rikscha-Fahrer am Ort kannte. Es entbrannte sofort ein heftiger Streit unter den Fahrern, wem eine Fahrt zugewiesen wurde und wem nicht. Wie die Ölsardinen hockten die Gäste dann auf den schmalen Bänken, bekamen dann aber Orte zu sehen, die sie ohne Rikscha niemals zu Gesicht bekommen hätten. Also könnte man die Rikscha-Fahrer nach Amits Wohnort fragen und sich dorthin fahren lassen.

Die Stichworte „Amit" und „Guide" waren auch gleich ein Treffer. Hektisches, betriebsames Rufen aus allen Ecken.

„Amit, yes, yes, I know. I bring you", röhrte es aus zwanzig Kehlen gleichzeitig. Alle brachten ihren fahrbaren Untersatz in Stellung und überschlugen sich mit Posen der Ehrerbietung.

„Man sollte auf Stabilität achten", warf Lohmann mit Blick auf den Langen ein. Der rüttelte ein wenig am Gestell, so wie er im Proberaum gerne am Ofenrost rüttelte, und entschied sich für ein Teil, das seiner Ansicht nach in Schuss zu sein schien. Er überprüfte noch kurz den Reifendruck und wuchtete sich dann in die nach allen Seiten offene Kabine. Von Beinfreiheit konnte nicht die Rede sein. Neben ihm nahm Pröbsting Platz, der sich einfach mal dünn machen musste. Er erntete anerkennende Blicke der anderen Fahrer für sein Gewand, das er selber immer nur Nachthemd nannte. Die Rikscha brach nicht auseinander, das nicht. Aber sie knickte doch gefährlich ein, was den Fahrer keineswegs beunruhigte. Der Kontrast zwischen ihm und dem Langen konnte größer nicht sein. Ein äußerst zierlicher Mann mit gegerbtem Gesicht und kahl geschorenem Schädel im „Nachthemd" setzte sich auf den Sattel und trat in die Pedale. Es bewegte sich nichts. „No problem". Er versuchte es stehend und, siehe da, das Ding bewegte sich. Zentimeter für Zentimeter ging es flüssiger und sie nahmen Fahrt auf. Hinter ihnen Lohmann und Robert. Deren Fahrer war seinerseits recht kräftig, sodass ein Kippen der Balance bei ihnen nicht unbedingt zu befürchten war. So ähnlich musste es sich anfühlen, wenn man barfüßig in einem von Fischen wimmelnden Gewässer stand. Man war von Leben umsprudelt. Der Lange ließ seine Füße weit heraushängen und saß äußerst geduckt. Bei jedem Schlagloch stieß sein Kopf aber doch gegen das Verdeck und beulte es riesig aus, sodass es wie ein brodelnder Kochtopf aussah, denn Schlaglöcher gab es viele. So wie Gereons Anzug eingelaufen war, so schien auch diese Rikscha eingelaufen und saß nun sehr knapp und unproportioniert. Gereon hielt sich bei unruhiger Fahrt verzweifelt am Gestänge fest. Der Lange hätte gerne getrohnt, aber sah beim besten Willen nicht wie ein König aus. Der kleine, dünne Fahrer legte sich ins Zeug und war auch mit Erklärungen zu Sehenswürdigkeiten aller Art bei der Hand, die aber keiner verstand. Sie nickten willfährig und taten so, als seien sie dankbar für jeden Hinweis, denn er drehte sich ständig nach ihnen um. Ihr Nicken spornte ihn zu immer weitschweifenderen Darlegungen an. Vor allem in der Nähe von Regierungsgebäuden war er nicht zu bremsen. Fahrer zwei hob den Arm und die Stimme an den gleichen Stellen wie Fahrer eins. Die Fahrt kostete pauschal hundert Rupien. Das war grob gerechnet ein Euro. Mit viel Glück bekamen sie drei bis vier Fahrten am Tag. Sie verdienten also circa drei Euro am Tag und mussten davon oft große Familien ernähren. Dafür waren sie erstaunlich gut gelaunt. Fahrer zwei versuchte Fahrer eins zu überholen und machte sich über dessen gewaltige Zuladung lustig. Es entstand eine Art Wettkampf. Dabei wurde die Fahrt ständig unterbrochen durch andere Fahrzeuge wie hupende Autos, stinkende Mopeds, Lastkarren, Tuk Tuks und LKWs. Hinzu kamen Massen von Fußgängern und die obligatorischen Kühe, die im Rausch der Abgase die Straßenmitte suchten. Verkehrsregeln waren nicht erkennbar. Dem Langen wurde oft zugewunken, weil dessen Qual ihm ins Gesicht geschrieben stand. Die Fahrer verließen die Hauptstraßen und suchten Abkürzungen durch verwinkelte Nebengassen. Mitten in einer Abwasserkloake machte es dann plötzlich knacks: die Kette war gerissen. Der Lange schälte sich aus seinem Rikscha-Korsett und sah sich die Lage an. Handwerklich begabt und auch in der Gruppe zuständig für Reparaturen jeglicher Art begutachtete er fachmännisch die Fahrradkette. Da war nichts mehr zu machen. Da half nur eine neue Kette. Erstmal die Karre aus der Pfütze raus schieben. Der andere Fahrer hielt auch an und sie begannen zu debattieren. Schließlich griff einer zum Handy und meinte: „No problem, wait a little time."

Sie versuchten, ein wenig mit den beiden Fahrern ins Gespräch zu kommen.

„Good job?", fragte Lohmann mit seinem miserablen Englisch mutig.

„Is good job, da inda jabba lad." Das war in etwa das, was er verstand, und er nickte verständnisvoll.

„Ah ja, wo hatte dieser Bolzen bloß Englisch gelernt?", dachte er bei sich und setzte eine freundliche Miene auf. Die Fahrer fühlten sich aber ermutigt und begannen munter drauf los zu plappern. Manches war als Frage erkennbar.

„Where do ya come from?" war sogar erkennbar.

„Germany."

„Is a good, da inda jabba lad anda wok."

Wok? Was zum Teufel erzählte der Freak da? Wie konnten sie sich überhaupt ein Handy leisten bei drei bis vier Euro Verdienst am Tag? Was ging in diesen dunklen Köpfen überhaupt vor, die wahrscheinlich ganz anders aufgeladen waren? Sie beschäftigten sich nun mit sich selbst. Worüber sprachen sie so lebhaft? Die Verständigung über Worte übersprang keinerlei Barriere. Lohmann besann sich auf seine alte Tugend, wenn nötig den Kaspar zu geben, und musste erstaunt zur Kenntnis nehmen, wie leicht diese Männer zu belustigen waren. Da reichte es schon, sich auf ein Bein zu stellen und mit der Hand in den Himmel zu zeigen. Die Fahrer konnten sich nicht halten vor Lachen. Gaben sie sich schon vorher als untertänige Befehlsempfänger, spielte ihr Gebaren nun ins Devote. Als der Lange Flatulenz-Geräusche imitierte und diese durch Körpersprache unterstrich, waren sie kurz davor, sich auf den Boden zu werfen. So schnell konnte man neue Freunde gewinnen. Schließlich kam ein Fahrradfahrer und schnallte ein Päckchen mit der neuen Kette vom Gepäckträger. Neu war sie freilich nicht, sondern nur repariert. Sie reparieren alles mit verblüffender Geschicklichkeit. Der Lange hielt die Rikscha fest und schnell war die Kette aufgezogen und es konnte weitergehen. Nur knapp waren sie einem vom Bordstein ausgeschütteten Eimer mit Dreckswasser entgangen. Wie eine aufgeschwemmte Made quetschte sich der Lange wieder mit sauertöpfischer Miene in sein stählernes Schneckenhaus und lugte missmutig unter dem labbrigen Verdeck hervor, das weiter regelmäßig von seinem Schädel ausgebeult wurde.

Eine japanische Touristengruppe schoss eifrig Fotos vom Langen. Kichernde kleine Damen mit glattem, schwarzem Haar zeigten sich eifrig ihre Displays. Der Lange konnte einem leid tun. Zum Glück hatte er diese stoische Schale, die wie ein Panzer um ihn lag und letztlich einer zusätzlichen Raumerweiterung gleich kam. Die Dünnhäutigen hatten sich wie Giacometti-Figuren zu verkrümeln oder mussten sich um ihr eigenes dürres Konzentrat wickeln, wodurch sich die Umräume vergrößerten.

So ähnlich fühlte sich Robert die ganze Zeit. Das Spielen auf einer Bühne, die er sich nicht ausgesucht hatte, war nicht sein Ding. Es war ihm auch generell lieber, wenn er zumindest an dem Stück mitgeschrieben hatte. Beide Rikschas mussten plötzlich unvermittelt bremsen. Vor ihnen kam ein Lastwagen in voller Fahrt zum Stehen und seine ganze Fracht entlud sich über ihnen. Es handelte sich um einen Riesenstapel alter Matratzen. In den Ritzen hatte sich allerlei Geflügel eingenistet.

Hühner, Vögel, Eier, Matratzen-Füllstoff und Stroh, all das türmte sich nun über den beiden ausgebremsten Rikschas. Robert sah sich gleich einer Weltverschwörung ausgesetzt und wusste beim besten Willen nicht, wo er noch ein paar Krümel Langmut zusammen kratzen sollte. Lohmann ging es genauso. Pröbsting verschaffte sich über lautes Fluchen Erleichterung. Einzig der Lange erwies sich als ein Mann der Tat und schaufelte das ganze Zeugs beiseite, um dann mit einer Miene aufzutauchen, die jeder Beschreibung spottete. Eine süßsäuerliche Maske bemächtigte sich seines Gesichts, das wie verloren seinen Korpus krönte. Der Lastwagenfahrer war einem Fantasy-Film entsprungen und mit herkömmlichen Kategorien gar nicht zu beschreiben. Er trug sehr viel Farbe in Form eines getrockneten Pulvers auf der Stirn, war mit reichlich Schmuck behangen und trug einen abenteuerlich großen Turban mit dazu passendem, abenteuerlich weißem Schnurrbart. Für ihn war die Schuldfrage klar und er beschimpfte die beiden Rikscha-Fahrer. Er gab ihnen sogar Ohrfeigen, schlug sie mehrfach ins Gesicht, sodass der Lange sich schützend vor sie stellte. Offensichtlich gehörte er einer höheren Kaste an, sodass der herrische Auftritt für ihn auf jeden Fall gerechtfertigt war. Der Lange hatte an verschiedenen Deeskalations-Workshops teilgenommen, deren Programm sich aber zu Makulatur pulverisierte, sobald der Theorie eine Praxis entgegenstand, in der es nichts mehr zu diskutieren gab. Diese Situation war eine solche. Er packte den Pittoresken beim Nacken und drückte fest zu. Der quiekte auf wie ein angestochenes Schwein.

„Du packst jetzt deinen Scheiß hier beisammen und verpisst dich. Ist das klar?“, brüllte er ihn auf Deutsch an. Der Gepiesackte verstand sofort, tat, wie ihm geheißen und fing sich beim Umdrehen noch einen Tritt in den Arsch ein. Der Lange empfand Genugtuung. Die Rikscha-Fahrer umarmten ihn, umschwänzelten ihn wie treue Hunde und erinnerten ein wenig an Jeremias und Arthur aus Kafkas Schloss. Der schicksalsergebene Lastwagenfahrer schlich sich grummelnd, aber ohne Widerstand, weil er den Langen wohl als ranghöher einstufte, was auch immer ihn dazu trieb. Dennoch warf er ihnen noch eine Geste der Empörung hinterher.

Rikschas und Insassen wurden notdürftig entstaubt und unter den bewundernden Blicken einer kleinen Fan-Gemeinde ging es weiter. Jetzt kam man auch wieder zurück auf die Hauptstraße, die tatsächlich von rosa gestrichenen Fassaden gesäumt war und von Kolonialzeiten zeugte. Die Fahrzeuge fuhren etwas rumpeliger als vorher, weil sie wohl doch etwas von dem Unfall in Mitleidenschaft gezogen worden waren. Nach etwa einem Kilometer kam ihnen die Gegend wieder bekannt vor und sie erreichten tatsächlich das Haus von Amit. Sie hielten davor an und wollten keine Bezahlung angesichts der Widrigkeiten, die ihnen zugestoßen waren. Sie wurden dennoch großzügig mit Trinkgeld entlohnt und bedankten sich überschwänglich.

Sogleich stürmte Amit aus dem Haus.

„Wir haben Sorgen gemacht."

„Kein Problem, alles paletti", beruhigte ihn der Lange, der immer noch in eine Wolke von Huldigungen gehüllt war.

„Sind alle in Tempel gewesen und jetzt schönes Essen. Ist Fest von König Rama heute."

Sie gingen ins Haus und es roch fantastisch. Alle waren festlich gekleidet. Auch die alten Eltern waren herunter gekommen, saßen schon am Tisch und winkten ihnen freundlich zu. Sie gingen nur noch kurz auf die Zimmer, um sich frisch zu machen. Allerdings hatten sie alle Probleme mit irgendwelchen Stichen oder Bissen: Wanzen oder Flöhe. Sie hatten rote Punkte auf den Beinen, die von Zeit zu Zeit tierisch juckten. Zur Feier des Tages wollte Pröbsting seinen frisch gewaschenen Leinenanzug anziehen. Die anderen schlugen sich etwas Wasser ins Gesicht, hatten aber nicht viel zum Wechseln dabei. Die sauberen Sachen wollten sie sich für den Auftritt aufsparen. Gereon zwirbelte sich in seinen Anzug. Verdammt, Hochwasser und sehr figurbetont. Große Schritte waren nicht mehr drin. Vorsichtig und kleinschrittig schob er sich die Treppe herunter. Hoffentlich würde es keiner merken. Er versuchte, sich einzureden, dass er sich halt etwas eleganter zu bewegen habe und spontane Gesten zu unterlassen seien. Hauptsache, er würde Dinata gefallen. Wie eine japanische Geisha trippelte er an die große Tafel, wo er neben Dinatas Vater zu sitzen kam. Amits Bruder war ein ernster Mann, der seine Tochter nie aus den Augen ließ. Er begrüßte Pröbsting mit einem kräftigen Schlag auf die Schulter, der ihn fast in die Knie zwang.

„Good man on guitar you are. I have seen on video."

„Sometimes good, another time not so good", entgegnete Gereon bescheiden. Hinter dem Stuhl für den Langen hatte man sicherheitshalber hinter einem Vorhang einige Ersatzstühle bereit gestellt. Als der Lange Platz nahm, war es für einen Moment ganz still an der Tafel und man schaute angespannt auf ihn, wie er sich betont vorsichtig mit einem etwas linkischen, verdrehten Gesichtsausdruck hinsetzte. Er versuchte, dem Stuhl zumindest durch Bewegung nichts zuzumuten, wenig zu ruckeln und gerade zu sitzen. An der Gewichtsbelastung war nun mal nichts zu ändern. Nach gefühlten fünf Minuten Schweigen erlöste Dinata die Runde, indem sie sich neben ihre Großeltern setzte und die Familie mit einem freundlichen ‚Namaste' begrüßte.

Sie brachte immer etwas Glanz in die Hütte, deswegen gab es eine unausgesprochene Rivalität zu Isha, der Frau von Amit. Isha war nicht die Frau, die er geliebt hatte, als sie heirateten. Er war verliebt gewesen in Narami, die seine Familie nicht akzeptieren konnte, weil sie geschieden war. Dabei hätte er alles getan, um bei ihr bleiben zu können. Der permanente Druck von allen Seiten hatte sie zunächst noch enger zusammengeschweißt. Dennoch hätte seine Familie ihn verstoßen. Er musste sich also entscheiden und entschied sich für die Familie, die ihm Isha ans Herz legte. Isha wusste, dass es eine andere Frau in Amits Leben gegeben hatte und wusste auch, dass Amit immer noch ein wenig von der Geliebten in sie hinein projizierte. Aber auch sie hatte ihren Gatten vor der Ehe nicht gekannt.

Dennoch waren beide der Ansicht, dass Liebe auch durch die Praxis des Zusammenlebens entstehen könne, und sie hatten sich arrangiert und führten eine verträgliche Ehe, die von gegenseitigem Respekt getragen wurde. Narami war eine moderne Frau gewesen, die in Europa und den USA studiert hatte. Sie war dort mit einer anderen Kultur in Kontakt gekommen, von der Isha noch nie gehört hatte. So war sie in Londoner Clubs gewesen, kannte das Modern Tate, hatte sich mit Kunst, Jazz und westlicher Literatur beschäftigt. All das war Isha fremd. Aber nach ihrer Einschätzung war Amit auch nicht der Typ für solche Sachen. Es wirkte irgendwie aufgesetzt bei ihm. Er wollte Narami imponieren, wenn er mit Bruchstücken der westlichen Avantgarde auftrumpfte. Vielleicht war auch der Kontakt zu den vielen ausländischen Touristen mit verantwortlich. Dieses Wildern in anderen Kulturen machte einen nur heimatlos und riss einem den Boden unter den Füßen weg. Und wenn man sich mit Richtungen beschäftigte, die selbst dort, wo sie herkamen, nur einer Minderheit bekannt waren, war die Vereinzelung bis hin zur Isolation nur logische Konsequenz. Sie wollte keinen Einzelgänger als Mann.

Und so hielt sie auch diese Einladung der vier Musiker aus Deutschland für völligen Blödsinn, der eigentlich gar nicht auf Amits Mist gewachsen war, sondern dem schlechten Einfluss von Narami zu verdanken war. Sie hatte ihm diese Flöhe ins Hirn gesetzt.

Und diese Flöhe tanzten dort immer noch herum, so sehr sie sich auch bemühte, sie abzutöten.

Deswegen stand sie der ganzen Sache sehr skeptisch gegenüber. Für sie war ihr Mann immer noch von dem Narami-Bazillus infiziert, auch wenn er das energisch abstritt. Kein Mensch hier in Jaipur interessierte sich für so ein kaputtes, dekadentes Zeug, das einem an den Ohren weh tat. Das waren doch schon teilweise gestandene Männer. Wie konnten sie sich in dem Alter noch ernsthaft für so einen Krach begeistern? Sie hatte sich das nie wirklich angehört. Nur einmal hatte sie Amit dabei beobachtet, wie er im Internet nach der Gruppe suchte und auf YouTube was gefunden hatte. Die drei Sekunden, die da aus dem PC klirrten, hatten ihr schon gereicht. Eigentlich interessierte sie sich überhaupt nicht für Musik. Sie interessierte sich für ihre beiden kleinen Kinder, und das reichte auch. Auch die indische Musik mochte sie nur als Hintergrund. In einem klassischen Konzert mit Sitar war sie noch nie gewesen, obwohl Amit ihr immer in den Ohren gelegen hatte, da müssten sie unbedingt zusammen hingehen. Das sei ganz toll. Isha lebte ein Ideal von Selbstzufriedenheit, das keine zusätzlichen Stimulanzen benötigte, sondern sich aus sich selbst stimulieren konnte. Die Jagd nach Bereicherung war nicht ihre Sache. Die Steigerung der Lebensqualität endete ihrer Meinung nach in einer Optimierungsspirale, die immer neue Verbesserungen ins Spiel brachte, die anzustreben einen nicht glücklich machte. Die ganze westliche Welt schien sich ausschließlich diesem Spiel hinzugeben und vergaß sich darüber selbst. Diese westlichen Vertreter, die da nun an ihrer Festtafel Platz genommen hatten, erschienen ihr als Tölpel und machten auf sie einen vertrottelten Eindruck. Das sollten Musiker sein? Der Dicke kam ihr eher wie ein Bauarbeiter vor. Und der Rotblonde hatte einen viel zu engen Anzug an. Lächerliche Figur. Die beiden anderen waren jenseits von Gut und Böse. Aber man konnte nicht in sie hineinschauen. Immerhin hatten sie einiges auf sich genommen, um sich hier zu produzieren. Aber ob sie wirklich wussten, was sie erwartete? Das war doch eine völlig andere Welt. Und Isha war aus tiefstem Herzen eine Globalisierungsgegnerin. Die verschiedenen Welten sollten bei sich bleiben. Es sollte sich nicht alles vermischen. Da käme doch nur ein Einheitsbrei dabei raus.

Der Tisch bog sich von den vielen Gerichten und es war eine Augenweide, sie nur anzuschauen. Für die Gäste hatten sie ein kleines Blümchen vor alles gestellt, was nicht so scharf war, und besonders Lohmann freute sich über die doch gar nicht so wenigen Markierungen. Viele kleine Schälchen mit Chutneys, Pickles und Yoghurts waren über den Tisch verstreut. Es türmten sich Berge von Pappadams und Naan, dem warmen indischen

Brot. In der Mitte ein riesiger Haufen Reis mit einer Art Blattgold verziert. Chicken-Currys und schwere Kormas mit Mandeln und Nüssen in raffinierten Minzsaucen verströmten ein unglaubliches Aroma. Aber auch leichte Ayurveda-Küche war im Angebot. Vor diesen mit verschiedenen Churnams angerichteten Speisen stand dann ein kleines Blümchen, denn diese Sachen waren besonders bekömmlich und nicht scharf gewürzt. Das indische Bier schmeckte den Jungs erstaunlich gut, genauso wie das erfrischende Mango-Lassi. Gereon linste verstohlen zu Dinata herüber, die aber im angeregten Gespräch mit ihren Großeltern war. Sie standen keinesfalls im Mittelpunkt, sondern fühlten sich integriert. Die Gespräche flossen in alle Richtungen an ihnen vorbei, über sie hinweg und blieben manchmal bei ihnen stehen. So wollte man wissen, wie sie den Tag allein in der Stadt verbracht hatten. Doch sie suchten Zuflucht in der Floskel. Das Thema ‚Slum' oder die Schlägerei mit dem Turban-Mann wäre sicher wenig geeignet, die Feier zu bereichern. Umso erstaunter waren sie, als Amits dicker Bruder dunkelrot anlief, herumdruckste, nach Worten suchte, vor allem nach englischen Worten, und schließlich mit tränenerstickter Stimme stammelte: „The truck driver is good man. What have you done to the man? "

Der Lange fühlte sich direkt angesprochen und erwiderte kleinlaut: „Truck driver is a very aggressive man."

Dinatas Vater jammerte weiter: „He is very good man and a rich man. He has many trucks. But now he is angry on the whole family and will not marry my daughter any more."

Reena, Dinatas Mutter, schluchzte und wimmerte mit leiser Stimme: „You must apologize." Apologize, das hatte noch gefehlt. Dieser blöde Typ mit seinen bescheuerten Matratzen. Dennoch saßen sie jetzt ganz schön in den Nesseln. Der Familienfrieden war empfindlich gestört. Dinatas Hochzeit war quasi in sicheren Tüchern, die Tochter in scheinbar guten Händen. Und dann wurde der Bräutigam von den Gästen des Hauses beleidigt. Dabei sollte der Trottel doch dankbar sein, überhaupt so ein Juwel wie Dinata zu Gesicht bekommen. Er war mindestens zwanzig Jahre älter. Offensichtlich war es von allerhöchstem Interesse, die Tochter unter die Haube zu bekommen. Dabei hätte sie auf einem freien Markt die allerbesten Chancen. Betretene Gesichter. Wäre es irgendein beliebiger Lastwagenfahrer gewesen, hätte wahrscheinlich keiner was gesagt. Aber diese Arschgeige musste wohl so was wie einen Fuhrpark haben. Jedenfalls eine gute Partie. Die Kaste passte wahrscheinlich auch besonders gut. Und irgendein bestochener Astrologe hatte sein wohlfeiles Gutachten geschrieben.

„I did not know", versuchte der Lange beschwichtigend in die Runde zu werfen, was allerdings keine Miene aufhellte. Die Luft war zum Schneiden. Schließlich sprach das greise Familienoberhaupt die erlösenden Worte: „Now is day, tomorrow another day." Aus dem Mund des Patriarchen war das geradezu ein Befehl, und alle machten sich wieder über das Essen her. Auch die Gespräche kamen langsam wieder in Gang.

Dinata hatte das Ganze mehr oder weniger teilnahmslos verfolgt. Der ganze Vorfall war über dunkle Kanäle zu ihnen gedrungen. Jaipur ist zwar eine Millionenstadt, aber die Informationsnetze sind eng. Überall sitzt jemand, der etwas sieht und es weiter erzählt. Nichts bleibt unbeobachtet. Sie kannte ihren zukünftigen Gemahl nur vom Foto, aber hatte dennoch Erkundigungen eingezogen. Dass er jähzornig war, wusste man. Ihrer Familie zuliebe hatte sie wohl der Heirat zugestimmt. Aber gerissen hatte sie sich darum auch nicht. Sie hätte gerne studiert und etwas aus ihrem Leben gemacht, wollte aber der Familie auch nicht auf der Tasche liegen. Ein wohlhabender Spediteur könnte ihr die entsprechenden Freiräume schaffen. Aber sie konnte auch nicht sicher sein, dass er ihren Studienwünschen nachkam.

Die Informanten hatten den Vorfall natürlich zugunsten des bemalten Herren dargestellt. Zwei wildgewordene Rikscha-Fahrer hätten ihn attackiert, er habe sich gewehrt und dann sei so ein weißer Brechmann aus der Rikscha gestiegen und habe einseitig Partei ergriffen. Eine ganz ungehobelte Person aus Europa sei das gewesen. Der Wüstling habe den Herrn getreten und geschlagen. Er sei sogar aus den Rikschas von drei weiteren

Europäern angefeuert worden. Es habe sich schnell herumgesprochen, dass diese Europäer in der Familie Amits wohnten und mit ihm irgendein dubioses Projekt planten. Allgemein hieß es, Amit sei verrückt geworden. Viele waren der Meinung, es sei auch nicht gesund, mit so vielen Westlern Kontakt zu haben. Das führe zu Verwirrung. Die Demarkationslinie zwischen Traditionalisten und Aufbrechern zog sich praktisch durch jede Familie.

Dinata stand im Brennpunkt dieser Auseinandersetzung. Sie hatte einen Internet-Anschluss, wusste, was in der Welt geschah und fühlte sich trotzdem der Tradition verbunden. Ihre Freundin Akshara hingegen war Mitglied in einer hinduistischen Vereinigung, die mit allen Mitteln jeglichen westlichen Einfluss verhindern wollte. Dieser fundamentalistische Verein hatte einen eigenen Exerzierplatz und sein Auftreten hatte paramilitärische Züge. Die Gegnerschaft bestand praktisch zu allem, was nicht Hindu war. Das waren neben der westlichen Unterwanderung natürlich auch Moslems und überhaupt Andersgläubige, vor allem aber alles, was mit Pakistan in Verbindung stand. Akshara liebte den Drill, das martialische Auftreten und den Gleichschritt. Sie fühlte sich als Frontkämpferin gegen alles, was den alten Lebensstil gefährdete. Wenn irgendwo eine McDonald's-Filiale oder ein Internet-Café eröffnet wurde, war die Truppe am Start, protestierte lautstark. Auch Aktionen am Rande der Legalität waren durchaus an der Tagesordnung. Die Bewaffnung diente der finalen Schlacht, die irgendwann nach ihrer Überzeugung auf sie zukam. Dabei agierten sie keineswegs im Untergrund. Sie hatten ein großes Gelände mit Unterkünften und Seminarräumen. Das war alles ganz offiziell und geduldet. Strenge Eltern schickten ihre Kinder dorthin, wenn sie wollten, dass sie auf Linie gebracht wurden oder dass ihnen ein gewisser Schliff beigebracht wurde. Sie lernten dort auch, den Eltern niemals zu widersprechen. Einen Generationenkonflikt hatte es nicht zu geben und er war das Überflüssigste, was kranke Gehirne sich je ausdenken konnten. Akshara hatte geradezu einen Hass auf diesen westlichen Kleidungsstil, der mehr enthüllte als verbarg. Die im Fernsehen vorgeführten Entblößten kamen ihr vulgär, zotig und billig vor. Ganz zu schweigen von diesen unsäglichen hohen Absätzen, die die Frauenfüße und Wirbelsäulen verkrüppelten und als Inbegriff für Modernität gelten wollten. Entsprechend hitzig waren die Debatten, die sie mit Dinata führte. Die hingegen fühlte sich gespalten und zerrissen. Sie wusste, dass das Liebäugeln mit der Glitzerwelt jahrhundertealte Werte annagte. Und dennoch konnte die Verführung attraktiv sein und sie konnte ihren Blick von den amerikanischen Schauspielerinnen auf den riesigen Kino-Plakaten nicht lassen. Sie hatten diesen wunderschönen hellen Teint und blonde Haare, die wie Gold schimmerten. Und sie hatten keine Probleme damit, ihren Körper zu zeigen. Für Akshara waren diese ganzen Angebote aus der Mode- und Medienwelt Lockmittel des Teufels.

Und so diskutierten sie manchmal stundenlang. Jenseits dieser Debatten waren sie aber dennoch befreundet und eine konnte den Standpunkt der anderen durchaus nachvollziehen. Natürlich waren die Gäste Akshara sehr suspekt. Alles Fremde war ihr suspekt. Allerdings hatte sie eine Schwäche. Sie war neugierig. Hinter ihrer rauen Schale verbarg sich ein ganz weicher Kern. Sie war keine Schönheit und schaute immer neidisch auf die ebenmäßigen Gesichtszüge von Dinata. Vor allem hatte sie Problem mit den Zähnen, die unregelmäßig und wild hervorstanden und ihr Schwierigkeiten machten, den Mund zu schließen, der deshalb meistens halb offen stand. Aber sie wollte diese Fremden doch gerne kennenlernen. Immerhin waren die Deutschen ja auch Arier wie sie. Also, natürlich wollte sie sie nicht näher kennen lernen. Nur mal gucken, was das für Typen waren. Schließlich hatte es eine kleine Notiz in der Zeitung gegeben. „ERRO SOX". Komischer Name. „Moderne Musik aus Deutschland" hatte da gestanden. Was um Himmels willen war denn moderne Musik? Es sollte dort ja Musik geben, die regelrecht schmerzhaft war. Überhaupt schien sich die westliche Kultur oft selbst zu kasteien. So hatte sie einmal gelesen, dass bei einer Theateraufführung das Publikum mit Gedärm beworfen wurde. Unglaublich. Und die Leute bezahlten Geld dafür.

„Also, an Ram Navami machen wir ein großes Familienessen. Da sind die auch dabei. Du kannst ja später einfach dazukommen, wenn du willst“, hatte ihr Dinata vorgeschlagen. Und so kam es auch.

Das opulente Festessen neigte sich dem Ende zu. Die Kinder und die Großeltern waren schon zu Bett. Auch Amit hatte sich schon hingelegt. Da betrat Akshara den Raum, und beim Anblick der vier Europäer schrumpelte ihr Selbstbewusstsein sogleich auf null. Sie brachte noch ein zaghaftes ‚Namaste' heraus und versank dann in eine Starre, die eigentlich den Nichtlebendigen vorbehalten war. Mit zwangsweise offenem Mund taxierte sie der Reihe nach die Fremden, blieb aber wie gefangen bei Gereon hängen. Was für ein Mann. Dieses goldene Haar und die figurbetonte Kleidung. Pröbsting dachte bei sich: „Glotz woanders hin, blöde Schräpe“, und stand auf, um eine zu rauchen. Wie der Mann sich bewegte. Diese tänzelnden, kleinen Schritte, fast wie eine japanische Geisha. Akshara war hin und weg. Sie blieb wie angewurzelt auf ihrem Platz sitzen und wartete nur auf Pröbsting, um ihn weiterhin in intensiven Augenschein zu nehmen.

Der inhalierte tief und steckte sich gleich noch eine zweite an. Die schien es auf ihn abgesehen zu haben. Völlig schräge Graupe in seinen Augen. Vor allem die Frauen versuchten, auf sie einzuwirken und sie von ihrem Bann zu befreien. Isha und Reena nahmen sie beiseite und versuchten, beruhigend auf sie einzuwirken. Dinata schüttelte sie sogar ein wenig, denn sie war wie in Trance. Als Pröbsting wieder reinkam, kippte die Kinnlade gleich wieder nach unten und ließ niemanden über die zahntechnische Problematik im Unklaren, wenngleich keiner sie darauf reduzieren wollte. Aber sie legte ihr Zahnfleisch auch dermaßen auf den Präsentierteller, dass sie den Eindruck erweckte, als bleckte sie das schiefe Gebiss wie ein tollwütiger Arktiswolf. Pröbsting verzog seinen Mund zu einem schiefen Lächeln, was ihren Gesichtsausdruck in die Nähe von Verzückung rücken ließ. Unter einem Vorwand wechselte er den Platz mit dem Langen. Der wurde zwar auch begutachtet, fand aber keinen Gefallen. Um Pröbsting etwas aus der Schusslinie zu bringen, brachte er sich körperlich derartig in Positur, dass der Blickkontakt behindert wurde. Mit weitschweifender Gestik erzählte er, wie es für ihn sei, sich in eine Rikscha zu quetschen. Er erntete mitfühlende Blicke und etwas Heiterkeit. Er versuchte so, etwas Terrain gutzumachen, war er doch als Rohling ins Gespräch gebracht worden, der den Familienfrieden nachhaltig gestört hatte. Akshara gelang es aber immer wieder, durch das Gefuchtel hindurch einen Blick auf Gereon zu erhaschen, der sich zunehmend unwohl fühlte. Dabei war Akshara von ihrer eigenen Gefühlslage mehr als überrascht und wusste sie selber nicht einzuordnen. Innerlich versuchte sie es mit Neugierde zu erklären, äußerlich war es blinde Ergriffenheit. Die Fähigkeit, sich zusammenzureißen, hatte sie auf dem militärischen Übungsplatz wohl abgegeben. Dort gab es nur klare Ansagen und Weichheit ließ man sich nicht durchgehen.

Pröbsting wurde es zu heiß und er ergriff noch mal die Flucht nach draußen. Der Lange folgte ihm. Robert und Lohmann hatten das Ganze nur am Rande mitbekommen. Sie suhlten sich in ihren phänomenologischen Perspektiven, die alles und jeden unter eine ästhetische Lupe nahmen. So konnten sie jeder noch so absurden Situation etwas abgewinnen. Auch Akshara wurde kurz von einem solchen Blick gestreift und für gut befunden, weil sie allein schon gebisstechnisch etwas zu bieten hatte. Außerdem hatte Lohmann ein paar Worte mit Isha gewechselt und war mehr als erstaunt darüber, dass er mit seinem KatastrophenEnglisch überhaupt verstanden wurde. So löste sich seine Zunge mehr und mehr und er wurde geradezu leut- und redselig. Isha gefiel ihm, weil sie klare Standpunkte hatte. Ihre Vorbehalte gegen westliche Lebensstile konnte er sogar teilen. Er war ja selber von der gleichmachenden Tendenz der Globalisierungswalze überzeugt und freute sich über Meinungen, die den Standards widersprachen. Sie war eine selbstbewusste Frau jenseits aller Selbstverwirklichungssehnsüchte, die im Einklang mit sich und ihrer Kultur stand. Und ihre Fragen waren keine freundliche Fassade, sondern von ehrlichem Interesse getragen. Ob es wahr sei, dass in deutschen Kinderzimmern mehr Gegenstände zusammenkämen, als ein König vor zweihundert Jahren besessen hätte? Ob jede dritte Ehe geschieden würde und woran das läge? Sie fragte auch nach der Musik, die sie machten. Robert versuchte, sie zu erklären, so gut es ging. Aber das war sehr schwierig, wenn die Voraussetzungen einer langen Sozialisation durch die Musikgeschichte nicht gegeben waren.

Umgekehrt fragten sie nach der Rolle der Frau, nach den Vergewaltigungen, dem Verhältnis von Stadt und Land und allem, was sie vom Hören und Sagen kannten. So war die Kommunikation gefüttert von der jeweiligen Information, die zugänglich war. Sie bewegten sich in der Sphäre eines öffentlichen Rings, der um den privaten gelegt war wie ein Schwimmgürtel. So ging man nicht unter und wurde getragen, um sich nach und nach dem Privaten zu nähern, das aus der eigenen Erfahrung genährt war und nicht aus dem Speckgürtel der öffentlichen Meinung. Und so schlitterten sie auf dem Gleitfilm sattsam verhandelter Vorurteile ins Reich der individuellen Anschauung, das seinerseits wieder von einem Ring umgeben war, der erstmal die jeweiligen Verhältnisse abfragte. Reena gesellte sich zu ihnen, und sie sprachen über Ehe, Kinder und Beruf. Besonders Robert war immer auf der Suche nach Austausch, der ihn aus seinem notorischen Solipsismus befreite, denn die eigene Achse, um die er sich drehte, war schon ausgeleiert. Zwischen Realität und Möglichkeit tat sich ihm eine große Lücke auf, die er bemüht war, mit jeglicher Art von Füllstoff zu schließen. Er hätte auch als Seiltänzer das Tal zwischen den Blöcken überqueren können, doch er fühlte sich nicht schwindelfrei. So war ihm jeder Kontakt recht, der ihn seine Zerrissenheit vergessen ließ.

Dinata hatte sich in der Zwischenzeit aufgemacht, um Akshara nach Hause zu bringen, die sich völlig regeneriert hatte und kein Wort mehr über ihren vermeintlichen Kontrollverlust verlor. So konnte Reena ganz unbefangen von ihrer Mutterrolle erzählen. Ja, sie wollten Dinata gerne mit diesem Spediteur verheiraten.

In Indien heirateten eben nicht nur zwei Personen, sondern zwei Familien kamen zusammen und verbanden sich. Das sei wohl der Unterschied. Sie erinnerte daran, dass das unter Familien der Oberschicht in Europa doch genauso sei. Und außerdem könne man doch etwas von so großer Tragweite nicht dem Zufall überlassen. Genauso wenig könne man sich in so einer Angelegenheit doch nur auf das Gefühl verlassen. Eine Eheschließung ohne Vernunft sei doch verantwortungslos. Sollte man dem jetzt was entgegensetzen? Sie waren beide nicht die Anwälte, die sich berufen fühlten, die Institution Ehe zu verteidigen. Deswegen hörten sie die Gegenseite mit Interesse. Das war halt eine andere Sichtweise. Reena war schon von anderer Seite zu Ohren gekommen, dass der stolze Spediteur oft jähzornig war. Sie war aber davon überzeugt, dass Dinata einen beruhigenden Einfluss auf ihn haben würde. Dass Ehemänner ihre Frauen schlugen, war an der Tagesordnung. Natürlich wünschte sich das keine Mutter für ihre Tochter. Aber meistens hatten sie selber leidvolle Erfahrungen gesammelt und sahen es als naturgegeben hin. Hier im Haus von Amit war es glücklicherweise nicht zu solchen Exzessen gekommen. Die Familie des Spediteurs hatte ihn auch als äußerst friedfertig dargestellt. Eine Seele von einem Mann.

Isha und Reena waren im Plaudermodus. Großzügigerweise gestanden sie dem Langen zu, dass er von den familiären Verbindungen des Lastwagenfahrers zu ihnen nichts gewusst haben konnte, als er diesem einen Tritt verpasste. Ihr dicker Mann, dessen Name die Jungs vergessen hatten, schaute missmutig zu. „Weibsvolk“, dachte er bei sich und wunderte sich, was es überhaupt mit solchen Fremden so lange zu besprechen geben sollte. Und dann lachten und kicherten sie noch dabei. Das gefiel ihm nicht.

Sowohl Lohmann als auch Robert griffen von Zeit zu Zeit unter den Tisch, um sich an ihren juckenden Beinen zu kratzen. „Moskitos“, erklärte Robert, und die Frauen nickten verständnisvoll. Ob es nicht eher Bettwanzen waren oder sonstiges Mistzeugs, ließ sich ja nicht genau sagen. Man wollte die Gastgeber ja auch nicht beleidigen. Jedenfalls juckte es wie Sau und unter den roten Punkten bildeten sich dicke Knubbel, fast so wie Lohmann sie überall in seinem Hause aus bildhauerischem Interesse in Holz geschnitzt hatte.

„Die Tiere tun auch nur ihre Pflicht", raunte Robert Lohmann zu und lachte sich über seine eigene Formulierung halb tot. Der Lachkrampf war von außen nicht vermittelbar und Robert bemühte sich, ihn zu unterdrücken. Und dennoch wühlte er sich noch ein paar Mal aus dem Innersten hoch wie bei einer Kuh, die das Verdaute noch einige Male wiederkäut. Und selbst wenn man sich über Banalitäten wie nicht funktionierende Bankautomaten unterhielt, spielte das Denken doch seine Begleitmelodie, die dem Banalen ein nicht sichtbares Fundament lieferte. Jede Äußerung war für Robert mit einer Art „Innerung" unterfüttert, die ein Parallelleben führte, manchmal sogar ein völlig autonomes Eigenleben. So erklärten sich seine Melancholie und schlechte Laune in der Regel aus diesen Unterströmungen und hatten mit den äußeren Umständen nichts zu tun.

„Was jammerst du, dir geht es doch gut", war so ein Satz, der die Sachlage völlig verkannte und den er zum Kotzen fand. Überhaupt vereinfachte die Sprache ja alles gnadenlos und die Dinge jenseits der Darstellbarkeit waren zum erbärmlichen Schattendasein verurteilt, es sei denn, die Kunst erbarmte sich ihrer. Alles, was sich ausdrückt, wird durch die Person gefiltert wie durch ein Sieb und kommt dann als Ausdruck der Person ans Licht. Wie wohl so ein Ausdruck ohne diesen personalen Durchlauf aussah?

Wenn Robert solchen Gedankengängen einmal die Sporen gab, konnten sie mit ihm durchgehen. Im Geltungsbereich des Äußeren fiel er dann als geistesabwesend auf, denn die inneren Kaskaden, Sturzbäche und Wasserfälle waren von außen nicht im Geringsten erkennbar. Dafür höhlte sich die Oberfläche und bildete jene kleinen Mulden, in denen das aus den äußeren Dingen Abgequetschte sich sammeln konnte. In diesen obergründigen Pfützen bildeten sich dann jene Biotope, deren Wucherungen das Alltagsgestrüpp hervorbrachten, in dem man sich verheddern konnte. Vielleicht war ja die gesamte Welt mit allem, was wir von ihr wahrnehmen, eine Ausstülpung einer anderen Welt.

Manometer, dieses ewige Wechselspiel von innen und außen konnte einen um den Verstand bringen. Zumindest Roberts Verstand war latent anfällig. Lohmann hingegen hatte eine dicke Mauer zwischen die beiden Bereiche gezogen. Und wenn er in die B-Zone wollte, nahm er den Schlüssel zur Hand und schloss den dicken Vorhänge-Riegel auf. Solange er den Schlüssel dabei hatte, war ihm jederzeit der Rückweg offen. Und wenn er zurück kam, schloss er die meterdicke Tür jedes Mal wieder zu. Bei den anderen beiden schienen die Hinterräume Niemandsland zu sein, das so gut wie nie betreten wurde und dadurch in Vergessenheit geriet, so wie bei den meisten. Wenn dort dann Ungeheuer geboren wurden und an die Tür klopften, war die Überraschung groß. Bei den Indern hatte Robert das Gefühl, dass auch diese Areale des Unbewußten von unsichtbaren, mit Tradition geteerten Straßen durchzogen waren. Die Trennlinie zwischen den Zonen des Bewussten und des Unbewussten war nicht so klar gezogen, sondern perforiert, sodass jederzeit ein Ortswechsel möglich zu sein schien. So verkehrten sie in erweiterten Räumen, welche die Beengung der immobilen Verhältnisse vergessen ließen. Im Gespräch mit den Fremden erlebten sich Isha und Reena als eine Einheit, die sie sonst nicht waren. Im Gegenteil verkörperten sie innerhalb der Großfamilie unterschiedliche Kleinfamilienmodelle, die als Subsysteme miteinander konkurrierten. Ishas Traditionalismus erklärte sich als Verteidigungsstrategie gegen die Untergrabungen des Tourismus, den sie insgeheim verabscheute, auch wenn sie von ihm lebten. Amit war oft wochenlang von der Familie getrennt, wenn er mit Reisegruppen unterwegs war. Er hatte schon mal zugegeben, dass er dort rauchte und manchmal sogar Alkohol zu sich nahm. Welchen Verführungen er sich sonst noch aussetzte, wollte sie sich gar nicht vorstellen. Reena war gleichfalls im Herkömmlichen verwurzelt. Alternativen standen aber gar nicht zur Debatte. Dafür sorgte schon der übellaunige Gatte. Dessen Missmut zu zügeln und auch zu ertragen, erforderte ihre gesamte Energie. Alles was sie sich versagte, sollte Dinata zu Gute kommen. Und sie öffnete ihr die Räume, die ihr Entfaltung ermöglichten und von denen der grummelige Vater keine Ahnung hatte.

Dinata hatte derweil Akshara an deren Haustür abgeliefert. Unterwegs hatte sie ihr verraten, dass ihre Familie einen Kieferchirurgen aus den USA für sie ausgesucht hatte. Er war der Sohn von Auswanderern, die sich vor vielen Jahren dort niedergelassen hatten. Die Verbindungen nach dort blieben aber gewahrt, und so hatten sie ein Foto von Akshara, das sie vorher etwas mit Photoshop bearbeitet hatten, verschickt. Erst nach etwas genauerem Nachfragen dämmerte es ihr, dass es dabei nicht um eine zahnmedizinische Angelegenheit ging, sondern um eine in Sachen Eheanbahnung. Vielleicht konnte man ja zwei Fliegen mit einer Klappe schlagen. In Dinatas Augen war das geradezu ein Glücksfall.

„Der würde ihr die Zähne schon ausschlagen", lief ihr als unangemeldeter Konjunktiv spontan durch den Kopf, worüber sie spontan laut lachen musste. Was es denn da zu lachen gebe, empörte sich daraufhin Akshara.

„Na ja, die USA sind nicht gerade das Zentrum des Hinduismus und du würdest dich in die Höhle des Löwen begeben."

„Wenn es mein Schicksal ist, muss ich es annehmen. Man wird sehen." Sie hatte Akshara an der Haustür abgeliefert und verschwand in der Dunkelheit. Jetzt nach Mitternacht war es nicht ungefährlich, sich allein auf der Straße zu bewegen. Sie wickelte ihr Tuch um den Kopf und drückte sich an den Häuserwänden entlang. Die Straße war wie ausgestorben. Eine Straßenbeleuchtung gab es hier nicht. Nur aus einigen Häusern drang etwas Restlicht nach draußen. Sie stolperte fast über ein Bündel Mensch, das seine Füße aus der Decke streckte. Einige schliefen immer draußen. Auch tagsüber lagen immer einige auf den Bürgersteigen. Sie ging weiter und war in Gedanken bei Akshara, die jetzt wohl schon schlief. Was ihr bloß so die Sprache verschlagen hatte? Sie hatte kein Wort darüber verloren.

Armes Mädchen.

Plötzlich hörte sie Geräusche vom Ende der Straße. Klappernde Hufe wie von Kühen oder Wasserbüffeln. Was konnte das sein? Natürlich gehörten Kühe zum Straßenbild, aber sie traten immer einzeln auf, niemals als Herde. Und Wasserbüffel um diese Zeit? Wasserbüffel durfte man übrigens essen. Sie sind sowohl Arbeitstiere als auch Fleischlieferanten im Unterschied zur Heiligen Kuh ‚Aghnya', der Unantastbaren. Dinata schlich sich etwas näher an die Geräuschquelle und blieb dann wie angewurzelt stehen. Sie sah einen großen Lastwagen mit heruntergelassener Rampe, von der unablässig Kühe nach draußen geschoben wurden.

Drei Männer waren auf der Ladefläche zugange und einer trieb die herausgelassenen Kühe hinaus auf die Straße, wo sie in der Dunkelheit verschwanden. Sie ging noch etwas näher heran, um zu schauen, ob sie die Männer erkennen konnte, denn der draußen Stehende hatte einen ziemlich engen Anzug an, der ihr bekannt vorkam. Und ja, es war wirklich Gereon, der da mit einem Knüppel in der Hand die Tiere in die Freiheit scheuchte. Ja gut, der Anzug war eingelaufen, das war ihre Schuld. Sie wusste es. Sie hatten noch nicht lange eine Waschmaschine und sie hatte sie wohl falsch eingestellt. Aber zurückgeben musste sie ihm den Anzug ja wohl. Konnte halt keine großen Schritte mehr machen, der Herr Pröbsting. Deswegen musste er wohl unten bleiben. Auf dem Lastwagen erkannte sie jetzt nach und nach die anderen drei, die mit Knüppeln dabei waren, die restlichen Kühe auf die Straße zu befördern. Als alle draußen waren und sich verteilt hatten, zogen sie Pröbsting hinauf und verschlossen die Plane hinter sich. Waren sie wirklich unter den Einfluss von Akshara geraten und machten sich zu Kämpfern für hinduistische Werte? Es war verboten, Kühe zu töten. Dennoch gab es überall im Land und vor allem in Pakistan illegale Schlachthöfe, zu denen die brutal zusammengepferchten Kühe gebracht wurden, die von der Straße aufgelesen worden waren. Nicht nur die Oberschicht meldete einen steigenden Bedarf an Rindfleisch an, sondern auch in den Kreisen der Dalits, der untersten Kaste, gab es eine Tendenz, die religiösen Werte auszuhöhlen. Auf der anderen Seite gab es den Ruf nach rigorosen Strafen, und vor den Schlachthöfen saßen Mönche und Sadhus und beteten für die Tiere.

Pröbsting und der Lange hatten draußen gestanden, um eine zu rauchen. Pröbsting war es auch leid gewesen, von der schrägen Schabracke so penetrant angegafft zu werden. Dann sahen sie, wie nicht weit von ihnen ein Lastwagen hielt, zwei Männer heraussprangen und sich eine Kuh bei den Hörnern packten. Die Luke wurde geöffnet und die Rampe heruntergelassen. Sie verfrachteten das Tier unter Tritten und Hieben und verschlossen die Riegel. Aus dem Inneren drang das Blöken der Tiere. Nun kam der Turban tragende Fahrer aus seiner Kabine und alle drei gingen auf die gegenüberliegende Straßenseite, wo sie eine abgewrackte Vettel mit seitlich aus dem Sari quellendem Hüftspeck in Empfang nahm.

„Die gehen in einen Puff", meinte Gereon und der Lange stimmte sofort zu. Ganz so sah es aus. Und das war sicher nicht das erste Mal, so wie die Vettel sie begrüßte.

„Der Fahrer, das ist doch dieser Matratzenfürst", meinte Gereon. „Sieht ganz so aus. Ein Arschloch der ganz besonderen Qualität."

„Komm wir holen die anderen", meinte Gereon. Und er eilte, soweit das der Anzug zuließ, ins Haus und holte Robert und Lohmann heraus, die immer noch im Gespräch mit Isha und Reena waren. Draußen schilderten sie kurz die Sachlage.

Lohmann, der ja schon zu Hause von diesen kriminellen Kuhdieben gelesen hatte, packte eine geradezu diebische Energie. „Los auf den Wagen!", kommandierte er. „Wenn sie wiederkommen, machen wir einen auf Kuh. Also entsprechende Geräusche und Rumtrampeln, damit sie denken, die Kühe wären noch an Bord. Wenn sie dann irgendwo anhalten, gibt es was vor den Latz."

Die anderen waren sofort begeistert und der Lange zwirbelte sich gleich ein täuschend echtes, lang anhaltendes „muh" aus der Lunge. Im gleichen Moment rutschte Pröbsting auf einem Kuhfladen aus und der saubere Leinenanzug war wieder im Eimer.

„Scheiße, verfluchte."

Dinata beobachtete, wie die drei Männer wankend aus dem Etablissement kamen und in der Fahrerkabine verschwanden. Das hatte nicht lange gedauert. Ekelhafte Vorstellung. Sie war sich nicht sicher, ob der Turbanträger möglicherweise der ihr zugedachte Gatte war. Es konnte sein. Wenn er noch ein zweites Mal auf den Langen träfe, könnte es brisant werden. Auch für die vier Musiker war die Situation heikel. Vielleicht waren die Kuhdiebe ja bewaffnet. Dinata schlug das Herz. Wenn sie in Gefahr waren, musste sie zu Hause Bescheid sagen und alle aus dem Bett trommeln. Wenn der Fahrer aber nun wirklich der Versprochene war, würde das Familienzerwürfnis niemals zu kitten sein. Allerdings war auch zweifelhaft, ob die Familie noch an ihm festhalten würde, wenn er eben nicht nur jähzornig, sondern auch noch kriminell wäre. Eigentlich sollte es ihr recht sein, denn so richtig Gefallen hatte sie ohnehin nicht an ihm gefunden, nach allem, was man so hörte.

Als die feixenden und offensichtlich betrunkenen Männer die Tür hinter sich geschlossen hatten, zockelte das Fahrzeug los und die Jungs übten sich in dem, was sie abgesprochen hatten. Dinata zog von dannen und entwickelte die verwegensten Phantasien darüber, wie das Ganze wohl weitergehen könne. Der Lange warf sich mit seinem ganzen Körpergewicht gegen die Planken und muhte, was das Zeug hielt. Dann verlagerten alle Vier ihr Gewicht auf die andere Seite, sodass eine Schwankung entstand, die bei Viehtransporten wahrscheinlich normal war. Zumindest stellten sie sich das aus der Sicht der Transportierten so vor. Gleichzeitig scharrten sie mit den Hufen, trampelten auf dem Boden rum, schnauften und verständigten sich mit Zeichensprache, gegen welche Seite sich zu werfen sei. Sie gaben alles in allem eine ganz respektable Kuhherde ab. Die Herren im Fahrerhaus schöpften zunächst keinen Verdacht. Sie waren auch zu sehr damit beschäftigt, sich gegenseitig von ihren Heldentaten im Bordell vorzuschwärmen. Besonders der bemalte Turbanträger rühmte sich gleich mehrerer erfolgreicher Freudenabschlüsse und schäumte über vor viriler Selbstgefälligkeit. Sie ließen eine Flasche Brandy kreisen und suhlten sich in der wohligen Erfahrung, so zu sein, wie sie waren. Hinter ihnen ruckelten die Viecher. Es gab eine kleine Plane, die man vom Fahrerhaus hochziehen konnte, um in den Frachtraum zu schauen. Lohmann hatte sie sicherheitshalber von innen festgezurrt.

Dinata war mittlerweile zu Hause angekommen und in Gedanken bei dem, was sie auf der Straße gesehen hatte. Sie wollte jetzt niemanden mehr wecken, denn was sollten sie schon tun? Auf die Polizei konnten sie sich nicht verlassen. Sie wurde von der Vieh-Mafia gut dafür bezahlt, dass sie nichts sahen. Mit Sicherheit würden die Tierbefreier im Gefängnis landen, wo ihnen dann nicht mehr zu helfen sei. Sie vertraute schließlich auf deren Kreativität und war sicher, dass ihnen irgendwas einfallen würde.

Dem Turbanmann fiel auf, dass das Fahrzeug irgendwie schneller fuhr. Es schien ihm, als ob die Fracht leichter geworden sei und er bat seinen Kompagnon, mal durch das Loch zu schauen. Das ging aber nicht. Irgendwie war der Lappen verkeilt. Die Kühe waren sehr aktiv und man hörte sie fast mehr als vorher. Aber wieso klemmte der Lappen? Robert merkte, wie an dem Stoffteil gezogen wurde und zurrte es auf der anderen Seite umso heftiger fest. Sie standen mittlerweile knöcheltief in Kuhfladen und waren fast schon zu Kühen mutiert, als der Wagen plötzlich anhielt.

„Los, schnappt euch die Knüppel“, flüsterte Lohmann. Das waren die gleichen Knüppel, mit denen vorher die Kühe traktiert worden waren, und die flogen jetzt auf der Ladefläche herum. Die Jungs standen Gewehr bei Fuß, als die Lade geöffnet wurde. Als der Pittoreske den Langen erkannte, schlug er sofort die Hacken zusammen und suchte schnurstracks das Weite. Er lief wie um sein Leben, als sei der Satan persönlich hinter ihm her. Mit Genuss zog Lohmann den anderen Beiden den Knüppel über den Schädel. Sie schrien auf. Pröbsting und Robert warfen sich auf sie und versetzten ihnen einen derartigen Satz Prügel, dass ihnen Hören und Sehen verging. Sie waren kaum noch zu bremsen. Unglaublich, was sich da entlud. Sie hatten das Gefühl, als legten sie sich für die Kreatur als solche ins Zeug. Die armseligen Kuhmeuchler wurden zu Sündenböcken für alle Profitgeier der Welt. Wahrscheinlich waren es selbst arme Schweine, die für einen Hungerlohn für dunkle Bosse arbeiten mussten. Bei Turban-Man wusste man es nicht so genau. Er konnte genauso gut Drahtzieher wie Kollaborateur sein. Der hatte es auf jeden Fall verdient, sich aber leider entzogen. Dabei waren zumindest Robert und Lohmann ehemalige Kriegsdienstverweigerer und man hatte sich sogar mal auf Gandhi bezogen, um seinen Pazifismus zu erklären. Und es war nicht einmal im Affekt geschehen, sondern von langer Hand vorbereitet. Die Genugtuung mischte sich mit einem mulmigen Gefühl, aber im Kampf der Emotionen siegte schließlich doch die Genugtuung und man war zumindest um diese Erfahrung reicher.

Nun, da einmal die Dämme gebrochen waren, konnte man auch gleich den Lastwagen mitnehmen und mit ihm zurückfahren. Er hatte kein Nummernschild und der Schlüssel steckte noch. Was lag also näher als einzusteigen und loszufahren? Als erfahrener Chauffeur von Oldtimern setzte sich der Lange ans Steuer und bretterte los.

Die Fahrerkabine war vollgestopft mit Bildern von Gottheiten, Girlanden, Bildchen von Tempeln, aber auch einigen Pin-up-Girls. Vom Rückspiegel baumelten bunte Troddel. Unter den verschlissenen Sitzen rollten leere Flaschen hin und her. Robert entfaltete ein zerknittertes, zusammengeknülltes Papier, das auf dem Boden lag. Die Beleuchtung im Innenraum war schwach, doch man konnte die Überschrift „ERO SEX“ gerade noch lesen. Das hatten sie ja schon fast vergessen. Diese billige Fotokopie, von der sie hofften, dass nicht sie gemeint waren. Vielleicht war es ja doch ein Flyer für das Bordell, aus dem sie gerade kamen. Lohmann kramte im Handschuhfach und zog ein Bündel Geldscheine hervor. Klebrige, abgegriffene Scheine, zusammengerollt, von einem Gummiband zusammengehalten.

Der Lange manövrierte das Gefährt relativ sicher durch die engen Straßen von Jaipur. Es war noch Nacht, ungefähr vier Uhr,

Sie sahen aus wie Schweine, völlig verdreckt und übermüdet. Schließlich kamen sie an ihrer bekannten Adresse zum Stehen. Hoffentlich war die Tür nicht verschlossen. Sie war angelehnt und sie schlichen auf leisen Sohlen in ihre Kemenaten, wo sie ihre müden Körper den hungrigen Wanzen als warme Mahlzeit ungewollt zur Verfügung stellten.

Dinata war nun eine Art Mitwisserin, und auf Amits Frage, was das denn für ein Lastwagen vor der Tür sei, konnte sie nur ausweichend antworten. Der habe wohl falsch geparkt, druckste sie herum. Amit kannte seine Nichte und wusste, dass sie nicht lügen konnte. Dinata wusste, dass man ihr jede Gefühlsregung ansah, und es platzte aus ihr heraus:

Da wären wieder diese Kuhdiebe unterwegs gewesen, um die heiligen Kühe von der Straße in die Schlachthöfe zu transportieren.

„Ja, unwahrscheinliche Sauerei", meinte Amit. Die hätten den Wagen stehen gelassen und seien für eine halbe Stunde in dieses komische Haus zwei Straßen weiter gegangen, wo immer nachts Männer hingehen. Und in der Zeit seien seine deutschen Freunde gekommen und hätten die Kühe freigelassen. Isha hatte ihm von dem netten Gespräch nach dem Essen mit Lohmann und Robert erzählt. Plötzlich sei der mit dem engen Anzug ziemlich aufgeregt hereingekommen und habe die anderen beiden aufgefordert, sofort nach draußen zu kommen. Sie sei dann ebenso wie Reena ins Bett gegangen. Was draußen los gewesen sei, habe sie nicht mehr interessiert. Dinata erzählte weiter, dass die Vier danach auf die Ladefläche des Lastwagens gestiegen seien und dann hätte man sofort komische Geräusche gehört, die sich so ähnlich angehört hatten wie das Muhen von Kühen. Sie hätten wohl irgendwie die Kühe nachahmen wollen, sodass keiner merken sollte, dass sie da auf dem Wagen waren. Als die drei Männer angetrunken aus dem dunklen Haus zurückkehrten, schöpften sie auch keinen Verdacht und fuhren los. Was sie nicht erzählte, war, dass einer der drei Männer möglicherweise der ihr versprochene Spediteur war. Der Wagen sei dann schaukelnd in der Dunkelheit verschwunden und jetzt stehe er eben hier vor der Tür. Dass die Jungs die Kühe befreiten, war ihm eigentlich ganz sympathisch. Als traditionsbewusstem Hindu waren ihm diese Halunken ein Greuel. Schon oft war er von seinen Touristen auf dieses Phänomen angesprochen worden und er hatte es immer heruntergespielt. So etwas sei die absolute Ausnahme, käme nur sehr selten vor und werde im Übrigen streng bestraft. Und nun passierte es vor seiner eigenen Haustür. Aber das musste ja jetzt nicht unbedingt ein Grund sein, dass man den Lastwagen klaute. Und wie sollte das überhaupt passiert sein? Was war mit dem Personal geschehen? Sich mit solchen illegalen Typen anzulegen, war ja nicht ungefährlich. Oft steckten ja geradezu mafia-ähnliche Organisationen dahinter. Die würden sich bestimmt den Wagen wiederholen. Und zimperlich würden die dabei auch nicht sein. Amit bekam es mit der Angst.

Mit ziemlich bedröppelten Gesichtern erschienen die Jungs erst gegen zehn am Tisch. Aus ihrer mageren Garderobe hatten sie den Plunder herausgefischt, der sie notdürftig kleidete. Pröbsting griff auf den Pathani Kurta zurück. Der Rest gammelte in ihren Buden vor sich hin und verbreitete eine Pestilenz, die sich bis nach unten hinzog, wenn sie die Tür öffneten. Das hatten alle anderen schon bemerkt und sich erkundigt, ob es ein Problem gebe. Ja, sie hätten sich etwas dreckig gemacht draußen, gaben sie zu verstehen, worauf Dinata gleich ihre Dienste als Wäscherin anbot. Das Angebot konnte man nicht ausschlagen, wenngleich mit Blick auf Pröbstings Anzug gewisse Ängste damit einhergingen. Schnell eilten sie nach oben und übergaben ihr den stinkigen Haufen. Dass es sich um Dung handelte, war auch unschwer zu erkennen. Isha fragte lächelnd, ob sie irgendwelchen Kühen in der Nacht zu nahe gekommen waren. Die Köpfe senkten sich wie bei Schuljungen, die ihre Hausaufgaben nicht gemacht hatten. Da hätte es wohl ein paar Kühe gegeben, attestierte der Lange kryptisch.

Man sei da wohl in was reingetreten, steuerte Pröbsting bei.

„Yes, looks like a shit from cow and smells like it“, steuerte Lohmann bei und alle mussten lachen.

„Draußen vor Tür steht großer Autowagen und riecht auch so", flocht Amit nun vorsichtig ein.

„Ach, dieser Autowagen da draußen. Ja, der stinkt auch wie ein Riesenilts", rang Robert um Worte.

„Aber hat nichts zu tun mit Stink von euch?", fragte Amit behutsam.

„Och, das kann man so nun auch nicht gerade sagen. Gewisse Zusammenhänge sind da nicht zwangsläufig ausgeschlossen", gab Robert zu.

„Ach so, und wie ist Zusammenhang?", wollte es Amit jetzt aber doch wissen.

„Zusammenhang ist, dass wir die Kühe freigelassen und den Lastwagen mitgenommen haben. Der Schlüssel steckte und er hat auch kein Nummernschild", sagte Lohmann.

„Seid ihr geworden verrückt?", erregte sich Amit. „Sie werden kommen zurück und Wagen wiederholen. Sie haben kein Problem mit Gewalt und sie werden schlagen mit Stöcken euch."

„Da bin ich mir nicht so sicher", entgegnete der Lange, der sicher war, dass sie eine weitere Begegnung angesichts der Tracht Prügel, die sie bezogen hatten, nicht anstrebten. Aber das musste ja niemand wissen. Es konnte natürlich sein, dass sie Verstärkung mitbrächten, aber man musste ja nicht den Teufel an die Wand malen. Innerlich hatten sie schon einen neuen Plan geschmiedet. Man könnte das Verdeck des Lastwagens herunterziehen und dann auf der Ladefläche spielen. Sie wären dann ganz unabhängig und man könnte gemächlich zum Flughafen zurücktuckern und überall halten und ein Stück spielen. Eine solche Idee hatten sie zu Hause auch schon öfters gehabt. Auftritte zu bekommen für eine Musik, die nicht gerade einfach ins Ohr ging, war schwierig. Auch am Musikgeschäft war die kollektive Umerziehung vom Geist auf den Körper nicht spurlos vorbeigegangen. Die Spaßgesellschaft fordert ihren Tribut und will gefüttert werden. Aber es muss leicht verdaulich sein. Das heißt, dass es sich auch nicht festsetzen soll, sondern möglichst schnell das System verlässt, ohne Schaden anzurichten oder Spuren zu hinterlassen. Der Rezipient will den schnellen Kick, er will feiern, er will gut drauf sein, er will nicht mehr die Welt verändern. Im nüchternen Raum utopiebefreiter Zonen, wo die Tanzbeine geschwungen werden, verkümmert die Kultur zum Stimmungsaufheller und liefert Stimulanz als Carepaket für ausgebrannte Metropolengruftis. Das konnte und wollte die Band, deren Sound sich nicht so leicht einordnen ließ, nicht liefern. Auf jeden Fall kam nach dreißig Sekunden nicht der obligatorische Gesang, den jeder Radiohörer gewohnheitsmäßig erwartete. Die Musik war ungeschliffen und direkt. Gängige Harmoniefolgen wurden weitgehend vermieden. Und doch kamen sie auch vor, als Zugeständnis, das man gerne das eine oder andere Mal zu machen bereit war. So unterteilten sie ihr Programm in „Stücke" und frei improvisierte Vorträge, die sich in kein Korsett zwängen ließen, sondern in denen sie sich dem Fluss der Ereignisse überließen, der sie manchmal selbst überraschte und stark von der jeweiligen Tagesstimmung abhängig war. Nur die „Stücke" waren durcharrangiert, hatten festgelegte Themen und Refrains. Sie waren ihrer Meinung nach notwendig, um einem Konzert eine gewisse Struktur und dem Zuhörer einen Krückstock an die Hand zu geben, die sie im Gestrüpp der Klangkaskaden stabilisierten und gewisse Wiedererkennungsmerkmale garantierten. Aber ihre eigentliche Stärke sahen sie im freien Spiel, wobei sich auch dort immer gewisse Typen herausschälten, je nachdem, wer das Ruder in die Hand nahm.

Dass sich die Verhältnisse einmal derart ins Gegenteil verkehren würden, hatte sich niemand träumen lassen. Mittlerweile war die ältere Generation aufgeschlossener als die jüngere. Guru Guru, Kraan, The Can: Das war inzwischen alles finsterste Geschichte. So kam es vor, dass nach Konzerten Leute aus der Zeit zu ihnen kamen mit dem Satz: „Dass es so was noch gibt! Danke." Die jungen Leute hören Schlager oder infantile Popmusik. So scheint es mittlerweile auf der ganzen Welt zu sein. Selbst Jimi Hendrix wäre wohl heutzutage nur noch ein Nischenprogramm. Immerhin gibt es diese Nischen noch, in der die Vereinzelung sich aufhebt und die Versprengten ihre Wunden lecken. Doch man muss sie suchen und warten, bis das Licht ausgeht, denn sie sind im Dunkeln. Dabei war die Frage, wie viel Verfalls- und Untergangsromantik man sich leisten konnte und wollte und wie viel davon der eigenen Erfolglosigkeit geschuldet war. Beschreibt der subjektive Blick auf ein Phänomen seine objektiven Gründe oder ist er negativ verklärt und nobilitiert lediglich eine latente Niedergeschlagenheit, die verzweifelt nach Erklärungen sucht? Jedenfalls brennt in der Schattenzone der Gegenwart so gnadenlos in den Augen nicht jenes Licht, das die Klarsicht mindestens ebenso trübt wie der Aufenthalt im Zwielicht.

Dabei liegen die Spielwiesen der Selbstverortung doch gar nicht zwangsweise zwischen den Ufern eines notorischen Dualismus, der einen ständig zwingt, sich zwischen zwei Möglichkeiten zu entscheiden. Erst außerhalb dieses bipolaren Schraubstocks von pro und contra liegen doch jene Räume, in denen man sich tummeln kann. Aber um in dieses Schlaraffenland zu kommen, muss man sich wohl durch den dialektischen Gürtel fressen, der dieses umgibt. Derartig vollgefressen und schwer wird das Tummeln im freien Raum dann zum tollpatschigen Bärentanz des Schwerfälligen, der sich argumentativ verausgabt hat. Die choreographierte Gegenwart wendet sich dem Leichten zu, ohne sich allerdings je vom Schweren verabschiedet zu haben, und hüpft und tänzelt in infantiler Gelassenheit vor sich hin. Die Musik von ERROR SIX erfordert den begabten Tänzer, der sich schnell auf veränderte Situationen einstellen kann und der die verlässliche Monotonie eines immer gleich bleibenden Rhythmus nicht nötig hat. Der stampfende, computergenerierte Militärtakt der aktuellen Dancefloors uniformiert letztlich auch die Bewegungsabläufe. So wie die immer größer werdenden Taschenrechner die Magie der Zahl verbergen, verschleiert eine ins Gigantische gesteigerte Licht- und Bühnentechnik die Magie des Tons. In verseuchtem Wasser muss der Fisch immun sein oder sonstwie angepasst, um zu überleben. Freilich kann man sich auch seine eigene Wanne einlassen und im vertrauten Bassin die Runden drehen.

Aber auf so einer fahrbaren Bühne über die Lande zu ziehen und den Propheten zum Volke zu schicken, das nicht von selbst aus den Löchern kam, das hätte schon was. Immerhin gab es immer wieder affizierbare Subjekte, die einfach nur schlecht informiert waren. Nun stand die nötige Grundausstattung vor der Tür und was lag näher, diesen Plan hier in die Tat umzusetzen? Man musste nur Amit überzeugen, der allerdings die Hosen voll zu haben schien. Außerdem hatte er sich ja schon um einen Raum gekümmert, in dem gespielt werden sollte und den er heute zeigen wollte. Der Auftritt sollte ja morgen Abend stattfinden. Und heute wollte er ihnen diese Kaschemme zeigen, denn von einem Saal gingen sie in ihren kühnsten Träumen nicht aus.

So zogen sie dann los.

„Wir können den Wagen nehmen", gab der Lange zu bedenken, aber Amit winkte ab. Der Wagen stand gar nicht mehr vor der Tür. Komisch, dabei hatte er den Schlüssel in der Tasche.

„Wo ist der Lastwagen überhaupt?", fragte er Amit.

„Wagen ist andere Ort. Ist sich kein Problem", gab dieser zu verstehen und zeigte ihnen die kleinen Läden am Wegrand. Die Händler wussten genau, dass sie den Touristen auf die Nerven gingen, wenn sie diese ständig penetrant nötigten, in ihre Läden zu kommen und was zu kaufen. Intern wurde diese Zudringlichkeit ‚pushen' genannt und Robert wies die Angebote mit einem „Don't push" zurück, was sie auch sofort verstanden. Außerdem zogen sie sich zurück, sobald sie merkten, dass Amit ihr Begleiter war. Welch irrsinnige Vorstellung, dass man bei etwas Geld in der Tasche nichts anderes im Kopf hätte, als ständig in Produkte gleich welcher Art zu investieren. Zwar wurde die Kaufsucht zu Hause wirklich von allen Seiten befeuert und der Kaufende möchte sich in royalem Glanze sonnen, auf den er als König Kunde glaubt, Anspruch zu haben. Aber das galt ja zum Glück nicht für jeden und hier schon mal gar nicht.

Dennoch blieb Robert vor einem winzigen Laden mit der Aufschrift ‚Music Store Krishna' stehen.

Der Laden hatte keine Fenster und war vollgestopft bis obenhin. Indische Harmoniums, Sitars und vor allem Tablas. Die hatten es Robert angetan. Er interessierte sich schon seit vielen

Jahren für diese ausgesprochen komplexe Perkussion. Viele Kinder in Indien gehen schon mit fünf Jahren auf die Tabla-Schule und einige bringen es zum Meister, der hier Pandit genannt wird, wenn sie Hindus sind. Wenn sie Moslems sind, heißen sie Ustads. Sie genießen einen fast gottähnlichen Status und werden über alle Maßen verehrt. Die Auszeichnung gilt darüber hinaus für die Meisterschaft auf anderen Instrumenten der klassischen Musik wie Sitar oder Mridangam.

Als sie das Geschäft betraten, saß vor ihnen auf dem Boden barfüßig ein Pandit. Amit und Gereon waren draußen geblieben, um zu rauchen. Ein kleiner Junge saß ebenfalls auf dem Boden und flüsterte ihnen geheimnisvoll mit Blick auf den kahlen Meister zu: „Pandit".

„I am interested in Tabla", sagte Robert.

„What do you want me to play?", fragte der Heilige und bedeutete ihnen, sich gleichfalls zu Boden zusetzen.

„Tin Tal", antwortete Robert ohne zu zögern, denn es war die bekannteste rhythmische Figur, die ihm einfiel. Es gibt noch sehr viele andere, die alle ihren eigenen Charakter haben. Bevor der Pandit zu spielen anfing, rezitierte er die Figur in einer eigenen Silbensprache. Die einzelnen Silben werden ‚Bols' genannt. Schon allein die Artikulation der Bols ist ein unüberwindbares Hindernis, vor allem in dem Affentempo, das der Meister anschlug.

Dha Dhin Dhin Dha
Dha Dhin Dhin Dha
Na Tin Tin Na
Ta Dhin Dhin Dha
Dha

Jede Silbe entspricht einem Anschlag. Der Rhythmus wird quasi gesprochen, bevor er gespielt wird. Dem Eigentlichen wird ein anderes Medium vorgeschaltet. Und man fragte sich, was man der Sprache wohl „vorschalten" konnte, bevor sie zur Artikulation kam. Robert war immer begeistert von der Optik dieser Trommeln. Die linke Hand spielt auf einer bauchigen, größeren Trommel aus Kupfer, die sie in den meisten Landesteilen ‚Bayan' nennen, im Süden ‚Duggi'. Der Handballen drückt weiche, fast singende Klänge in das Fell, während die rechte auf der kleineren Holztrommel, auch Dayan genannt, tanzt.

Der kleine Mann legte los und den Zuhörern verging Hören und Sehen. Er spielte die vertracktesten Figuren mit einer Leichtigkeit, als wären sie das Normalste der Welt. Dabei bewegte sich das Metrum selten auf der Eins. Vielmehr waren die Figuren oft versetzt und verschoben. Besonders die linke Hand akzentuierte oft gegenläufig. Auch Robert war in seinem Spiel zum Ärger seiner Bandkollegen nicht immer auf der Eins zu Hause, sondern hinkte zuweilen synkopisch nach. Manchmal ärgerte er sich selbst darüber, dass sein Kopf den Anschlag verzögerte und dem Taktbefehl nicht gehorchen wollte. Jetzt hatte er schlagartig keine Lust mehr, sich Tablas zu kaufen. Das war in diesem Leben nicht mal ansatzweise erreichbar. Auch Lohmann, der als Schlagzeuger mit Rhythmen jeglicher Art vertraut war, konnte es nicht fassen. Was sie hörten, war Tin Tal in Perfektion mit vielerlei Phrasierungen angereichert und in einem unglaublichen Tempo.

Nach einigen Minuten hörte er auf.

„I love Tin Tal", lächelte er. Er holte ein anderes Paar Tablas hervor. Ein Qualitätsunterschied war nicht zu erkennen. Es hörte sich alles gleich gut an, was er spielte. Robert schaute sich schon nach den Harmoniums um. Das war ja völlig aussichtslos, geradezu erschütternd. Und schlagartig trat die Tatsache ins Bewusstsein, dass man den Zeiger nicht zurück stellen konnte. Man hätte als Kind anfangen müssen. Aber wer wusste damals schon was von Tablas? So konnte er nur auf eine gut lokalisierte Wiedergeburt hoffen.

Die Premium-Ausführung sollte umgerechnet hundertfünfzig Euro kosten. Das war ein Bruchteil dessen, was sie in Deutschland kosteten. Und wenn er nur zehn Prozent von dem spielen könnte, was er gerade gehört hatte, dann hätte die Anschaffung sich schon gelohnt. Also gab er sich einen Ruck und kaufte die Premium-Qualität. Sie wurden in einer Art Reisetasche verstaut. Er bezahlte mit seiner Mastercard und sie verließen den ‚Music Store Krishna'. Er hatte das Gefühl, einen Schatz geborgen zu haben, der ihm eigentlich nicht zustand. Das Wissen einer Jahrhunderte alten Musiktradition schlummerte in dieser Reisetasche, die nicht von einem Reißverschluss, sondern von einem eigensinnigen Steckmechanismus zusammen gehalten wurde. Wie bei allen Käufen überkamen ihn sofort Zweifel und verhinderten vorübergehend die Freude an der Erwerbung. So legte er sich innerlich alle möglichen Rechtfertigungen zurecht, wobei die schwächste von allen war, dass die Tablas ja auch sehr schön aussahen.

Amit und Pröbsting hatten sich inzwischen in ein gegenüberliegendes Café gesetzt und hörten sich nun die Details der Transaktion an.

„Sowas hast du noch nicht gesehen. Was der hutzelige Typ aus diesen beiden Trommeln rausholt! Das ist der totale Wahnsinn", sagte der Lange tief beeindruckt.

Pröbsting hatte keine Ahnung. „Lass mal sehen".

Aber Robert wollte die Tasche jetzt nicht öffnen. „Nä, jetzt nicht. Kann ich dir zu Hause mal in aller Ruhe zeigen".

Amit gab das Kommando zum Aufbruch und faselte wieder irgendwas von ‚Gänsemarsch', jener Formulierung, die er in seinen Reisegruppen immer verwendete, wenn ein kleiner Fußmarsch anlag. Also weit durfte das jetzt nicht mehr sein, denn die Slums waren schon in Sichtweite. Die schlimmsten Befürchtungen nahmen langsam, aber sicher Gestalt an.

„Ist nicht Palast", beschwichtigte Amit schon mal im Voraus.

„Schon klar", gab sich der Lange einsichtig. Mit einem Palast hatten sie auch nicht wirklich gerechnet, aber die Bruchbude, vor der sie jetzt standen, war auch nicht gerade das, was sie sich vorgestellt hatten. Eine eingeschossige Flachdachbude mit Wellblech abgedeckt, die wohl mal eine Lagerhalle oder so was Ähnliches gewesen war und die nun leer stand. Das Fensterglas war trüb, milchig und undurchsichtig. Die Metallsprossen waren angerostet. Die Blechtür hing wackelig in den Angeln und stand offen. Was hatte er sich dabei gedacht? Das war doch eine Zumutung. Schlimmer wie ein Hühnerstall. Man konnte nur hoffen, dass es niemals regnete. Immerhin stand tatsächlich eine Menge gammeliges Gestühl herum. Nichts davon würde einer Sitzprobe mit dem Langen standhalten. Es roch nach Räucherstäbchen. Vielleicht hatte es ja tatsächlich hier schon mal eine Veranstaltung gegeben. Amit schien das alles keineswegs peinlich zu sein. Mit einem gewissen Stolz führte er die Gruppe zur Bühne. Bühne war etwas viel gesagt. Es gab eine leichte Erhöhung, auf der ein alter Teppich lag. Aber das Erstaunliche war, dass da tatsächlich schon allerlei Equipment herumstand. Robert konnte es nicht fassen. Sie hatten tatsächlich einen Yamaha Ex5 und ein Korg M1 aufgetrieben. Er stürmte gleich auf die Instrumente los und wollte sie ausprobieren.

Mist, es gab keinen Strom. Wäre ja auch zu schön gewesen.

„Wir machen Strom mit Maschine", erklärte Amit und zeigte auf einen wahrscheinlich mit Benzin betriebenen Generator, eine Mordsmaschine. Es stand auch ein veritables Schlagzeug auf der Bühne.

Ein paar Boxen waren auch vorhanden und sogar an ein kleines Mischpult mit zwölf Eingängen hatten sie gedacht. Donnerwetter, im Ernst hatte keiner so richtig daran geglaubt. Aber Amit hatte Wort gehalten. Das Einzige, was ihnen noch im Magen lag, waren diese ERO SEX – Fotokopien, von denen auch hier einige an den Wänden pappten. Darauf angesprochen wand sich Amit wie ein krummer Hund. Ja, das sei wohl ein Druckfehler. Keine Ahnung, welcher Trottel das in Umlauf gebracht haben könnte. Der Text, der darunter stünde, habe jedenfalls mit der Band gar nichts zu tun. Das sei nur so ein allgemeiner politischer Aufruf. Irgendeine obskure Partei versprach den Leuten eine warme Mahlzeit, wenn sie sie wählten. Da habe wohl einer nur irgendwo diesen Bandnamen aufgeschnappt und ihn als eine Art Aufhänger benutzt, damit jemand auf den Zettel guckt. Es könne aber sein, dass mehr Leute zu dem Konzert kämen, weil sie sich ein warmes Essen versprachen.

„Oder weil sie mit erotischen Verheißungen gelockt werden, die wir um nichts in der Welt erfüllen werden", rief der Lange empört. „Und auch gar nicht erfüllen können, selbst wenn wir wollten", ergänzte Pröbsting. Wenn er allerdings an seinen ‚Duck Walk' dachte, den seine Ikone Angus Young von Chuck Berry abgeguckt hatte und den er sich in stundenlangem Training vor dem Spiegel angeeignet hatte, dann wollte er dieser seiner Darbietung einen gewissen erotischen Touch doch nicht absprechen. Und wenn Leute wegen ERO SEX kommen sollten, dann würden sie doch wenigstens durch diese Vorführung in gewisser Weise entschädigt, auch wenn Robert und Lohmann, diese Ignoranten, sich immer amüsierten, weil sie diese Art der Fortbewegung doch etwas sehr gespreizt fanden. Amit konnte ihnen alles Mögliche erzählen, was angeblich auf diesem Zettel stehen würde. Vielleicht war es doch kein Wahlaufruf, sondern eine Werbung für ein Potenzmittel, möglicherweise aber auch eine Warnung vor vorehelichem Geschlechtsverkehr. Wahrscheinlich steckte Aksharas wahnsinnige Fundamentaltruppe, diese Unterabteilung der nationalreligiösen Freiwilligenorganisation RSS, dahinter. Man wusste es nicht. Den Bandnamen hatte jedenfalls mit Sicherheit niemand irgendwo aufgeschnappt. Woher auch?

Amit schmiss den Generator an.

„Ist Anfang laut nur, wird leise nach Zeit. Wir können anstellen eine Stunde vor spielen. Dann ist gut."

Amit quetschte sein Deutsch wie durch ein Gitter, das davor montiert war, sodass es wie Hackfleisch aus dem Fleischwolf quirlte. Sie schlossen die Anlage an. Sie hatten ihre Instrumente nicht dabei, sodass nur Robert die vorhandenen Synthesizer antesten konnte. Es waren die Werk-Sounds drauf, die er schon kannte, und sie klangen auch auf dieser Anlage ganz passabel. Zusammen mit dem Generatorengeknatter im Hintergrund hatte er einen richtigen Garagensound, um den ihn so manche Grunge-Band beneiden würde. Könnte man glatt einbauen als so eine Art Sequenzer, der Alltagsklänge verarbeitete und gleichzeitig seriell rhythmisierte. Wenn sie aber so richtig loslegten, übertönten sie den Brummer problemlos.

„Kann man mit arbeiten. Wir bauen das Ding ein", meinte Lohmann dann auch konsequent. Robert probierte noch schnell aus, ob das Korg M1 die Card akzeptierte, die er in der Tasche hatte. Das tat es, und sofort klang das Ding individuell und ihre Ohren waren quasi von Heimatklang umschmeichelt. Wenn er dann noch sein Nord Wave mitbrachte, konnte zumindest von der Tastenseite nichts mehr schief gehen.

Aber auch die anderen waren nun zuversichtlich, was den technischen Aspekt des Unternehmens anbelangte. Den endgültigen Soundcheck konnten sie morgen noch machen. Für heute reichten erst mal die Eindrücke, die sie verarbeiten mussten. Wenn man nur herauskriegen könnte, was auf dieser verdammten Fotokopie stand.

Ob wohl Eintritt verlangt würde?

„Hundert Rupien Eintritt", meinte Amit. Das war nicht gerade viel. Aber umsonst konnte man die Leute auch nicht hereinlassen, wenn denn überhaupt jemand käme. Amit hatte ihnen die kleine Zeitungsankündigung gezeigt. Nicht gerade euphorisch, aber doch einigermaßen gelassen, traten sie den Heimweg an. Amit verabschiedete sich und sie waren sich selbst überlassen. Zwar fühlten sie sich keineswegs wie im Gefängnis, dennoch kamen sie sich vor wie auf einer Art Freigang. Sie schlenderten gemächlich durch diese abgerockte Vorstadtgegend, die nicht einmal bessere Zeiten erlebt zu haben schien, sondern aussah, als wäre sie von Anfang an marode erbaut worden.

In den meisten Baracken wurde irgendetwas repariert, einige dienten als Lagerraum für alles Erdenkliche. Bauliche Aktivitäten, die hier und da zu beobachten waren, dienten nur der Verhinderung des Einsturzes. An einigen Stellen wurde sogar mal etwas gestrichen, was die Lage aber insgesamt kaum verbesserte. Lohmann und der Lange mit ihrer handwerklichen Ader begutachteten alles fachmännisch und bewunderten bisweilen das Geschick, mit dem gewagte Konstruktionen errichtet worden waren, um etwas Stabilität in die labile Architektur zu bringen. Das Provisorische hatte seinen eigenen Charme, da bestand kein Zweifel. Und die offensichtliche Abwesenheit von Ordnungsämtern und Bauaufsichtsbehörden war nicht unbedingt ein Mangel. Man wusste sich zu helfen. Natürlich liefen ihnen wieder ein paar Kinder hinterher, die aber immer leicht zu beeindrucken waren. Wenn der Lange einen auf böser Mann machte, waren sie ernsthaft erschrocken und ließen nach einer Weile ab. Auch hier ereilte sie die ganze Palette von Aufmerksamkeit, die sich auf Verwunderung, Bewunderung und freundliche Begrüßungen verteilte. Freilich gab es auch Belustigung, die wahlweise auf Gereons Krokodilschuhe oder das Körpervolumen des Langen zurückzuführen war. Jetzt im April war es ungefähr so heiß wie zu Hause im Hochsommer und die Schweißperlen standen ihnen auf der Stirn. Wie musste das erst im Sommer sein, wenn die Temperaturen auf über vierzig Grad stiegen?

Robert fühlte sich unweigerlich in das Gemälde ‚Der Blindensturz' von Pieter Bruegel versetzt, auf dem eine Gruppe Blinder auf abschüssiger Bahn durch die Landschaft irrlichtert. Strauchelnd und wankend fallen sie fast aus dem Bild heraus in Ermangelung eines Sicherheit verleihenden Geländers. Auch er wusste schon lange nicht mehr, wo er sich festhalten sollte. Das Gerüst der Gewohnheit war weggebrochen und ein neues noch nicht gezimmert. So versuchten sie, an den Bildern festzuhalten, die sie voneinander hatten. Aber waren sie wirklich noch dieselben? Nagte dieser subtropische Kontinent nicht schon lange unbemerkt an ihren Fundamenten? Hat nicht eigentlich jede Form auch Einfluss auf den Inhalt? Jede Umgebung scheint sich wie mit einer Art Prägestempel einzudrücken und je nachdem, ob sie auf weiches oder hartes Material trifft, bildet sie sich im Subjekt ab, das ungewollt zum Wirt eines unsichtbaren Parasiten wird.

Vom Straßenrand winkte ihnen eine Gruppe von vier Sadhus zu. Sie blieben unweigerlich stehen und waren gebannt von diesem grotesken Haufen. Zwei von ihnen waren nackt. Sie waren über und über mit einer weißen Farbe angestrichen. Ihre meterlangen Haare waren mit bunten Bändern durchflochten. Die anderen beiden trugen knallige, orangene Gewänder und ihre Haare waren zu einer Art Turban aufgetürmt. Ihre Gesichter waren mit farbigen Streifen bemalt. Unter sich hatten sie einen Teppich ausgebreitet, auf dem sie hockten wie die Affen auf einem Affenfelsen. Sie machten ihnen Zeichen, sich zu ihnen zu setzen. Ohne lange nachzudenken, kamen sie der Aufforderung nach und traten damit in einen geheimnisvollen Kosmos ein. Einer griff in einen Tiegel mit einer gelblichen Paste und drückte ihnen allen einen gelben Punkt auf die Stirn. Dann ließen sie einen Joint kreisen. Lohmann winkte dankend ab, die anderen drei nahmen einen Zug. Der Rauch und die Räucherstäbchen hüllte sie in eine süße Wolke ein. Sie sprachen kein Wort. Sie machten einen außerordentlich relaxten Eindruck. Wie man hörte, mussten sie sich auch keine Sorgen machen. Die Spenden flossen reichlich und ihre Organisation sorgte für einen regelmäßigen Mittagstisch. Angeblich sollten sich deswegen sogar kriminelle Elemente unter sie gemischt haben, die keinerlei spirituelle Interessen hegten. Einige besserten ihr Salär noch durch spektakuläre Kasteiungen auf, die den endgültigen Sieg des Geistes über die Materie unter Beweis stellen sollten. So hängten sie beispielsweise zentnerschwere Gewichte an ihren Penis, um dessen Belastbarkeit zu verdeutlichen. Schließlich wurde er sonst kaum beansprucht. Wenn es nötig war, konnten sie wochenlang auf Nahrung verzichten und sich die Zunge abschneiden, ohne dass es blutete. Nicht umsonst wurden sie von vielen bewundert und verehrt.

Aber in diesem Moment spielten all diese Legenden keine Rolle. Der Zauber des Moments verbreitete seine eigene Dynamik. Eine schweigende Allianz erzeugte schlagartig eine ungeheure Friedfertigkeit und alle Anforderungen und Zumutungen des Alltäglichen waren wie durch einen göttlichen Hebel sofort ausgeschaltet. So ähnlich musste man sich wohl die Kommunikation zwischen Bäumen und Pflanzen allgemein vorstellen. Ein Wogen in stillem Einverständnis verband sie in einem gemeinsamen Körper. Der Joint hinterließ bei Robert nur ein leichtes Kratzen im Hals, Pröbsting entlockte er ein kindisches Kichern und der Lange versank in apathische Ruhe. Lohmann hielt eine gewisse Distanz aufrecht, die aber von der geradezu cineastischen Qualität der Szenerie mehr und mehr aufgeweicht wurde, sodass auch er in dem Bild verschmolz. Wir sind ja nicht nur gestraft, dem eigenen Tod prospektiv ins Auge zu sehen, sondern auch tausenden Varianten des Zukünftigen. Jede neue Potentialität zeigt der aktuellen Gegenwart ihre höhnische Fratze. Aber selbst diese Lemuren kamen hier zur Ruhe, der ganze ewige Film, der sonst ständig lief, der kein Entrinnen zuließ, war angehalten, und ein wohliges Gefühl des Nichts lullte sie ein.

Der Lange war so entspannt, dass er eine eruptive Blähung nicht zurückhalten mochte und ihr freien Lauf ließ, was auch kein Problem war. Ein Bohnengericht hatte ihm zugesetzt. Der eine Nacktsadhu reagierte mit einer leichten Schwellkörpergeschichte. Das war wohl seine spezielle Art der nonverbalen Kommunikation. Pröbsting verfiel in einen unkontrollierten Lachkrampf und ein leises „Meuter" entwand sich seinen Zuckungen. Sie vergaßen die Zeit und wussten schließlich nicht mehr, wie lange sie hier schon saßen. Die Sonne knallte ihnen ins Gesicht. Lohmann war der Erste, der sich so langsam aus dem Taumel löste und einen vorsichtigen Aufbruch anmahnte. Es war, als ob man sich aus einer Verstrickung lösen musste, und es war gar nicht so einfach, die Zauberfesseln abzulegen. Schließlich erhoben sie sich doch, verabschiedeten sich gestenreich und machten sich auf den Weg. Die Narkose wirkte nach. Dabei war ja der ganze Aufenthalt in diesem Land schon narkotisch und man wanderte von einem Zwischenreich in das andere. Aber wenn Wirklichkeit das ist, was wirkt, dann war das alles sehr wirklich, auch wenn es nicht immer so wirkte.

Morgen Abend sollte der Auftritt sein und sie wussten immer noch nicht recht, was sie spielen sollten. Sie machten die Set-List immer vom Auftrittsort und vom Publikum abhängig. Oft wurde sie auch spontan verändert, je nachdem, wie viele Leute da waren und was das für Leute waren. Je hinterwäldlerischer der Ort, umso höher der Härtegrad. Auf diese Verhältnisse hier konnte man sich aber nicht einstellen. Das war alles völlig unberechenbar. Die freien, improvisierten Sachen funktionierten nur, wenn man entsprechend drauf war. Aber wie war man hier drauf? Hatte die Umgebung Einfluss auf das Spiel? Sollte man unbekümmert drauf los spielen oder war auf ein anderes Musikverständnis Rücksicht zu nehmen? Wie würden sie auf atonale Sequenzen reagieren? In allen vier Köpfen liefen diese Fragen Amok, aber nach außen gab man sich gelassen. Locker drauf waren die Inder jedenfalls, das war keine Frage. Im Verrichten der Notdurft kannten sie keine Scham. An allen Ecken und Kanten hockte einer und lüpfte sein Gewand. Nur die Frauen waren dezenter.

Sie kamen an einem öffentlichen Gebäude vorbei, das wie eine Schule in Frankreich aussah. Dort hatten ja die Schulen alle große Mauern und sahen aus wie Kasernen. Von weitem hörte man eine ätzende Frauenstimme laute Kommandos brüllen. Als sie näher kamen, erkannten sie Akshara, die, in eine Militäruniform gehüllt, Kinder und Jugendliche in Formation brachte. Hier ging es offensichtlich im Stechschritt zur Erleuchtung.

„Lasst uns ein Tuk-Tuk nehmen“, meinte der Lange und zeigte auf eines jener motorisierten Alternativen zur Rikscha, die offiziell vier Sitzplätze hatten, in denen man aber oft auch bis zu zehn Fahrgäste antraf. Im Stapeln von Personen und Gütern waren sie hier Weltklasse. Die Rückbank ging nach hinten raus, sodass man die Füße heraushängen lassen konnte. Ein Segen für den Langen, der sich auf den Sitz plumpsen ließ, worauf das Gefährt vorne hoch ging. „No problem“, schmunzelte der Fahrer, der wohl in einer etwas höheren Liga als der Rikscha-Fahrer spielte, denn er sprach Englisch, obwohl man nichts verstand. Dennoch zeigte er sich sehr eloquent, und die wenigen Fetzen, die verständlich waren, handelten von Schule, Frau und Lebensplanung.

Es wurde überhaupt viel erzählt und palavert hier in Indien, und das Interesse des Zuhörers wurde anscheinend stillschweigend vorausgesetzt. Allerdings hörte nur Robert, der allein vorne saß, zwangsläufig etwas zu und warf einige Stichwörter ein, die zu neuem Redeschwall Anlass gaben. Die anderen Drei ließen die Beine baumeln und schauten in dunkele Augen, die für

Bruchteile von Sekunden einen Kontakt herstellten, der im gleichen Moment wieder verpuffte. Von der Rückbank aus schaute man fast in die Vergangenheit, denn alles, was man sah, wurde im gleichen Moment kleiner, blendete sich aus. Der Moment wurde durchpflügt und ließ die Gegenwart tröpfelnd hinter sich. Sie hinterließ eine unsichtbare Spur hinter sich, die irgendwann zu Geschichte gerann.

Vor Amits Haus stand ein knallgelber Lastwagen mit ebenso gelber Plane.

„Hey, das ist doch unsere Schleuder, der Kuhtransporter, oder nicht?", wunderte sich Pröbsting.

Offensichtlich hatte Amit das Ding in ihrer Abwesenheit umspritzen lassen oder besser gesagt, sie hatten es gelb angestrichen. Die schwarzen Troddeln zur Abwehr des bösen Blicks waren auch schon angebracht. Es konnte also nichts passieren. Die Karre war jetzt anonym, und weil es keinerlei Papiere gab, konnte auch niemand behaupten, sie sei geklaut. Auf der Ladefläche spielten die Kinder. So ein gerissener Hund, dieser Amit.

Reena, Isha und Dinata erwarteten sie schon mit allerlei Leckereien. Amits missmutiger Bruder stand etwas abseits und beäugte das Geschehen misstrauisch. Sein Verhältnis zu Amit war gespalten. Er hielt ihn durch seine Reiseleitertätigkeit und seine frühere Beziehung zu Narami für westlich verseucht. Die Aktion mit dem Lastwagen war ihm äußerst suspekt und er war sich sicher, dass die Kuhmafia sich nicht so einfach täuschen ließ. Dass Dinatas Lebensperspektive hier so einfach aufs Spiel gesetzt wurde, gefiel ihm auch überhaupt nicht. Dass der ihr Versprochene etwas mit dem Kuhdiebstahl zu tun haben könnte, wollte er nicht wahrhaben. Dass er ins Bordell ging, war ihm nicht vorzuwerfen. Das tat praktisch jeder. Und so stand er da auf sizilianische Art, im Unterhemd, und stellte seine starke Rückenbehaarung zur Schau. Fieser Typ irgendwie.

Nach einer kleinen Stärkung legten sie sich erstmal aufs Ohr und trudelten zum Tee wieder ein. Um den gelben Wagen herum tobte mittlerweile der Bär. Er wurde fachmännisch begutachtet und war die Sensation für das ganze Viertel. Besonders für Sadhus war so ein gelber Transporter natürlich ein gefundenes Fressen. Als sie vor die Türe traten, sahen sie einen ganzen Pulk von ihnen auf der Ladefläche sitzen. Der gelbe Lastwagen zog die Herrschaften an wie die Motten das Licht. Die Plane hatten sie zurückgeschlagen. Sie liebten es, auf erhöhten Flächen zu sitzen und verschmolzen mit dem Gelb zu einer veritablen Einheit. Passanten reichten ihnen Schalen mit leckeren Gerichten und von Zeit zu Zeit stimmten sie zum Dank den Evergreen ‚Govindam adi purusham' an. So ließ es sich leben.

Der Lange organisierte sich den Wagenschlüssel und machte gleich eine kleine Spritztour mit seiner bunten Gästeschar, die reglos aber wohlgesonnen auf der Ladefläche verharrte. Auch daheim machte er gerne alte Karren wieder flott und gurkte mit ihnen durch die Gegend. Nur waren dort die Fahrgäste von anderer Couleur. Die Sadhus mochten ihn irgendwie und sahen ihn bald als einen der ihren an, wenn auch der gelbe Punkt allein noch nicht ausreichte. Deswegen applizierten sie ihm vorher noch eine komplette Gesichtsbemalung und hängten ihm eine Kette mit Holzperlen um. Er fuhr mit ihnen aus der Stadt raus. Wenn er nicht gewusst hätte, dass er Herren im Schneidersitz als Ladung hatte, konnte er sich auch als beliebiger Trucker fühlen, der Lebendware von einem Ort zum anderen transportierte. Unter diesen Umständen erinnerte es aber eher an eine ‚magical mystery tour'. Und ‚the fool on the hill' war er wohl selber, denn ob er es wollte oder nicht, er fühlte sich wie eine Art Schafhirte, der seine Herde zum Grasen führte. Und tatsächlich begaben sie sich wie die Lämmer ins Gras und setzten sich im Halbkreis ans Ufer des Sees.

Kurioserweise kam sich der Lange vor wie der Guru, denn sie verneigten sich alle in seine Richtung und gaben sich geradezu untertänig. Schnell hatten sie ihr Standardprogramm am Start: Räucherstäbchen und Joints. Für den ansonsten wunderschönen See hatten sie keinen Blick. Der gelbe Transporter und sein Fahrer hatten es ihnen viel mehr angetan. So musste der Lange auch nicht viel tun, um seinen Status zu festigen. Der Lastwagen war quasi seine Uniform, die ihm Bedeutung gab. Er stand für eine spirituelle Mobilität und sein Fahrtwind kühlte die heißgelaufenen Köpfe. Zudem war der Lange für seine Gefolgsschar eine Art Schutzheiliger, denn seine körperliche Präsenz verlieh ihm eine Aura der Unantastbarkeit und Stärke. Gesprächig waren sie allerdings nicht, sodass er in den meisten Fragen nur mutmaßen konnte. Vielleicht interpretierte er auch einiges falsch. Aber in so einem gelben Lastwagen eine Ladung undurchsichtiger Wirrköpfe durch die Gegend zu kutschieren, das hatte schon was.

In der Zwischenzeit hatte Pröbsting versucht, auf die eine oder andere Art in die Nähe von Dinata zu kommen. Aber es war so gut wie unmöglich, auch nur einige Minuten allein mit ihr zu sein. Der finstere Vater hatte immer ein Auge auf sie. Ob der gar nicht arbeiten musste? So musste er sich damit zufrieden gaben, die Sonne zu umkreisen wie ein Trabant, um wenigstens etwas Strahlung abzubekommen. Die aufgemotztesten Reizmaschinen konnten selbst bei vollem Körpereinsatz nicht erreichen, was Dinata mit einem Augenaufschlag vollbrachte. Da tat sich für ihn ein völlig neues Fenster auf. Das Verlangen ging in eine Verheißung über, die weit über alles Körperliche hinaus ragte. So erfand er immer neue Vorwände und Anlässe, die ihn ins Umfeld der Schönheit brachten. Schließlich landete er in der Küche und schälte Kartoffeln. Das sei seine geheime Leidenschaft, flunkerte er. Überhaupt koche er gern und halte sich mit Vorliebe in Küchen auf. Wenn jemand Interesse habe, könne er gerne mal ein deutsches Gericht kochen, nahm er den Mund voll. In Wirklichkeit war er Stammkunde bei McDonalds und in Essensangelegenheiten ein wahrer Banause.

Immerhin saß Dinata ihm gegenüber und zerkleinerte Gewürze in einem Mörser. Jede Familie hatte ihr eigenes Curry. Also die Dinata-Festung war nicht einzunehmen. Da gab er sich keinerlei Illusionen hin. Aber allein die Spekulation auf die winzigste Möglichkeit erzeugte eine Schwingung, die er noch nie erlebt hatte. Die Abwesenheit eines Ereignisses erzeugte eine stärkere Spannung als dessen Anwesenheit.

Robert hatte sich inzwischen mit seinen Tablas auf die Bude zurückgezogen und probierte tapfer vor sich hin, während Lohmann bei der Reparatur eines Wasserhahns behilflich war. Seine Handwerkerseele interessierte sich für alle häuslichen Vorrichtungen und freute sich über die innere Logik von Dingen. Er entwickelte immer eine hartnäckige Penetranz bei der Lösung kniffliger Aufgaben zur Instandsetzung von Gerätschaften aller Art. So konnte er sich hier im Haushalt nützlich machen und es bereitete ihm eine innere Genugtuung, wenn sein Tüftlersinn auch hier erfolgreich zur Geltung kam, wo man auf mechanische Fragen doch ganz andere Antworten gefunden hatte.

Der Sadhu-Transporter hatte sich in der Zwischenzeit auf die Rückreise gemacht. Der Lange hatte seine Herde wieder eingesammelt. In manchem deutschen Garten hocken die lotussitzenden Buddhas neuerdings statt der Gartenzwerge. Und der Lange kam sich vor wie der Zulieferer für die Landesgartenschau. Ein Touristenbus überholte sie und man zeigte ihnen an, bitte stehen zu bleiben. Der Lange hielt an und aus dem Bus quoll ein Haufen Reiselustiger und bat ihn, ein Foto machen zu dürfen. Sie quälten sich nacheinander auf die Ladefläche und posierten grinsend neben den Sadhus, die gute Miene zum bösen Spiel machten. Das Trinkgeld floss reichlich und der Lange dachte kurz über eine neue Existenz nach.

Als der Lange am Ende des Ausflugs den Wagen vor Amits Haus parkte, machten die Herren keinerlei Anstalten, die Ladefläche zu verlassen. Im Gegenteil schienen sie sich schon langsam auf die Nachtruhe einzustellen. Über seine Gesichtsbemalung verlor keiner ein Wort, als er das Haus betrat. Auch der Lange selbst hatte sie schon fast vergessen und trug sie mit großer Selbstverständlichkeit. Irgendein Bazillus war auf ihn übergegangen. Jedenfalls wurde reichlich Wasser auf seine immer schon stoische Mühle gegossen. Ohne nachzudenken ließ er sich auf den nächst besten Stuhl fallen, der prompt zu Bruch ging. Isha und Reena kamen gleich herbeigeeilt, entfernten dezent die Trümmer und führten ihn zu seinem gemauerten Stammplatz. Von einer gewissen Erlebnisdichte konnte hier durchaus die Rede sein. Urlaub war das jedenfalls nicht. Die mütterliche Wärme, die von den beiden Frauen ausging, behagte ihm, obwohl sie viel jünger waren als er. Sie brachten ihm einen Tee, den er auf Ex weghaute. Auch diese Begegnung verlief weitgehend nonverbal. Selbst mit den Sadhus hatte er kein Wort gewechselt. Trotzdem hatte es so was wie Verständigung gegeben. Was sie wirklich umtrieb, blieb allerdings ein Geheimnis. Dass ausgerechnet er bei den beiden Frauen eine Art Mutterinstinkt herauskitzeln sollte, konnte er sich aber auch nicht vorstellen. Sie waren von Natur aus zugewandt und konnten alle Vorbehalte wie Bücher ins Regal stellen. Niemals hatte er sich vorstellen können, einmal in einer Situation wie der jetzigen zu sein. Überhaupt war ihm die Kultur, vor allem diese Art von Kultur, nicht in die Wiege gelegt. Zu der Gruppe war er mehr oder weniger durch Zufall gestoßen, weil seine Freundin in dem Haus wohnte, in dem seinerzeit, vor fünfundzwanzig Jahren, geprobt wurde. Er spielte damals noch Bass in einer Art Folkrock-Gruppe, so ziemlich das Gegenteil von ERROR SIX. Dennoch zeigte er sich zu der zeit schon erstaunlich aufgeschlossen. Die Typen waren ziemlich anders drauf und in jeder Beziehung unheimlich quer. Als der Platz am Bass dann frei wurde, sprang er sofort ein. Und aus den Jahren wurden Jahrzehnte. Die Band wurde zum Begleitstrom, der alles kommentierte und relativierte. Eine Insel der nicht entfremdeten Arbeit. Eine Aussicht auf Belohnung war nirgends erkennbar. Eigentlich belohnten sie sich mit sich selber. Dabei war er zu Anfang noch rank und schlank gewesen. Es schien als ob die Jahre ihn aufbliesen wie einen Ballon. Das geschah unmerklich, wie überhaupt alle Veränderungen auch an den anderen sich einschlichen, ohne dass sie sonderlich auffielen. Man wuchs halt in die Form, die wohl irgendwo vorgesehen war. Das typisch Lange am Langen kam jedenfalls mit Plauze besser zur Geltung. Bevor er in sein Kulturzentrum kam, war er ursprünglich Schreiner gewesen und hatte schon einige Särge in Übergröße gezimmert. Nun kam ihm sein Format bei der Ruhigstellung renitenter Adoleszenten zugute. Dabei bemühte er sich auch keineswegs, irgendetwas zu verbergen, sondern legte bisweilen theatralisch den Bass auf die Wölbung, sodass er wie eine Zither zu spielen war. Das war beherzt, das sah gut aus und verlieh ihm eine Autorität, die höchstens von pingeligen Gören, denen die Chart-Suppe aus den Ohren quoll, in Frage gestellt wurde. Dabei war er in Wirklichkeit der Frauenheld, weil er ihnen Ruhe und Gelassenheit versprach und problemlos auf den Krokodilschuh verzichten konnte.

Der Krokodilschuhträger hingegen hatte mittlerweile einen ganzen Eimer voll Kartoffeln geschält. Danach wurde ihm ein Mörser gereicht und er begann hingebungsvoll zu stößeln. Er stößelte und stößelte nacheinander Bockshornkleesamen, Fenchel, Cumin, Turmeric und trockenen Ingwer zu Pulver, das danach zu diversen Curry-Mischungen vermischt wurde. Im Pulverisieren schien er seine Bestimmung gefunden zu haben. Natürlich gibt es auch heilige Pflanzen und Kräuter. Kurkuma ist beispielsweise ein heiliges Kraut, dem geradezu übersinnliche Fähigkeiten zugetraut werden. Das traditionelle Kochen mit Ghee, nämlich geklärter Butter, gilt selbst schon als heilige Handlung. Im Grunde genommen war hier doch sehr vieles geheiligt und oft war man sich der Heiligkeit seiner Tätigkeit gar nicht bewusst. Zu Hause werden eher mit Unheiligkeiten Triumphe gefeiert. Doch Pröbsting war weder heilig noch übersinnlich zumute, als er in dem Zeugs herumstocherte. Zerrieb sich nicht alles unter penetranter Stößelei zu Pulver? Er witterte die Sinnbildhaftigkeit seines Tuns und wähnte sich in stillem Einklang mit Dinata. Die Unerreichbare saß ihm gegenüber und lächelte manchmal zu ihm herüber. Wenn aber das Unerreichbare so nah ist, kann es zur Qual werden. Pröbsting wand sich in innerer Zerknirschung. Dass man mit gewissen Körperstellen auf keinen Fall in Berührung kommen durfte, wenn man Chili geschnitten hatte, hatte ihm keiner gesagt. Und so verspürte er einen brennenden Schmerz im Schritt, nachdem er sein Wasser abgeschlagen hatte. Dazu kamen tränende Augen und ein erhitztes Gesicht. Alles keine guten Voraussetzungen, um einen attraktiven Eindruck zu machen. Das Schicksal hatte sich gegen ihn verschworen. Dennoch konnte er nicht umhin, selbst die winzigsten Gesten Dinatas als kleine, uneingestandene Sympathiebekundungen zu werten.

Robert hatte sich auf seinen neuen Tablas etwas eingespielt. Auch wenn es kein sauberes Tin Tal war, was er da spielte, klang das Teil doch viel besser als das, was er zu Hause stehen hatte. Den Klang der Meister konnte man allerdings nur annähernd erreichen, wenn man eine leichte Hornhaut auf den Fingerkuppen hatte. Eine Raga fachgerecht zu begleiten, würde allerdings Jahre dauern und war in diesem Leben nicht mehr zu erreichen. Dennoch spülte ihn die Beschäftigung damit in ein geistiges Milieu, das selbst in der Unvollkommenheit seine Sphäre wie Schwingen über ihn ausbreitete. Allerdings war es ihm unmöglich, so auf dem Boden zu sitzen wie man eigentlich sitzen sollte. Die Knie mussten flach auf dem Boden aufliegen. Bei ihm ragten sie wie Dachlatten in die Höhe, was einem öffentlichen Auftritt schon mal entgegenstand. Aber auch in dieser sperrigen Haltung konnte er es nicht lange auf dem Boden aushalten, weshalb er die Tablas später auf den Tisch stellte und im Stehen spielte. In der Einbildung saß er natürlich perfekt auf dem Boden.

Bei Lohmann lief der Wasserhahn wieder und bei der Gelegenheit hatte er noch gleich den Abfluss gereinigt, was seinen grimmigen Mitarbeiter in einen Dankestaumel fallen ließ. Er war halt der Vater von Dinata und fühlte sich wie eine Art Bodyguard. Der grimmige, düstere Blick hatte nichts mit Melancholie zu tun, sondern diente der Abschreckung. Deswegen trug er auch wohl stets ein schmuddeliges Unterhemd, das einen freien Blick auf eine starke Rückenbehaarung zuließ. Auch in olfaktorischer Hinsicht tat er sein Bestes. Alles in allem fraglos eine Furcht einflößende Erscheinung. Dinata hatte noch einen älteren Bruder, der im Notfall den Job des Vaters übernehmen konnte. Allerdings wohnte der aber nicht mehr zu Hause, sodass der Vater den Bullterrier spielen musste. Und es gelang ihm halt nur selten, die Rolle abzulegen. Das Misstrauen war ihm ins Gesicht geschnitten, auch wenn es keinerlei Anlass dazu gab. Ob die Fremden nun ein ernstzunehmender Grund dafür waren, war letztlich egal. Die Maske konnte er eh nicht auf- und absetzen, wie ihm behagte. Also blieb sie drauf. Nur Rührung war etwas, was die Verhärtung auflösen konnte. Und da war er sehr anfällig, was ihn aber auch innerlich störte. Leider löste sehr vieles in ihm Rührung aus, sodass er sich immer wieder zwingen musste, Haltung zu bewahren. Dass nun nach einem Jahr das Wasser wieder richtig abfloss, das allerdings ließ alle Dämme brechen. Er herzte und umarmte Lohmann, dessen Miene ins Süßsäuerliche wechselte, da er mit einer westfälischen, natürlichen Körperdistanz ausgestattet war. Es blieb ihm aber nichts anderes übrig, als die Liebkosungen über sich ergehen zu lassen. Reparieren würde er hier jedenfalls so schnell nichts mehr.

Als Amit aus der Stadt zurück kam, saßen schon alle zu Tisch. Er machte irgendwie einen bedrückten Eindruck und verschwand schnell in seinen Bereich. Das tat er in der letzten Zeit oft, doch es fiel bei der allgemeinen Betriebsamkeit im Haus nicht sonderlich auf. Aber zum Essen kam er dann zurück und zeigte keinerlei Anzeichen einer Verstimmung, sondern erzählte von den vielen Leuten, die angekündigt hatten, morgen Abend zum Konzert zu kommen. Er würde doch wohl nur einen relativ symbolischen Eintrittspreis verlangen, um niemanden abzuschrecken. Aber ganz umsonst dürfte es auch nicht sein, weil die Leute es dann für minderwertig ansähen. ERO SEX sei im Übrigen tatsächlich so eine Art Potenzmittel bzw. Aphrodisiakum, das von einer obskuren Vereinigung vertrieben werde, die sich offensichtlich der totalen Freizügigkeit verschrieben habe. Er drückte es etwas kompakter aus, meinte aber, dass das wohl Nachkömmlinge des Bhagwans aus Poona seien, die ihren Ashram nun mit dem Vertrieb solcher Wundermittel finanzierten. Der Text verspreche das Himmelreich auf Erden und erinnere gleichzeitig an die Zeiten, in denen Indien noch einer natürlichen Sinnlichkeit Tribut zollte, die nun kleinlicher Verklemmtheit gewichen war. Amit gab zu, dass diese Zettel in letzter Zeit vermehrt aufgetaucht seien, bestritt aber einen Zusammenhang mit ERROR SIX. Dass es da Verwechslungen geben könnte, konnte er natürlich nicht grundsätzlich ausschließen. Das läge dann aber an den Lesern und nicht an den Verfassern des Schriftstücks, die diese musikalische Experimentalvereinigung gar nicht kannten. Es wäre ja schließlich so, dass es nicht nur über zweihundert Sprachen und Dialekte gebe, sondern mindestens genauso viele Vorstellungen darüber, wie ein geglücktes Leben auszusehen habe. Auch im Hinduismus, der wie eine Glocke über dem Land liege, gebe es viele Untergruppierungen und Abzweigungen. Die berühmteste seien die Sikhs. Und in einigen werde immer noch das Kamasutra hoch gehalten. Diese Pillenverkäufer sähen sich wohl in dieser Tradition. Bei einem so großen Volk dürfe man sich nicht wundern, wenn an allen Ecken und Kanten kuriose Gewächse wucherten. Amit drückte das natürlich in seinem etwas vereinfachten Idiom aus, aber es war schon verständlich, was er meinte. Sorgen müsse man sich jedenfalls nicht machen, dass das Konzert nur von Lendenschwachen besucht werde. Und wenn schon, müsse das auch nicht unbedingt das schlechteste Publikum sein. Amit lächelte vielsagend. Pröbsting lachte sich kaputt bei der Vorstellung, dass er seine Gitarrensoli vor weich gekochten Nudeln spielte, die sich von seinen Ekstasen ein zartes al dente erhofften. In ihrer Blauäugigkeit hatten sie bei der Namensgebung überhaupt nicht an irgendwelche zweideutigen Konnotate gedacht.

Mit Hilfe von Isha und Reena kamen auch die beiden alten Leute nach unten und setzten sich an den Tisch. Wie flink sie mit den Fingern waren, wenn sie mit den Händen aßen. Welch herrliche Form von Einbettung sie genießen durften. Hier wurde noch richtig getafelt. Angesichts der ausländischen Gäste ließen sie sich nicht lumpen und feierten jeden Tag wie einen Festtag. Damit sie Indien nicht als Hungerland in Erinnerung behielten. Die Jungs hatten sich mittlerweile etwas an die scharfe Würzung gewöhnt. Selbst Lohmann merkte allmählich, dass diese Schärfe sehr viele Untertöne hatte, im Unterschied etwa zu einer ausgerutschten Tabasco-Flasche. Streng medizinisch genommen handelt es sich bei dieser Geschmacksempfindung um eine Schmerzempfindung. Dennoch wollte sich niemand einen kulinarischen Masochismus eingestehen. Aber wer wollte leugnen, dass selbst ein nachlassender Zahnschmerz geradezu einen Genuss darstellen konnte? Und so wirkten die bereit gestellten Yoghurts wie Brandlöscher in der Hitze des Gefechts. Amit hatte keinen großen Appetit und ließ die meisten Sachen liegen. Natürlich handelte der Smalltalk die meisten Klischees ab, die über Indien und Deutschland im Schwange waren. Dinatas Vater hatte zu seiner alten Grimmigkeit zurückgefunden und wollte partout die leidige Arierfrage in die Debatte werfen, auch wenn sich die These eines gemeinsamen Ursprungs der Völker schon lange als Mythos erwiesen hatte. Man wollte doch ganz gerne deutsche Tugenden für sich in Anspruch nehmen, ebenso wie es auch in Deutschland viele Indien Affine gab, die ihre vermeintliche Nähe im Yoga-Studio Ausdruck verliehen. Robert konnte nicht genug kriegen vom indischen Essen und versuchte sogar, mit den Händen zu essen, was zu allgemeiner Heiterkeit Anlass bot. Bei Pröbsting kam nun allerlei körperliches Ungemach zusammen. Zum einen verdickten sich die Wanzenstiche zu juckenden Beulen, die ihm ein Horn auf die Stirn setzten. Zum anderen ließ der durch die Chilis hervorgerufene genitale Furor nicht nach. Nun wusste er, was es wirklich bedeutete, auf heißen Stühlen zu sitzen. Lohmann war mit sich im Reinen, denn er hatte sich nützlich gemacht. Und der Lange dachte über seine neuen Freunde nach, die wohl immer noch draußen auf der Ladefläche des gelben Vehikels saßen und schwere Rauchzeichen in die Luft bliesen.

Alkohol war in diesem Hause leider nicht zu bekommen. Ansonsten hätten sie sich gerne am Vorabend ihres Auftritts einen hinter die Binde gegossen. Denn es war wohl besser, dem Ganzen nicht zu klaren Auges entgegenzusehen, angesichts der Vielzahl von Unwägbarkeiten, die da noch kommen konnten. Eigentlich war mit allem zu rechnen und die Zweifel an der ganzen Aktion kamen bei allen immer wieder auf. Worauf hatte man sich da eingelassen? Welcher irrsinnige Derwisch hatte ihnen diesen Spuk eingeflüstert? Und warum um alles in der Welt waren alle vernünftigen Kontrollen außer Kraft gesetzt? Aber jetzt gab es kein Zurück mehr. Die nüchterne Betrachtung konnte man sich sparen und für spätere Zeiten aufbewahren. Überhaupt war das Ganze derart berauscht, dass man auch wahrlich keinen Alkohol mehr brauchte. Und insgeheim fanden sie diese Berauschung auch ganz gut. Sie war zwar anstrengend, aber wohl nicht gesundheitsschädlich.

Der Lange schaute noch mal nach seinen Sadhus, bevor er sich hinlegte, und kam sich dabei vor wie ein Bauer, der nach seinen Tieren schaut. Es war alles in Ordnung. Sie saßen noch immer fröhlich beisammen und rauchten einen Joint nach dem anderen. Die Horde hatte ihren Felsen gefunden. Keine Ahnung, wie man sie je wieder herunter kriegen sollte. Sie würden sicherlich auch mit ins Konzert kommen und dann wären die ersten zwei Reihen schon fast besetzt und man hatte billige Claqueure. Er hatte ganz vergessen, dass er noch das ganze Gesicht voll Farbe hatte. Es fiel ihm erst auf, als er in den Spiegel schaute, um sich mit einer Katzenwäsche für die Nacht fertig zu machen. Lohmann lag schon Seit an Seit mit dem Langen auf der festen Matratze und sie fühlten sich ein wenig wie im Pfadfinderlager, wo man zu zweit im Zelt gelegen und solange über unheimliche Dinge geredet hatte, bis man es vor Gruseligkeit nicht mehr aushalten konnte.

Robert und Pröbsting fühlten sich schon wie ein altes Ehepaar und verfielen flugs in einen Halbschlaf, der ihnen die Standbilder ihrer Eindrücke im Sekundentakt servierte. Den Bettwanzen gehörten die nächsten Stunden. Sie würden sich gütlich tun an den Fleischbergen, die vor sich hin dampften. Dagegen war kein Kraut gewachsen. Wenn sie nur das Gesicht in Ruhe ließen. Ein Horn auf der Stirn musste reichen. Einige Geckos huschten noch flink über die Wände. Die obligatorischen Mopeds spielten das gewohnte Geräusch von der Straße ein. Junge Männer waren zu jeder Tages- und Nachtzeit unterwegs, wohin auch immer. Wahrscheinlich verteilten sie Flyer für obskure Potenzmittel.

Im Hause Amits herrschte Nachtruhe. Auch sonst ging es dort vergleichsweise geregelt zu, obwohl außer Amit niemand einer geregelten Arbeit nachzugehen schien. Amit ernährte mit seinem Job offensichtlich den ganzen Haufen. Was Dinatas finsterer Vater genau machte, war nicht zu erfahren. Er war jedenfalls meistens daheim und achtete auf seine Tochter. Schon klar, dass sie diesen Schatz zum Vorteil aller verheiraten wollten. Auch diese Lichtgestalt lag nun unter einem weißen Leinentuch und ließ den Tag an sich vorüber ziehen.

Reena verstopfte sich die Ohren mit kleinen Wachskugeln gegen den nächtlichen Donnerlärm des behaarten Gatten. Isha redete behutsam und beruhigend auf Amit ein, der im Zusammenhang mit dem Auftritt an so viele Kleinigkeiten denken musste. Sie verkniff sich nun die Kritik an diesem Wahnsinnsunternehmen. Was sie grundsätzlich davon hielt, wusste Amit. Aber es war ihm nicht auszureden gewesen. Er wollte einmal in seinem Leben etwas Verrücktes machen.

Von den sechs Kindern im Alter zwischen fünf und zwölf Jahren, gehörten drei zu Reena. Nach Dinata hatten sie eine längere Pause gemacht. Die anderen drei waren Amit und Isha zuzuschreiben. Die beiden sechs- und siebenjährigen Jungen und das fünfjährige Mädchen waren sein ganzer Stolz. Mit geschwollener Brust hatte er ihnen die Familienalben gezeigt. Die Kinder lagen nun alle gut zugedeckt und wie vom Blitz gefällt auf der Dachterrasse, denn auch um diese Jahreszeit war es nachts schon warm genug, um draußen zu schlafen. Sie hatten besonderen Gefallen am Langen gefunden, der sie mit wenigen Gesten zum Lachen bringen konnte. Aber auch Lohmann konnte seine clowneske Ader bei den Kindern voll ausleben. Sie machten sich an allen Ecken und Kanten nützlich. Am Nachmittag, wenn die Größeren ihre Schuluniformen ausgezogen hatten, halfen sie bei der Arbeit. Erst dann widmeten sie sich ihrem rührenden, zum Teil selbst gebauten Spielzeug. Und Lohmann ölte ihre wackeligen Räder und spannte ihre Flitzebögen nach. Die Kinder hatten die Onkels aus Deutschland in ihr Herz geschlossen, was ihnen einen großen Bonus bei den Müttern einbrachte. Die Nacht hüllt alle ein und macht alle gleich wie eine große Narkose.

Die geglückte Entnachtung erlebt der Aufgeweckte wie eine Wiedergeburt. Davon konnte zumindest bei Pröbsting nicht die Rede sein, denn es hatte sich ein zweites Horn gebildet, diesmal im Nacken. Das erste auf der Stirn hatte sich noch nicht zurückgebildet und er polterte gleich los, wobei er Begriffe wie ‚Beulenpest' in seinen Redeschwall einbaute. Der Tag fing ja schon mal gut an. Und zur Feier des Tages musste der weiße Leinenanzug wieder ran. Soviel glaubte er Dinata schuldig zu sein. Also zwängte er sich in das Ding hinein und legte sich die eindeutige Körperbetonung als gekonnte Raffinesse aus, die seinen Status als extravaganter Gitarrist zur Geltung bringen sollte. Schließlich musste er sich für seine Konturen nicht schämen und war sicher, dass er so was noch tragen konnte. Die etwas zu kurze Hose ließ seine Krokodilschuhe erstrahlen, die allerdings auch schon etwas gelitten hatten. Immerhin war er ja der Jüngste und hatte ein Abonnement auf Extravaganz. Robert ließ ihn in dem Glauben und machte noch ein paar falsche Komplimente.

Niedergeschlagenheit aufgrund solcher Lächerlichkeiten konnte man sich heute nicht erlauben. Deswegen schmierte er seine Optimismussalbe auf alle möglichen Wundstellen. Sein eigener latenter Pessimismus blieb unbehandelt und musste im Zaum gehalten werden. Man durfte ihm halt keinen Raum geben, dann würde es schon gehen. Völlig grundlos war er jedenfalls nicht. Lohmann und der Lange schälten sich ebenfalls aus ihrer Verpuppung, um nur wenig später als Lohmann und der Lange auf der Bildfläche zu erscheinen. Als sie Pröbsting in seinem knappen Kostüm sahen, konnten sie sich ein Lachen nicht verkneifen, warfen ihm aber trotzdem aufmunternde Worte entgegen. Ihre eigenen Sachen, die sie jetzt trugen, waren ja nicht eingelaufen. Lohmann kommentierte den Aufzug mit einem „wacker", um das stereotype „sauber" zu vermeiden. Dass Gereon auch bei den anderen eine gewisse Heiterkeit verbreitete, führte er auf seine positive Ausstrahlung zurück. Ob sich diese dem latenten Sprechzwang verdankte oder trotz diesem wirkte, sollte ein distanzierter Beobachter entscheiden und musste jetzt nicht geklärt werden. Dafür hatten die Wanzen ihm die Gnädigkeit erwiesen, zumindest sein Gesicht zu verschonen. So blieb es bei vorerst zwei Hörnern und er stakste zuversichtlich in den Tag. Ein Auftritt war immer gut, egal wo.

Der Lange ging kurz nach draußen, um seine Freunde mit einem „Mahlzeit" zu begrüßen. Tatsächlich waren sie schon dabei, zu kauen. Irgendjemand hatte ihnen etwas Essbares hingestellt. Amit war weit weniger begeistert von dieser Truppe als der Lange. Aber was sollte man machen? Vertreiben konnte man sie nicht. Es waren Heilige Männer, auch wenn es sicherlich ein paar Kriminelle unter ihnen gab.

Robert hegte insgeheim Befürchtungen wegen des Turbanmannes. Er konnte sich nicht vorstellen, dass dieser den Diebstahl des Lastwagens einfach so hinnahm. Man konnte es drehen und wenden, wie man wollte, es war schließlich ein Diebstahl. Außerdem war der Knabe ziemlich erniedrigt worden. Nicht, dass ihn jetzt ein schlechtes Gewissen beschlich. Er fand die Aktion völlig in Ordnung, auch wenn sie in einem gewissen Kontrast zu der ihm bekannten Rechtsprechung stehen mochte. Sie hatten es im Dienste der Kreatur getan und konnten auf jeden Fall höhere Ziele und Werte für sich in Anspruch nehmen. Die Umstände hatten sicherlich zu einer gewissen Enthemmung beigetragen, aber es war trotzdem wie eine Befreiung. Es schien so eine Art Gerechtigkeitsorkan in ihnen zu wüten, der sich noch nie so richtig hatte austoben können. Eine Anzeige bei der Polizei hatte es wahrscheinlich nicht gegeben. Der ganze illegale Kuhhandel wäre dann aufgeflogen. Aber wer weiß, wer alles darin verwickelt war. Das Thema wurde jedenfalls in der Familie totgeschwiegen und er wollte auch auf keinen Fall damit anfangen. Die Jungs schienen es auch völlig verdrängt zu haben. Zumindest war das Ganze überlagert vom bevorstehenden Auftritt, der nun alles Denken in Beschlag nahm. Ein solcher Tag wollte zelebriert werden. Hier wurde er jedenfalls nicht durch die elende Schlepperei geschmälert, die sonst ein trübseliges Merkmal solcher Auftrittstage war. Die Anlage stand schon bereit und die paar Instrumente waren ein Klacks.

Erstmal ging es an den Frühstückstisch und danach schwangen sie sich auf die Ladefläche, wo sie schon von wabernden Rauchschwaden erwartet wurden. Robert hatte sein rotes Softcase mit dem Nord Wave auf den Rücken geschnallt und der Lange schleppte den großen Koffer mit dem Bass mit. Lohmann hatte sicherheitshalber ein paar Sticks dabei. Amit setzte sich hinter das Steuer. Sie fühlten sich wie auf einer gelben Wolke dem Ort des Geschehens entgegen getragen. Passanten winkten ihnen wie immer freundlich, aber verwundert zu. Selbst für hiesige Verhältnisse eine irre Bagage. Robert ertappte sich bei jovialen, leicht großtuerischen Gesten, die er dem Volk zuwarf. Auch Pröbsting genoss sichtlich die Fahrt mit offenem Verdeck und bedeckte die Zuschauer mit gönnerhaftem Blick. Er war einfach für das Rampenlicht geboren und hatte schon früh angefangen, sich entsprechende Posen vor dem Spiegel anzueignen. Die konnte er hier nun nach Belieben abrufen und die Leute schienen es ihm zu danken. So war jedenfalls seine Wahrnehmung. Lohmann und der Lange ließen die Beine baumeln und genossen den Fahrtwind. Neben den Sadhus fühlte man sich irgendwie angekommen, denn sie machten keinerlei Aufhebens. Alles war ganz selbstverständlich. Wer hätte jemals an solche Bilder gedacht, als sie vor zwei Wochen angefangen waren, die Koffer zu packen? Welche Bilder mochten noch lauern, wenn man ihnen Gelegenheit gäbe, sich zu realisieren? Eigentlich wimmelt die Welt doch von schlafenden Potentialitäten. Und manchmal klopfen sie an, wenn sie keine Lust mehr am Schlafe haben, und bitten um Entfaltung, um nicht immer nur im Traum zu walten. Und wenn die Überraschung dann mit erhobener Standarte ins Leben Einzug hält, wird sie sehr schnell in die Formation des Normalen eingegliedert. Denn sie wunderten sich schon über gar nichts mehr. Alle Kuriositäten wurden schnell als normal empfunden, sie wurden in den Bestand der gewagtesten Improvisationen eingemeindet.

Die gelbe Wolke ließ sich vor dem Ort des Geschehens nieder. Eine Kuh lagerte vor der Tür, die mit einer dicken Kette verriegelt war. Die Herren Sadhus verstreuten sich. Einige setzten sich an die Hauswand. Lohmann hatte den Betonblock mitgenommen, in dem sich die aktuelle CD wie in einem Sarkophag verbarg. Als er den Raum betrat, platzierte er zuerst den Block am Bühnenrand. Ein Nacktsadhu war ihm gefolgt und entzündete sogleich einige Räucherstäbchen vor dem Teil. Dann stellte er ein Bildchen von seinem Guru davor. Der Block schien sich offensichtlich als Weihestätte anzubieten und es war wohl nur eine Frage der Zeit, wann er in den Himmel der heiligen Gegenstände aufgenommen würde. Immerhin verbarg er eine digital codierte geheime Botschaft und der glatte Silberling wurde körnig ummantelt. Außerdem sprachen sein Gewicht und seine quadratische Wuchtigkeit für seine Altarwürdigkeit. An den Anbetungsqualitäten des Tonmaterials waren den Jungs nach anfänglicher Euphorie selbst Zweifel gekommen, handelte es sich doch um Probenmitschnitte, die ausschließlich improvisiert und an keiner Stelle komponiert waren. Als Gesamtpaket war der Block jedoch auf jeden Fall vertretbar, obwohl das erste Stück geradezu ein Affront war. Der Hörer wurde dort mit einer Kakophonie brüskiert, die daraus resultierte, dass sämtliche Stücke übereinander gelegt wurden. Verkaufserfolge waren so nicht zu erzielen. Aber man gefiel sich in dieser ruppigen Pose, die der These widersprach, dass der erste Eindruck der richtigste sei.

Jedenfalls ist das erste Stück keine geschmeidige Einladung, sondern eher ein Schuss vor den Bug. Wer den überlebt, wird dann aber mit überraschenden Klangfolgen belohnt, die zuweilen sogar in einem versöhnlichen Dur enden.

Für die Sadhus war das alles eher ein Geheimnis, und gerade das war es, was dem Block den Kultstatus einbrachte. Hier schien man nicht zu feiern, was man kannte, sondern was man nicht kannte. Wahrscheinlich sind deswegen alle indischen Feiern vom Ominösen unterlegt und deswegen weit entfernt von der Oberflächlichkeit des Events.

Amit schmiss den Generator an, der gleich anfing, zu tuckern und den wenigen nackten Glühbirnen ein trübes Licht entlockte. Er musste angeworfen werden wie ein Rasenmäher und klang auch ähnlich wie ein älteres Modell. Lohmann griff den Rhythmus des Stromerzeugers auf und der Lange fädelte sich mit einer leicht gegenläufigen Basslinie ein. Das war schon mal ein nicht uninteressanter Teppich. Sie ließen ihn eine Weile laufen, während Robert sein Nord Wave auspackte und anschloss. Auch Pröbsting stöpselte sich ein und zog ein paar lang gezogene Linien über die rhythmische Struktur. Robert wiederum griff diese Linien auf und zeichnete sie auf dem Nord Wave nach. Um das Klangbild abzurunden, legte er eine Harmonie auf dem Yamaha Ex5 drunter. Das von dem Musikladen bereit gestellte Yamaha lieferte tatsächlich den gleichen Sound, den er auch zu Hause für solche Sachen verwendete, da die Werksounds wohl überall die gleichen waren. Nur ein paar schwarze Tasten funktionierten nicht, da sie klemmten. Dafür lief das Korg einwandfrei. Nachdem er die mitgebrachte Soundkarte für den M1 in den Slot gesteckt hatte, wurde das Klangbild gleich individueller. Der Soundcheck war zufriedenstellend. Leider hatten sie keine Mikrofone für das Schlagzeug, sodass es nicht abgenommen werden konnte. Es klang so etwas dumpf und Lohmann musste ganz schön draufhauen, um trotzdem die gewohnte Wuchtigkeit herzustellen. Sie beschlossen, das heute Abend genauso zu machen und auf das Tuckern des Generators einzusteigen. Der Benzingeruch war allerdings penetrant. Es musste also verstärkt geräuchert werden.

Die Sadhus waren ja diesbezüglich gut ausgerüstet. Mikrofone für den Gesang waren auch vorhanden. Dabei ist der Gesang eindeutig die Schwäche der Gruppe. Selbst langjährige Versuche in Mehrstimmigkeit versandeten kläglich und es lief dann auf eine Art Sprechgesang hinaus, der nicht allzu viele Oktaven strapazierte. Dennoch badete der Lange immer in Ovationen, wenn er seinen „Bollerwagen" intonierte. Er tat es mit allergrößter Inbrunst und es fielen ihm spontan die irrwitzigsten Textgebilde ein, sodass der Vortrag auch immer wieder anders ausfiel. Heute Abend konnte er texten, was er wollte, es würde eh niemand verstehen. Sie spielten noch ein paar andere Sachen an und gaben dann Amit ein Zeichen, dass er den Rasenmäher jetzt wieder abstellen könnte.

Als sie ihm erklärten, dass sie insgesamt doch sehr zufrieden mit dem Equipment waren, strahlte er über das ganze Gesicht. Was es in Wirklichkeit bedeutet hatte, diese ganzen Brocken anzuschleppen, erwähnte er nicht. Sie konnten es sich aber gut vorstellen. Der ewige Schwarzgucker Lohmann hatte schon den Teufel an die Wand gemalt und sämtliche Indienklischees heruntergenudelt, um zu prognostizieren, dass nichts funktionieren und alles in einem Fiasko enden würde. Nun musste er die Asche von seinem Haupt schütteln und staubte dabei ganz schön herum. Nein, nein, das hätte er nie gesagt. Gerade die Inder seien ja bekannt dafür, dass sie technisch einiges auf dem Kasten hätten. Und der Typ hätte sie ja wohl auch nie eingeladen, wenn er seine Versprechen nicht hätte halten können. Und überhaupt seien das ja auch alles üble Klischees, die man über so ein Riesenland wie Indien verbreitete. Dem wolle er sich keineswegs anschließen.

„Natterngewäsch“, dachte Pröbsting bei sich. „Häuptling Gespaltene Zunge faselt sich um Kopf und Kragen.“

Aber er behielt es bei sich, um die Stimmung kurz vor dem Auftritt nicht zu beeinträchtigen. Für Amit war es jedenfalls die Ladung Schmeichelsalbe, die er brauchte, um sich vom leidigen Gestänker seiner Touristen zu befreien, die auch immer irgendwelche Organisationsmängel zu bemeckern hatten. Dabei funktionierten seine Reisen reibungslos. Aber man sah halt, was man sehen wollte. Als alles ausgestellt war und sie den Raum verließen, kreuzte ein Sadhu ihren Weg, um ein paar Blumen vor den Block zu stellen. Die Baracke bekam so etwas von einer Kapelle, in der Andachten abgehalten wurden. Amit ließ ihn gewähren, bedeutete ihm dann aber in harschem Ton, dass er den Raum zu verlassen habe. Er musste bis kurz vor acht verriegelt werden. Der Sadhu gehorchte wie ein räudiger Hund und ließ sich wieder draußen an der Mauer nieder, wo seine Freunde noch immer ausharrten.

„Was wollt machen ihr bis Abend?“, fragte Amit die Jungs. „Können noch etwas schlafen oder besichtigen berühmtes Fort.“

Oh, bitte nicht schon wieder ein Fort, dachte Robert, der bei seiner Indienrundreise gefühlte fünfzig Forts besichtigt hatte. Wenn man ein Land wirklich kennenlernen wollte und nicht nur seine Schokoladenseiten, müsste man sich eigentlich die Krankenhäuser, Psychiatrien oder Polizeistationen anschauen. Wahrscheinlich käme kein Land der Welt bei einer derartigen Inspektion gut weg und irgendwelche Ureinwohner würden sich die Trophäe in die Hütte stellen können. Von Abenteuern gleich welcher Art hatten sie die Nase gestrichen voll. Deswegen sollte man sich keinen unnötigen Risiken aussetzen. Die warme Luft touchierte ihre Körper wie streichelndes Meereswasser und man hatte mehr als sonst das Gefühl von In-der-Welt-Sein. Von umgebender Atmosphäre eingeseift glitt man wie ein Fisch durch sein Element, obwohl es sich um fremdes Gewässer handelte.

Also schlenzte man am besten ohne Plan durch die Stunden und fläzte sich auf eine Bank unter einem Baum und ließ womöglich alles Mögliche baumeln, bloß nicht die Seele, die in diesem Bild landläufig für das Falsche in Anspruch genommen wird. Ein rotgesichtiger Affe, der sich wohl als der Herrscher dieses Baumes ansah, machte sogleich einen Heidenlärm und verkroch sich erst, als er merkte, dass er nichts damit ausrichtete. Still und misstrauisch beäugte er die Eindringlinge aus höchstem Wipfel.

„Hau ab, du blöder Sauaffe“, geiferte Pröbsting ihm entgegen, was ihn aber nicht beeindruckte.

Man musste eigentlich gar nichts tun, um etwas zu erleben. Es war immer großes Kino. Ein Heer von nicht gecasteten Gesichtern, eine riesige Aufschäumung von unendlich differenzierten Facetten und Brandzeichen, die den Einzelnen als solchen kennzeichnen und unterscheidbar machen. Die Fülle der allein biologischen Erfindungsgabe erscheint unglaublich, und doch scheint es bestimmte Muster zu geben, die wiederkehrende Typen auf allen Kontinenten ans Tageslicht bringt. Besonders Lohmann hatte für dieses Phänomen einen trainierten Blick und erkannte hier in Jaipur mal einen verwandten Onkel mütterlicherseits, mal einen Spargelbauern aus der Nachbarschaft und dann wieder einen alten Lateinlehrer. Er pflegte besonders mit Robert ein stilles Einvernehmen, wer ein *guter Typ* war. Dabei war *gut* keine moralische Qualität und bezog sich auch nicht auf etwas, was üblicherweise als gutes oder schlechtes Aussehen bezeichnet wurde. Es waren in der Regel irgendwie besondere Gesichter oder auch Bewegungen, die aus dem Rahmen fielen. Ob bullig, feist, skurril, schräg, verschroben oder irgendeiner Tierart ähnlich: Interessant war immer die Spekulation auf die Selbstwahrnehmung des Trägers dieser Eigenschaften. Und das Angebot für derlei Spekulationen, die zwar müßig, aber unterhaltsam waren, war überwältigend. Dabei war jede Zuordnung der Erscheinung zu Stellung oder Beruf von vornherein zum Scheitern verurteilt, weil sich alle Schemata in Luft auflösten. Amit hingegen hatte für jede Figur die entsprechende Schublade bereit. Und es bereitete ihnen ein stilles Vergnügen, diese Fächer mit den eigenen Ratespielen zu vergleichen. Nur selten lag man richtig.

„Pass auf mit deinem Anzug", erinnerte der Lange Pröbsting an sein knappes Textil.

Dieser hatte sich schon, ohne es zu merken, eine Schonhaltung angewöhnt, die das Kleidungsstück vor zu starker Inanspruchnahme bewahren sollte, ihm aber gleichzeitig eine steife Bedächtigkeit verlieh, die in krassem Gegensatz zu seinem Naturell stand. So saß er auf dieser Bank wie ein Rentner auf einer Parkbank und zusammen nahmen sie die Parade der Namenlosen ab. Amit verzog sich, um ein paar Kleinigkeiten zum Essen zu organisieren. Die Jungs gingen noch mal die Playlist durch. Das gelbe Vehikel stand derweil vor der Baracke und die Herren Besatzer hatten es sich wieder darauf gemütlich gemacht. Sie hatten im Übrigen nie das Problem, Zeit tot schlagen zu müssen. Für sie gab es keine Zeit. Die Jungs hingegen befanden sich in Wartezeit, die sie nicht als Freizeit empfanden. Im gedehnten Modus zäh verrinnender Minuten zeigte sich die Zeit von ihrer quälenden Seite. Und die beiläufigsten Kleinigkeiten wurden zur Linderung zum Ereignis aufgebauscht.

Plötzlich, wie aus heiterem Himmel, hatten sie eine apokalyptische Begegnung. Ein völlig verkrüppelter und deformierter Mann war auf seinem Rollbrett unbemerkt aus dem Nichts vor ihnen aufgetaucht und hielt ihnen eine zum Fleischklumpen degenerierte Hand entgegen. Sein Hinterteil ragte in die Höhe und er bewegte sich auf allen Vieren, wobei alle Gliedmaßen auf das Grausamste verformt waren. Nur mühsam erhob er sein Haupt aus dem Staub und zwang sich ein zur Grimasse geronnenes Grinsen ins alterslose Gesicht.

Wie vom Schlag getroffen erstarrten die Jungs auf ihrer Bank. Eine Welle von Mitleid erfasste sie. Das ganze Elend der Welt inkorporierte sich auf die bestialischste Art. Wie einem Höllenflügel von Hieronymus Bosch entstiegen zeigte sich die Fratze der Natur als groteske Karikatur der menschlichen Statur, deren aufrechter Gang einmal als der Beginn aller Zivilisation gefeiert wurde. Umso erstaunter waren sie, als dieser Mann sein „Where do you come from?“ in perfektem Oxford Englisch vorbrachte. Und in der Folge stellte er allerlei Fragen über Deutschland und Europa, die erkennen ließen, dass er außerordentlich gut informiert war. Er sprach mehrere Sprachen und war literarisch und philosophisch überaus bewandert. Sie mussten ihr gesamtes Allgemeinwissen zusammenkratzen, um sich auch nur annähernd dem komplexen Fragenhorizont gewachsen zu fühlen. Dabei kam es Robert zugute, dass er noch einiges von Goethe rezitieren konnte und sogar mal Hamlet gelesen hatte. Zum aktuellen geistigen Stand seiner Nation musste er Bedenken anmelden, die von dem Verkrüppelten geteilt wurden. Allerdings wollte dieser den geistigen Abstieg nicht auf Europa beschränkt sehen, sondern sah weltweit eine Tendenz ins Bodenlose wirken. Obwohl er von der indischen Gesellschaft und sogar seiner Familie verstoßen wurde, war er nicht verbittert, sondern nahm sein Schicksal an, darauf vertrauend, dass er in diesem Leben einiges schlechtes Karma abbauen könne, um sich eine spätere, glücklichere Existenz zu garantieren. Dieser Fatalismus durchzog offensichtlich den ganzen Subkontinent. Wie war das noch mit dem gesunden Geist im gesunden Körper? Offensichtlich ein völlig fehl verstandener Befund, solange er nicht als Imperativ verstanden wurde. Die Jungs waren total perplex, und je länger man mit dem Mann sprach, desto mehr trat seine desolate körperliche Verfassung in den Hintergrund. Geist besiegt Materie.

Amit kehrte voll bepackt mit Essenssachen zurück. Als er den Verkrüppelten sah, machte er gleich eine abfällige Handbewegung, mit der er ihn verscheuchte. Die Jungs kramten noch schnell in ihren Taschen und legten ihm ihr gesamtes Kleingeld auf sein Brett, auf dem er sich ruckelnd vom Acker machte. Sie schauten ihm fassungslos nach. Genauso fassungslos waren sie über Amits rüde Art. Für ihn war das Abschaum und eine Schande für die Familie. Aber diese Haltung war normal und er wollte sich da auch nicht lange erklären. Er merkte aber, dass er gerade ein paar Stufen auf der Sympathieleiter nach unten sank und bemühte sich, diesen Verlust durch seine mitgebrachten Leckereien wett zu machen. Der sei außerdem bekannt für seine Masche, erklärte er. Er hätte sich irgendein Zeugs zusammengelesen, was auf Europäer Eindruck machte. Aber im Grunde genommen hätte er von nichts eine Ahnung. Er wäre jedoch ziemlich erfolgreich mit seiner Tour. So behauptete zumindest Amit. Er hatte noch frisches Naan, jede Menge Früchte und ein paar Flaschen Lassi dabei. Den Jungs war der Appetit vergangen. Nur langsam fanden sie ihre Fassung zurück.

„Echt harte Nummer“, wusste Gereon beizutragen.

Die richtigen Worte waren das nicht, aber was sollte man schon Richtiges sagen bei einer derartigen Begegnung aus dem Schattenreich? Alles relativierte sich. Was hatte dieser Mann zu tragen und mit welcher Würde trug er es? Jedes Problem pulverisierte sich zu nichts angesichts einer solchen Bürde, die mit gar nichts aus der Welt zu schaffen war. Und die Gefühlslage changierte zwischen Mitleid und Wut. Wut auf eine Schöpfung, die so etwas zuließ. Wut auf einen Staat, der die Benachteiligten betteln und auf der Straße verrotten ließ. Dieses gleichzeitige Nebeneinander der extremsten Gegensätze war ein zentrales

Substrat aller Eindrücke, die sie bisher wahrgenommen hatten. Auch wenn man das alles schon einmal gelesen oder in Fernsehberichten gesehen hatte, war die knallharte Konfrontation doch von einer gnadenlosen Präsenz, die bis auf Robert keiner bislang erlebt hatte. Und man brauchte nicht viel Vorstellungskraft, um sich klar zu machen, dass die Welt an vielen anderen Orten eine vergleichbare Präsenz anzubieten hatte, die aus dem sicheren Kokon der Schutzzonen nur zu erahnen war. In den komfortablen Zonen der Welt wird der Schrecken versteckt oder camoufliert. In Wirklichkeit hat er sich nur eine andere Maske aufgesetzt, sodass man nicht jeden Tag schreiend davon läuft. Sie versuchen, die Leute mit Schönheit zu fesseln, die aber nur die Fassaden lieblich bepinselt.

Amit empfahl die Bananen als indisches Mittagessen. Das hatte er auf der Rundreise auch schon getan. Überhaupt konnte Robert keinen Unterschied zwischen Amit als Reiseleiter und dem jetzigen Amit feststellen. Er war gleichermaßen kultiviert, höflich und aufgeschlossen. Er erschien ihm wie ein europäischer Inder. Mit *richtigen* Indern hatte er damals keine Bekanntschaft gemacht, reiste er doch quasi wie in einer Art Blase, die durch ihre Membran zwar Gerüche, Geräusche und Sichtbares durchließ, die Gruppe aber gleichzeitig vor authentischen Kontakten bewahrte. Amit hatte für alles eine Erklärung und übersetzte Indien gleichsam ins Europäische. Es war unmöglich, seinen Blick gegen einen anderen einzutauschen, um das Feld von innen zu beackern. Er war eine Art Conférencier mit leichtem Hang zur Schönrednerei. Natürlich gab es Massenvergewaltigungen in Indien. Aber die Regierung hatte immerhin durchgesetzt, dass Busse keine Vorhänge mehr vor den Fenstern haben dürfen. Das Müllproblem? Ja, ok, gab es. Aber es gab überall eine Müllabfuhr, nur kam die halt nicht immer. „Warum so?", pflegte er zu sagen. Na ja, weil es halt ein Riesenland ist, das sehr schwer zu organisieren ist und weil es Widrigkeiten gibt. Als Westler kann man sich von diesen Widrigkeiten gar keine Vorstellungen machen, aber sie wirken überall, oft im Verborgenen. Manchmal wurden auch westliche Versäumnisse mit subkontinentalen aufgerechnet, um ein Nullsummenspiel zu generieren, was über jeden Zweifel erhaben war.

Für die Jungs wurde es jetzt langsam Zeit, sich die Coolness-Kutte überzuwerfen, um ja nicht vom Dämon der Nervosität heimgesucht zu werden. Und es kam bei dem einen mehr und bei dem anderen weniger zu jenen Wucherungen, die die Eigenwahrnehmung in Richtung des angestrebten Ideals wachsen ließ. Kurzum, sie machten sich erheblich frohgemuter, als ihnen zumute war, langsam auf den Weg in Richtung Auftrittsort. Jeder Passant konnte ein potentieller Konzertbesucher sein und wurde beäugt wie ein Selbstmordattentäter. Wenn die Werbung, die in der Zeitung stand, angeschlagen hätte, müsste man jetzt allmählich ein paar Jeansträger mit lockeren Leinenhemden oder sonstwie europäisch anmutende Gestalten sich auf den Weg machen sehen. Denn es wurde langsam Abend. Aber sollten die Massen etwa schon zwei Stunden vorher in die Baracke strömen? Also Quatsch, es war noch reichlich Zeit. Ein Wechsel der Tageszeiten war sowieso nie auszumachen und es hätte genauso gut zwei wie sieben Uhr sein können. Der Dämon hielt sich aber an keine Uhrzeit und es gab keine Toiletten weit und breit, wo er sich gegebenenfalls austoben konnte. So befleißigte man sich dessen, was Amit als Reiseleiter immer als „Naturpause" bezeichnet hatte. Und ein Strafzoll, wie er im heimischen Hygieneparadies angedroht wurde, stand nicht zu befürchten. Mit Papier hatten sie sich sicherheitshalber versorgt.

Es war noch ganz ruhig vor der magischen Stätte. Nur die Sadhus hockten an der Wand und warteten wohl schon auf Einlass, um sich die besten Plätze zu sichern. Die viel besungene Ruhe vor dem Sturm legte sich wie ein Film über die Wirklichkeit, die dadurch mehr und mehr wie durch einen Filter wahrgenommen wurde. Sie stand ihnen entgegen wie der sprichwörtliche Gegenstand und das ursprüngliche In-der-Welt-Sein verflüchtigte sich zu einer Isolationserfahrung, die sie zusammenschweißte. Die Musik könnte sowohl eine Brücke als auch eine Wand werden, die das jetzige Gefühl zementierte. Bei solch introvertierten Darbietungen erleben sich Publikum und Darbietende als sich gegenseitig abstoßende Pole. Und die Gewalt dieser Abstoßung entlässt den Hörer in eine Intensität, die dennoch auf der Habenseite des Genusses verbucht wird, weil es sich als Objekt einer penetrierenden anderen Kraft erleben kann. Nicht jeder Hörer sucht den Konsens mit sich selber und dankt dem Musiker für die Herstellung desselben. Aber wenn schon das Bild der Brücke allzu optimistisch gemalt wäre, so war es dennoch nicht unbedingt die Mauer, die zu errichten das Anliegen der Band war. Irgendeine Form der Gangbarkeit war und ist immer im Blick, und sei es der Notausgang. Lohmanns latente Publikumsverachtung äußerte er immer in dem Verdacht, dass die Leute die atonaleren oder rhythmisch nicht klar gegliederten Stellen zum Bier holen nutzten und erst zurückkamen, wenn es „abging". Pröbsting war etwas schneller geneigt, ihnen diesen Gefallen zu tun, während Robert und auch der Lange gerne die Erlösung hinauszögerten. Verweigern wollte man sie nicht ganz und einige „Songs" verstanden sich wohl auch als eine Art Wiedergutmachung. Und so war es für einige Rezipienten ein Belastbarkeitstraining und für andere eine neue Hörerfahrung, die schon allein deswegen begrüßt wurde, weil sie noch geliefert wurde.

Amit nahm die Kette von der Eingangstür, die wohl mehr symbolischen Wert hatte, denn mit etwas Kraftaufwand konnte man diese Blechtür auch einfach nur zur Seite biegen. Die Herren Sadhus flutschten sogleich durch die Tür und besetzten ohne zu zögern die erste Reihe, noch bevor Amit Gelegenheit hatte, Eintrittsgeld zu verlangen. Als Heilige Männer waren sie es allerdings gewohnt, überall umsonst hereinzukommen. Die Räucherstäbchen vor dem Block waren natürlich abgebrannt und es wurden sogleich neue entzündet. Sie hatten auch gleich ihren alten Govindam-Song parat und intonierten ihn quasi als Einstimmung. Die Herren legten in jeder Beziehung eine erstaunliche Präsenz an den Tag, obwohl sie programmatisch auf Demut und Bescheidenheit eingestimmt waren.

Pröbsting wieselte nervös zwischen den Instrumenten herum. Er hatte seinen Gitarrenkoffer schon mehrmals auf und zu gemacht. „Nicht bücken“, hatte ihm der Lange noch fürsorglich zugerufen. Und in der Tat konnte er bei diesen hektischen Bewegungen noch gerade verhindern, dass der Leinenanzug physikalischen Sachzwängen nachgab.

„Hat irgendjemand mein Röhrchen gesehen?“, rief er verzweifelt in den Raum.

Es handelte sich um ein Metallröhrchen, das er sich über den Finger zog, um gewisse Glissando-Effekte zu erzielen, die in der Blues-Geschichte auch schon einmal mit Flaschenhälsen erzeugt wurden. Dieses Röhrchen war ziemlich oft Gegenstand äußerst unruhiger Recherchen, denn er verlegte es regelmäßig. „Wo ist mein Röhrchen?“ wurde zu einer Art Mantra der Betriebsamkeit und leitete jede zweite Probe ein. Der Verzicht auf die mit dem Röhrchen hergestellten Sounds wäre aber in der Tat ein Drama. Und so kam Panik auf bei Pröbsting, die ihn aber auch gleichzeitig hellsichtig machte. So wurde er bei einem Blick in die erste Reihe einer metallenen Schutzschatulle ansichtig, die ein Nacktsadhu über seinen Penis gestülpt hatte. Den Rest kann man sich denken. Jedenfalls hatte Pröbsting jetzt sein Röhrchen, was auch gut auf den Ringfinger passte und alles war gut. Dem Sadhu fehlte zwar jetzt etwas, aber das sollte sein Problem sein. Er würde ihm das Röhrchen ja nach dem Konzert wiedergeben.

Es ging jetzt auf sieben Uhr zu und Amit baute seinen Tisch mit der Kasse auf. Keiner wollte es sich eingestehen, aber es war allen mulmig zu Mute. Einfach drauf los spielen, um sich abzureagieren, ging jetzt nicht, weil erst der Generator angeschmissen werden musste. Das sollte aber erst zu Beginn geschehen, weil er praktisch den Grundklang für das erste Stück herzustellen hatte. Backstage gab es auch nicht, keinerlei Rückzugsmöglichkeit. Das Licht war gnadenlos. Es gab keine Abdunkelung. Von Scheinwerferlicht keine Rede. Nur ein paar nackte Glühbirnen würden bei Anbruch der Dunkelheit vor sich hin funzeln, wenn das Konzert bis dahin nicht schon lange zu Ende wäre. Auf zwei Stunden könnte man es bringen, wenn man wollte. Das hing aber ganz von der Stimmung ab. Ob sie noch Zugaben haben wollten, konnte man im Voraus nicht wissen. Die Mulmigkeit steigerte sich langsam zur Beklommenheit. Vielleicht war es ja eine Anmaßung, in dem Land von Ravi Shankar so einen Radau zu machen. Dabei stand dieser Radau natürlich auch in einer Tradition und war keineswegs einer spontanen Laune entsprungen. Diese Traditionslinie, in der die Einstürzenden Neubauten, Laurie Anderson, Amon Düül, The Can und viele andere standen, würde hier aber niemand kennen. Risikobereitschaft und ein Spiel mit offenen Karten gehörten eben auch zu dieser Tradition, die aber in Wirklichkeit nur scheinbar alle Brücken abgebrochen hatte. Denn Atom Heart Mother und Helters Skelter hatten die Ohren auch für andere Musikrichtungen geöffnet, sodass sich Klassische Musik und experimenteller Art Rock keineswegs ausschlossen. Irgendwann hatten dann allerdings alle Türen offen gestanden und der Durchzug hatte alles durcheinander gebracht. Und im Grunde war man jetzt noch immer damit beschäftigt aufzuräumen.

Ein erster Gast trudelte ein. Er hatte sogar Eintritt bezahlt und setzte sich nun in die Reihe hinter die Sadhus. Ein junger Mann, der das Hemd leger über der Hose trug und Flip-Flops anhatte. Seine dunkelen Augen taxierten erstmal die Anlage und die Instrumente. Wahrscheinlich ein Experte, wahrscheinlich selbst ein Musiker. Mit großer Sicherheit ein Virtuose. Die Beklommenheit steigerte sich langsam fast zur Lähmung, die man allerdings nur Robert wirklich ansah. Die anderen überspielten sie, so gut es ging, wodurch sie natürlich erst recht sichtbar wurde. Sie hatten sich bis jetzt erst einmal zu Hause gemeldet. Von Dinatas Laptop hatten sie eine Mail geschickt, dass sie gut angekommen waren und alles in Ordnung sei. Eigentlich sollte das genügen. Robert hatte seiner Frau schon vorher angekündigt, dass die Kommunikation wohl dürftig würde. Sie konnte das am ehesten nachvollziehen, weil sie die Verhältnisse vor Ort kannte. Natürlich hatte sie das Ganze für eine Schnapsidee gehalten. Aber die Gruppendynamik hatte schnell einen derartigen Drive entfaltet, dass es kein Halten mehr gab. Da musste man die Jungs laufen lassen, die ihr wie Kinder vorkamen. Die dadurch zwangsläufig eingenommene Mutterrolle war ihr zweifellos nicht genehm. Und so ging es den anderen besseren Hälften ebenfalls, die sich von Zeit zu Zeit zu Lagebesprechung und Beruhigung der Gemüter kurzschlossen. Passieren konnte ja nicht wirklich was. Sie waren zu viert und außerdem gut beschäftigt. Die zehn Tage würden schnell herumgehen. Und dann müsste sich der notorische Aktionismus erstmal für eine Weile beruhigt haben. Komischerweise war das Damenbegleitprogramm bei Robert, Lohmann und dem Langen gleichermaßen auf Beruhigung und Deeskalation programmiert. In anderen Konstellationen würden sie wohl alle nervlich aus dem Ruder laufen, so wie es bei Pröbsting, der auf diese Sedative verzichten musste, zu beobachten war.

Bis auf ihn überkam aber jetzt alle eine leichte Melancholie, die automatisch die Kreise so weit zog, dass die jeweiligen Partnerinnen sich darin wiederfanden. Und so ein paar sanfte Streicheleinheiten würden die unterschwellige Pein gewiss lindern. Pröbsting focht derlei nicht an. Er war immer der Stachel im Fleisch und rödelte geschäftig umher.

„Schon wieder einer", triumphierte er lauthals beim Anblick eines zweiten Gastes. Wieder ein junger Mann. ERO SEX? Vielleicht gab es hier in Jaipur ja doch so etwas wie eine urbane Subkultur. Dabei konnte man nur hoffen, dass es auch eine eigene wäre und nicht die Nachahmung irgendwelcher YouTube-Größen, die man für die Repräsentanten einer oppositionellen Haltung hielt. Punk-Apologeten gab es jedenfalls wie Sand am Meer. Und auch hier dürfte die Elektrifizierung der Musik Einzug gehalten haben. An der türkischen Riviera saßen ja schließlich auch in jedem Strandcafé schmierige Synthesizer-Quäler, die traditionelle Melodiebögen mittels Begleitautomatik verunstalteten.

Ob sie sich selber in subkulturellem Milieu verorteten, lässt sich zwar nicht mit Sicherheit sagen, aber den Begriff der Modernität werden sie sicherlich auf ihre Fahnen geschrieben haben. Unter diesem Etikett lässt sich nämlich zurzeit jeder Müll gewinnbringend verkaufen. Und jeder neu eingetroffene Gast ließ bei den Jungs die Assoziationen sprudeln. Jetzt war es erst halb acht und es waren schon um die zwanzig. Zusammen mit den Sadhus schon jetzt eine Anzahl, die sie öfters unterschritten hatten. Aber immer noch fand sich keine einzige Frau unter den Zuhörern. Zwischen die größtenteils jüngeren Herren mischten sich nun auch ein paar ältere. Da es keinen richtigen Backstage-Bereich gab, saßen die Jungs seitlich am Bühnenrand und versuchten, nicht zu penetrant in die Reihen zu gucken, denn das macht immer einen blöden Eindruck. Souveränität war nun gefragt.

Eine Minute vor acht trat Amit auf die Bühne und sprach einleitende Worte. Da der Generator noch nicht angeworfen war, sprach er ohne Mikro. Es gab einige Male ein Gelächter bei seinen Worten, was misstrauische Blicke besonders bei Pröbsting hervorrief. Er würde sich doch nicht etwa über seinen Anzug lustig machen? Im Grunde genommen konnte er dem Publikum in Hindi was vom Pferd erzählen und sie konnten es nicht korrigieren. Mit gebundenen Händen ließen sie den Redeschwall über sich ergehen. In seiner Muttersprache hatte er eine viel höhere Stimme, als wenn er Deutsch mit ihnen sprach. Er gefiel sich in der Rolle des Ansagers und holte weit aus. Er schien die gesamte Geschichte abendländischer Musikentwicklung darzulegen und stellte auch die einzelnen Musiker vor, ohne dass man die Namen verstehen konnte. Er zeigte nur auf die Einzelnen und sie standen kurz auf und verbeugten sich. Bei Pröbsting gab es dann wieder Gelächter. Was hatte der Arsch da über ihn gefaselt? Widerwillig erhob er sich und verbeugte sich in das lachende Publikum. „Gute Miene zum bösen Spiel“ war wohl die gängige Umschreibung für das, was er sich zwang, aufzusetzen. Das Lachen würde ihnen schon vergehen, wenn er erstmal seine Breitseiten abließe.

Amit schritt geradezu würdevoll zum Generator, den er noch vor einer Stunde vollgetankt hatte, und warf ihn an wie einen Rasenmäher. Sogleich fingen die Lämpchen an Verstärkern und Synthesizern an zu glimmen. Es hing ganz vom Generator ab, wie der erste Song sich gestalten sollte. Ein regelmäßiger Rhythmus wollte sich allerdings nicht einstellen, denn es war nur ein stottern und ruckeln, was das Teil von sich gab. Lohmann versuchte, sogleich einzusteigen, doch ohne Taktgeber blieb ihm nichts anderes übrig, als quasi mitzustottern und unrhythmische, freie Figuren über diesen ungewöhnlichen Soundtrack zu legen. Das war nun ein wahrer Free Jazz-Einstieg, dem der Lange mit einer gleichmäßigen Wiederholung eines Tones einen bluesigen Charakter einzuhauchen versuchte. In dem Moment hauchte allerdings der Generator seinen Geist aus. Erst wurde er leiser, dann beendete er seine Tätigkeit mit einem finalen Röcheln. Das Stück war vorbei. Das Publikum applaudierte verunsichert und zaghaft, weil es wohl im weitesten Sinne auf Experimentelles eingeschworen war und mit allem rechnete. Zweiter Versuch. Amit fummelte etwas an dem Ding herum und zog dann noch mal die Leine. Er fühlte sich schon ein bisschen wie ein Musiker, wenn er den Generator betätigte. Diesmal brauste er fulminant auf, pegelte sich dann aber auf eine erträgliche Lautstärke herunter und fand auch zu der erwünschten rhythmischen Beruhigung, die Lohmann sofort eifrig aufgriff. Der Lange fädelte sich ein und gab dem Ganzen ein solides Fundament. In solchen Momenten musste sich entscheiden, ob Robert oder Gereon die Initiative ergriff, diese gelegten Flächen zu betreten. Robert entschloss sich, dieses nicht zu tun, sondern stattdessen die Fläche noch etwas auszuweiten, indem er sie mit leicht wechselnden Harmonien und breiten Sounds anstrich.

Nun war es ein roter Teppich für Pröbsting, was sich gut traf, denn in dem Moment ging die Tür auf und Reena, Isha und Dinata erschienen. Sie erschienen tatsächlich wie Erscheinungen, denn sie waren nun die einzigen Frauen in dem Raum mit ungefähr fünfzig Personen, und die Köpfe drehten sich wie im Saloon eines Western, wenn der geheimnisvolle Revolvermann die Bildfläche betritt. Sie setzten sich auf die noch wenigen freien Stühle an der Seitenwand. Pröbsting schlug sanfte Töne an, die sich lang gezogen und ätherisch über die Klangflächen zogen, und Robert umspielte sie mit der rechten Hand auf seinem roten Nord Wave, während das Pedal die Untermalung hielt. Dazu wuckerte der Generator, dessen Herzschlag aber nur in den Lücken dezent hörbar war. Er hielt sich wacker zurück und tat tapfer seinen Dienst, was man ihm kaum zugetraut hatte. Pröbsting tat alles, um Dinata mit Schmeichelsalbe einzuschmieren und verstieg sich in hymnische Höhen. Der seines Metallröhrchens entledigte Nacktsadhu quittierte mit leichten Schwellkörpergeschichten, die wie ein Barometer seinen jeweiligen Gemütszustand anzuzeigen schienen. Die Elegien Pröbstings gaben eindeutig positiven Ausschlag. Das Stück konnte endlos so weiter gehen. Per kurzem Blickkontakt wurde man sich aber einig, nach und nach auszusteigen, sodass zum Schluss nur das leise Tuckern des Generators übrig blieb und das Stück beendete.

In eine kleine Pause erhob sich nun spürbar deutlicherer Applaus. Dinata spendete ihn mit holder Miene und Gereon verneigte sich in ihre Richtung. Er hatte das Stück für sie gespielt. Auch für den ungeübten Hörer hatte das Ganze einen eindeutigeren Stückcharakter als die erste Nummer, obwohl es sich um ein improvisiertes Arrangement handelte. Dabei war es versöhnlich im Ton und weniger auf Konfrontation gebürstet als andere freie Improvisationen. Möglicherweise hatte sich das Land durch ihre Poren Zutritt zu ihren Seelen verschafft und sie waren unmerklich friedfertiger geworden, als sie sich sonst eingestehen mochten.

Also war das Feld gepflügt für den „Bollerwagen". Manchmal empfanden sie selbst das Stück unter ihrem Niveau, weil es auch schlichte Gemüter ansprach, obwohl es einen sehr experimentellen Mittelteil hatte. Der war aber dringend nötig, weil es ansonsten in Liedhaftigkeit abzudriften drohte, die man zu vermeiden anstrebte. Zu viele biedere Lieder mit einfachen Schemata erbrachen sich aus Radios über brave Hörer, die schon erschraken, wenn der obligatorische „Gesang" nicht nach spätestens dreißig Sekunden zur Stelle war, um die Gewohnheit zu befriedigen. Da musste man sich nicht auch noch anstellen, um dem geneigten Ohr weiteres Liedgut unterzujubeln. Der rasend schnell vorgetragene Sprechgesang des Langen beschwor die Vorzüge eines Bollerwagens und strapazierte dabei sämtliche Klischees von der Spackschraube bis zur verzogenen Deichsel, die dem Milieu von Baumärkten entlehnt war, um sich dann in einem hymnischen Refrain zu entladen. Sie spielten das Stück meistens als Zugabe, um das Publikum für geduldiges Ertragen schwergängiger Tonarten zu entschädigen. Es war in Cis und sie legten sich gleichzeitig unisono ins Zeug. Der Generator wurde leicht übertönt, denn es wurde eine beherzte Lautstärke angeschlagen. Pröbsting hielt es nicht länger. Jetzt war es Zeit und Stunde, den Duck Walk an den Mann oder besser gesagt an die Frau zu bringen. Er würde jeden Zweifel Dinatas an seiner Gesinnung hinweg fegen. Und so begab er sich in die Hocke, um sich auf einem Bein stelzend über die eigentlich für diese Zwecke zu kleine Bühne zu bewegen. Allein, er hatte seinen Anzug vergessen. Der Zwirn gab nach, die Naht platzte auf und gab den Blick auf eine gestreifte Unterhose frei. Dinata nahm es erschrocken zur Erkenntnis. Pröbsting, im Rausch des Duck Walks, trudelte einem Derwisch gleich von einem Bühnenrand zum anderen, ließ im Geiste Chuck Berry inkarnieren und kam erst zur Ruhe, als der Lange mit seiner Litanei des geborstenen Bollerwagens anhob. Lohmann prustete vor Lachen und machte ihn gestenreich auf sein Malheur aufmerksam und Pröbsting suchte nach dem Loch, in das er versinken konnte.

Nach weiteren drei Akkorden öffnete sich die Hintertür. Nach und nach betraten ungefähr zwei Dutzend Männer den Raum, die ganz erkennbar nicht wegen der Musik gekommen waren. Die Jungs ließen sich erstmal nicht beeindrucken und rackerten sich weiter mit ihrem „Bollerwagen“ ab, bis sie den Typ erkannten, der als letzter den Raum betrat. Es handelte sich ganz eindeutig um den Turbanmann, dessen Existenz sie verdrängt hatten. Auch jetzt hatte er wieder ein gewaltiges Wickeltuch auf seinem Schädel aufgetürmt. Er war auch wieder über und über behangen mit Tüchern und Krimskrams, so wie sie ihn von ihrer ersten unseligen Begegnung in Erinnerung hatten. Die Männer hatten die Stöcke in der Hand, die sie auch beim Eintreiben der Kühe benutzt hatten. Sofort erkannte der Gedemütigte

Dinata und ihre Begleiterinnen. Er schritt auf sie zu. Sie wich zurück. Doch im gleichen Moment schlug er ihr mit der Hand und voller Wucht ins Gesicht. Isha und Reena warfen sich vor sie. Doch auch gegen sie ging er mit ungeheurer Brutalität vor. Ein Aufschrei ging durch den Raum. Mehrere junge Männer stellten sich schützend vor die Frauen und wurden sofort von den Stockträgern niedergeknüppelt. Amit stürzte auf die Band zu und zeigte auf eine kleine Hintertür hinter der Bühne, durch die man nur gebückt entweichen konnte.

„Los, los, alles abbauen, ganz schnell und auf den Lastwagen“, brüllte er ihnen zu. Da die ganze Schlägerei sich im hinteren Teil des Raumes abspielte, konnten sie ziemlich unbemerkt mit dem Abbau beginnen. Schnell hatten die Sadhus den Hinweis auf die kleine Tür mitgekriegt und sich in Windeseile aus dem Staub gemacht. Amit eilte zu den Frauen, um ihnen zu Hilfe zu kommen. Aber es war kein Durchkommen. Ein dichtes Knäuel von Körpern umgab sie wie ein Fleischgürtel. Er versuchte, einen der Viehtreiber anzugreifen, fühlte sich aber zu schwach und hilflos. Obwohl das Publikum in der Überzahl war, war es dennoch hoffnungslos unterlegen, weil es über keinerlei Bewaffnung verfügte. Den mächtigen Knüppeln, von denen sie gnadenlos Gebrauch machten, war nichts entgegenzusetzen. Die Jungs wussten, dass der Angriff eigentlich ihnen galt. Immerhin hatten sie den Lastwagen geklaut und ihnen eine ordentliche Abreibung verpasst. Im Moment schienen allerdings die Frauen das Objekt der Begierde zu sein. Und so droschen sie hemmungslos auf die Beschützer ein, von denen schon einige blutend auf dem Boden lagen. Der Abbau auf der Bühne ging recht zügig voran. Und nachdem Lohmann seine letzte Trommel verstaut hatte und auch die Keyboards eingepackt waren, war die Bühne fast leer. Die Lautsprecheranlage nahmen sie auch mit. Und auch der Generator wurde auf den Lastwagen gewuchtet. Der Tumult im Raum war gewaltig. Nicht alle Zuhörer hatten den Mut, sich vor die Angreifer zu werfen. Einige hockten verzweifelt auf ihren Stühlen. Denn mittlerweile hatten einige Knüppelschwinger den kleinen Fluchtweg bemerkt und versperrten ihn mit aller Macht. Alle waren nun eingesperrt und waren der Gewaltorgie, die sich noch steigerte, ausgeliefert. Es war nun eine Art Zweifrontenkrieg. Die eine Hälfte der Truppe samt ihres Anführers hatte es auf die Frauen abgesehen, die andere wendete sich zunehmend der Band und Amit zu, die sich noch auf der Bühne befanden und sich einer näher rückenden Wand wütender Männer entgegen sah. Es stand zu befürchten, dass sie neben den Knüppeln auch Messer und Dolche dabei haben und auch einsetzen würden, wenn es brenzlig würde. Der Lange verspürte nicht wenig Lust, sich mit vollem Körpereinsatz Respekt zu verschaffen. Auch Pröbsting drängte es, Dinata zu Hilfe zu eilen. Allein, die Armada von Finstermännern, die ihnen mehr und mehr näher rückte, teilte den Raum. Über die Köpfe dieser Elendsgestalten sahen sie nun, wie die Frauen auf dem Boden in Richtung Ausgangstür geschleift wurden. Es war klar, was passierte, wenn man nichts dagegen tat. Der Lange kochte vor Wut, schnappte sich den Stock eines Angreifers und schlug wie wild um sich. Sofort stürzten sich fünf Mann auf ihn und prügelten auf ihn ein. Er ging zu Boden und hielt die Arme schützend über seinen Kopf. Robert, Lohmann und Pröbsting wollten ihm zu Hilfe kommen, wurden aber gleichfalls brutal attackiert. Einige der Männer zückten nun ihre Messer und standen drohend vor ihnen als plötzlich die Tür aufgerissen wurde.

Wie vom Himmel geschickt stürmten die Kohorten von Akshara den Saal. In Tarnanzügen und mit einem schwarzen Kopftuch mit der Aufschrift RSS griff die fundamentale paramilitärische Kampftruppe hinduistische Parolen schmetternd in das Geschehen ein. Mit gekonnten messerscharfen Handkantenschlägen waren die Dunkelmänner unversehens entwaffnet und sahen sich mit gefesselten Händen der Reihe nach auf dem Boden liegen. Akshara nahm ihre weinende Freundin Dinata in die Arme, tröstete sie und wischte ihr das Blut ab. Reena und Isha, vom Betonboden geschunden, erhoben sich und schleppten sich ebenfalls zu ihr, um sich innigst zu bedanken. Amit eilte zu den Frauen und entschuldigte sich tränenreich. Die Viehtreibertruppe winselte, wand sich auf dem Boden und musste sich den Spott der Umstehenden gefallen lassen. Akshara rief die Polizei an. Es stand nicht zu befürchten, dass sie den geklauten Lastwagen melden würden, denn der Diebstahl und die Verfrachtung von Heiligen Kühe in illegale Schlachthöfe waren ebenfalls fraglos gesetzeswidrig. Dennoch beeilte sich Amit, die Jungs zum Transporter zu bewegen und zusammen mit ihnen das Weite zu suchen. Der Lange konnte es sich aber nicht verkneifen, noch einmal zum Turbanmann zu gehen und ihm eine Ohrfeige zu geben, worauf dieser ausspuckte und seine Visage zu einer abscheulichen Grimasse verzerrte. So sah wohl Hass aus.

Amit hingegen trieb die Jungs an: „Los, schnell auf den Wagen. Wir fahren erst zu uns und dann geht weiter."

Als sie an seinem Elternhaus ankamen, sollte alles ganz schnell gehen. Die Kinder und die Großeltern schliefen. Die Frauen würden wohl auch gleich zurückkommen und eine unruhige Nacht ob der erlittenen Qualen haben.

„Alles einpacken, ganze Sachen. Und auch Matratzen mitnehmen und Bettlaken", rief Amit. „Alles auf Lastwagen werfen und wir fahren gleich los."

„Hast du ein Stück Papier, leeres Blatt oder so?", fragte Lohmann ihn.

„Was willst du machen?"

„Egal. Einfach ein leeres Blatt."

Amit verschwand kurz und legte ihm ein irgendwo herausgerissenes Blatt Papier hin. „Hier."

„Danke."

Lohmann pfriemelte einen Kugelschreiber aus der Tasche und schrieb in großen, geschwungen Buchstaben: ‚THANK YOU – errorsix'. Den Zettel legte er auf den Küchentisch. Dann zischten alle ab, suchten sich ein Plätzchen auf dem vollgestellten gelben Transporter, der jetzt noch auffälliger war, und verschwanden in die Nacht.

Jaipur, in dem es auch jetzt um Mitternacht noch brodelte, dünnte langsam aus. Sie kamen wieder auf die typischen Ausfallstraßen, die gesäumt waren von Buden und Garküchen. Auch jetzt brutzelte es noch an allen möglichen Stellen vor sich hin. Eine kleine Eskorte von jugendlichen Mopedfahrern hatte sich gebildet und begleitete den Wagen lachend und feixend bis zum Stadtrand. Dann drehten sie ab und das gelbe Vehikel zockelte in den weiten Raum, der von einem großen Vollmond geheimnisvoll illuminiert wurde. Ein bisschen war es nun wie auf dem mittelalterlichen Narrenschiff, das seine verrückte Besatzung ohne Aufsicht den Gefährdungen der Umwelt aussetzte. Aber sie hatten ja Amit, der sie bestimmt sicher bis zum Flughafengebäude in Delhi geleiten würde. Allerdings sah er schlecht aus. Das hatte ihn alles sehr mitgenommen. Die Jungs hatten ein schlechtes Gewissen, weil sie ihm den ganzen Ärger eingebrockt hatten. Auf der anderen Seite war diese absurde Idee, einen solch irren Auftritt zu organisieren, auf seinem Mist gewachsen. Er hätte damit rechnen müssen, dass da auch was schief gehen könnte. Dass es aber derart aus dem Ruder laufen würde, hatte ihm nicht einmal die kühnste Idee vorher verraten.

Nach außen blieb er dennoch freundlich und gelassen. Jedoch hatte man manchmal das Gefühl, dass seine Freundlichkeit aufgesetzt war und sich von der, die er als Reiseleiter an den Tag legte, nur unwesentlich unterschied. Bisweilen schien er abwesend, sogar bedrückt. Dann aber wieder freute er sich wie ein Kind, wenn zum Beispiel der Generator ansprang und er sich wie ein Virtuose auf einem neu erfundenen Musikinstrument fühlen konnte. Auch jetzt saß er zusammen mit dem Langen in der Führerkabine des Lastwagens und schaute recht frohgemut in die Dunkelheit. Er hielt nach einem Plätzchen Ausschau, an dem sie das Nachtlager aufschlagen konnten. Dabei musste es aber doch ein ganzes Stück von der Stadt entfernt sein, damit man nicht Gefahr liefe, dass Helfershelfer der Überwältigten oder gar diese selber ihnen folgten.

„Wo ist eigentlich der Block?", schoss es dem Langen durch den Kopf. Sollten sie ihn in dem ganzen Spektakel liegengelassen haben? Egal, zu Hause standen noch ganz viele davon. Es juckte ihm in den Fingern, den alten Wagen einmal selber zu fahren, und Amit überließ ihm bereitwillig das Steuer. Mit Genuss kurbelte er das Fenster hoch und runter.

„Hier ist gut", meinte Amit und bedeutete ihm, von der Straße runter auf den Weg zu fahren, der zu einem Flussufer führte, um anzuhalten. Der Platz kam dem Langen bekannt vor. Er hatte den Eindruck, bei seinem Ausflug mit den Sadhus hier schon mal gewesen zu sein. Er war sich aber nicht ganz sicher. Der Mond spiegelte sich auf dem Wasser des Flusses und einige Reiher zogen ihre Bahn. Sie schoben alle Instrumente und den Generator auf eine Seite und breiteten ihre Matratzen aus. Die Seitenklappen des Laders blieben aufgestellt, sodass man sich einigermaßen sicher fühlen konnte. Die Plane war zurückgerollt. So konnten sie unter freiem Himmel liegen und sich von den Sternen ihre Winzigkeit bestätigen lassen. Temperaturmäßig gesehen war es kein Problem. Es herrschten angenehme 24 Grad. Pröbsting ließ eine Packung Zigaretten kreisen. Bis auf Lohmann, dem sie nicht bekamen, bedienten sich alle. Sie setzten sich rauchend an das Ufer des Flusses und ließen ihren Auftritt noch mal Revue passieren. Na ja, Auftritt in dem Sinne konnte man es ja nicht nennen. Aber es war gut angefangen, da waren sich alle einig. Das erste Stück mit dem Generator.

„Meuter", war Pröbstings Kommentar, der in diesem Fall nicht zu toppen war.

„Das Ding muss gesampelt werden", war Lohmanns Meinung.

„Sag mal, Amit, das Eintrittsgeld haben die Leute ja nicht zurückgekriegt, oder?", gab Robert zu Bedenken.

„Ging nicht", antwortete Amit lakonisch. „Ist eben Gewalt."

„Höhere", sagte Robert.

„Hohe Gewalt, ja, ja", erwiderte Amit, nicht vertraut mit der Steigerungsform.

„Wohl eher rohe Gewalt", differenzierte Robert.

„Scheiß drauf, hohe Gewalt, rohe Gewalt, höhere Gewalt", meinte Gereon. „Auf ihre Kosten sind sie ja trotzdem irgendwie gekommen. War ja immerhin was los. Und das erste Stück war nicht schlecht. The Generator Sound."

„Sag mal, Amit, wusstest du, dass Akshara mit ihren Truppen auftauchen würde?", fragte Robert. „Das war ja Rettung in höchster Not."

„Akshara ist beste Freundin von Dinata und wusste Bescheid. Hat große Wut auf Diebstahl von Heilige Kuh. Deswegen sie hat Befehl von Göttern bekommen, dass sie die bösen Männer bestraft", entgegnete Amit. „Außerdem sie hat ein bisschen Gefallen an Gereon. Konnte Mund nicht zukriegen, obwohl Zähne nicht schön."

„Hab ich gemerkt", lächelte Pröbsting, diesmal fast sogar ein wenig gerührt. Also war die Rettung doch ein wenig seiner Wirkung auf die Damenwelt zu verdanken. So jedenfalls legte er sich das zurecht und war folglich bester Laune und noch gar nicht müde im Unterschied zu Robert, der sich kaum noch halten konnte. Er zwang sich aber, noch ein bisschen aufzubleiben, weil Amit sich daran machte, am Flussufer ein kleines Feuerchen zu entzünden.

Und so hockten sie um das Lagerfeuer und fühlten sich wie eine Räuberbande, obwohl das Recht doch im Großen und Ganzen auf ihrer Seite war. Der Schein des Feuers beleuchtete alles gnädig und Amit holte sogar noch eine Flasche von dem Brandy raus, den Robert von seiner Rundreise ja schon kannte. Sie hatten eine Menge gesehen in den paar Tagen. Verarbeitet hatten sie davon eigentlich gar nichts. Ob sich überhaupt irgendetwas jemals „verarbeiten" ließ? War die verdaute Wirklichkeit überhaupt je die geklärte? Die Faktizität des Sichtbaren drückte selbst dem Unsichtbaren erbarmungslos ihren Stempel auf und alles erschien als Abbild einer anderen Wirklichkeit, die sich wohl niemals erschließen würde. Alles schwamm wie Kraut und Rüben an der Oberfläche. Aber mehr konnte man in der kurzen Zeit auch nicht erwarten. Erstaunlich dennoch, wie viele

Klischees sich bestätigt hatten. Aber wie sie sich in Szene gesetzt hatten, war keineswegs zu erwarten gewesen. Und dennoch erschloss sich dieses Land keineswegs, da sich nach jeder geöffneten Tür zehn neue auftaten. Und die bunten, quirligen Oberflächen ließen die Untergründe, aus denen sie hervor wuchsen, nur erahnen. Amit war müde und erschöpft, aber keineswegs niedergeschlagen. Bestimmt hatte er in seinen kühnsten Träumen nicht erwartet, dass die Sache so auslaufen bzw. ausufern sollte. Er hätte allen Grund gehabt, enttäuscht zu sein. Aber die Jungs waren ihm sympathisch und er konnte ihnen nichts verübeln. So versuchte er es mit Humor zu nehmen und dachte im Moment nur mit einer Gehirnhälfte darüber nach, was passieren würde, wenn er wieder nach Hause kam. Wer konnte schon wissen, ob sich die Polizei wirklich der Prügelbande erbarmen würde oder ob sie nicht in Wirklichkeit mit ihnen unter einer Decke steckte oder bestochen war?

Akshara würde wohl ungeschoren davon kommen, denn die hinduistischen Traditionspfleger umhüllte ein besonderer Schutzmantel. Mit ihnen sollte man sich nicht anlegen. Aber wie würden die Frauen reagieren? War Reena nicht immer schon gegen das Experiment gewesen? Und Isha, seine Frau: Was würde sie sagen, wenn er ihr wieder unter die Augen träte? Ganz zu schweigen von Dinata. Sie waren übel malträtiert worden und es wäre sicher noch schlimmeres passiert, wenn Akshara nicht gekommen wäre.

Mittlerweile prosteten sie sich zu und gefielen sich in dieser Cowboy-Idylle allein auf weiter Flur. Sie würden jetzt zurück zum Flughafen fahren. Dafür hatten sie noch zwei Tage. Übermorgen mussten sie abends um neun Uhr da sein. Unterwegs wollten sie versuchen, den Generator anzuschmeißen und auf der Ladefläche etwas zu spielen. Sie würden vielleicht sogar auf der Landstraße im Fahrtwind spielen, ohne Publikum und nur für sich und den Raum. Ansonsten könnte man an exponierten Orten Station machen und Minikonzerte spielen, um sich vom Acker zu machen, sobald man von irgendwas gestört würde. Sie malten sich ihren Parforce-Ritt in schillerndsten Farben aus und begaben sich dann beschwippst und beschwingt auf ihre ausgelegten Matratzen. Die in ihren Koffern verstauten Musikinstrumente und die Boxen wurden auf eine Seite geschoben. Es war eng, aber irgendwie ging es. Amit schlief in der Fahrerkabine.

Gut, dass sie ein paar Decken mitgenommen hatten, denn es war zwar angenehm, aber nicht besonders heiß. Eigentlich fühlte es sich ganz komfortabel an, hier unter freiem Himmel zu liegen. Es gliederte sich nahtlos in die Logik der Abläufe ein. Die indische Nacht spülte ihnen ihre eigenen Geräusche in die Gehörgänge, von wo aus sie sich in die Windungen des Gehirns schlichen, um sich dort ein Nest zu bauen. Alle hofften natürlich, dass jetzt nicht irgendetwas Überraschendes passierte. Dahingehend waren alle Bedürfnisse befriedigt. Auf nächtliche Tiger-Attacken hatten sie genauso wenig Bock wie auf Schlangenbisse oder ähnliches. Einfach nur schlafen.

So zogen sie sich ihre Decken über die Ohren, ließen sich in die Bewusstlosigkeit fallen und lieferten sich damit den abertausenden Gottheiten und ihren Helfern aus, die sich über die kapillaren Systeme des Animismus Zugang zu ihren Körpern verschafften. Robert brauchte naturgemäß etwas länger und wunderte sich immer, wie schnell sich manche in die Tiefe saugen ließen. Das Phänomen der Sorge röstete ihn auf dem Spieß der Erinnerungen an den Tag und den daraus folgenden Konsequenzen für die Zukunft. Und so drehte und drehte er sich wie ein Grillhähnchen, um endlich zur Ruhe zu finden und das Feld anderen Mächten zu überlassen.

Es war eine laue Nacht im April, die die folgenden heißen Nächte des Sommers erahnen ließ. Der gelbe Lastwagen stand am Flussufer wie die Skulptur eines Installationskünstlers. Leichenteile trieben auf dem Wasser, auf denen Vögel hockten und nach Verwertbarem pickten. Es hatte wohl wieder mal zu wenig Holz an den Verbrennungsstätten gegeben. Einige Wasserbüffel lagerten seitwärts und verströmten ihr vernehmbares Atmen und Schnauben in die Dunkelheit, die der Vollmond zum sanften Halbdunkel hochdimmte. Die Baumkronen waren von Vogelschwärmen bevölkert, die ihre Flatterigkeit besänftigen, indem sie ruhig der Dinge harrten, die der baldige Sonnenaufgang vorbereitete. Das Echolot der Fledermäuse formt alle Dinge in Informationen der Ortung um. Es gibt keine Stille, weil alles nur eine Frage der Ohren ist. Und es gibt kein Nichts, weil alles nur eine Frage der Wahrnehmungsorgane ist. Denn das Nichts arbeitet im Betriebsmodus des Nichtens, der sich leise ohne Nebengeräusche vollzieht und doch etwas absondert und sendet, für das der Empfänger kein Organ hat. Das Organ schläft noch und gebiert keine Ungeheuer, sondern sich selbst.

Während es in den Köpfen spukt und rumort, liegen die Schlafenden wie leblos. Die Interaktion zwischen innen und außen ist abgeschnitten. Lebendigkeit nistet an der Schnittstelle, die auf ihre Verbindung wartet. Kommunikationslos brüten dampfende Organismen vor sich hin und winzige Poren entlassen warme Schwaden wie Schlote großer Fabriken. Die Ströme der Ausdünstungen begegnen sich und verbinden sich zu Wolken, die Parallelkörper bilden, die miteinander in chemische Kommunikation treten. Und so ist die Nacht nur scheinbar still, denn der Austausch findet auf anderem Terrain statt. In Myriaden von Verbindungen kleinster Teilchen leben die Nachtgeburten fort, durchströmt von ebenso vielen Ungebundenen, die rastlos ihre Partner suchen. Einige treten den verzweifelten Rückweg über die Atmungsorgane an und überlassen den Vagabundierenden das freie Feld der potentiellen Allianzen. Die Ausgeburten sind nicht nur die der Köpfe, sondern auch die der Körper. Die so verschiedenen Eltern entlassen ihre Kinder auf die Spielwiesen, die sie dem freien Spiel von Anziehung und Abstoßung überantworten. Die Spuren dieses Spiels verdichten sich zu Fäden, die ein feines Netz spinnen, das alles miteinander verbindet. Und so geht jedem Vollzug jener stille subatomare Prolog voraus, der die Blumen streut wie das Engelchen bei der Prozession.

Die von der Nacht Gesalbten schälen sich aus ihrem Nachtlager. Die tägliche Wiederauferstehung schiebt sie ins Licht zurück und gibt das Zepter ans Bewusstsein zurück. Und die also gekrönten Häupter des Tages kneten und formen sich in ihr tägliches Gerüst zurück.

Es war ein langer Schlaf. Amit war schon lange auf und hatte schon ein Bad im Fluss genommen. Die Verunreinigungen des Wassers machten ihm nichts aus. Sie waren alle durch den Ganges gestählt, der noch weit schlimmere Prüfungen bereit hielt. Jetzt packte er seine Tüten aus, die er in weiser Voraussicht zu Hause noch schnell gepackt hatte, und bereitete ein leidliches Frühstück vor, freilich ohne Kaffee. Sanitär leicht unterversorgt freuten sich aber doch alle, dass sie etwas zu beißen kriegten und fegten den Proviant weg wie nichts. Besonders der Lange schien von der Nacht wie ausgezehrt und langte ordentlich zu.

Sie würden die Route über Agra und Mathura nehmen, um von dort aus pünktlich den Flughafen von Neu Delhi zu erreichen. Dazwischen viel Fahrt übers freie Land und jede Menge Käffer.

Robert setzte sich auf die Ladefläche und packte seine neuen Tablas aus. Verblüffend war, dass er seine Knie im Schneidersitz nun fast auf den Boden bekam. Zu Hause war ihm diese Sitzhaltung fast unmöglich, sodass er immer im Stehen spielte. In den Anleitungsbüchern stand auch noch irgendwas von „facial expression", worauf zu achten sei. Das hieß, dass man dabei nicht zu blöd aus der Wäsche gucken sollte, sondern einen angemessenen Gesichtsausdruck an den Tag legen sollte, der dem Ernst der Lage angemessen war. Daran würde es wohl wieder mal scheitern, denn er hatte die Angewohnheit, bei jeder Anstrengung die Zunge zwischen die Lippen zu schieben. Das hatte sein Vater schon gemacht, genauso wie diverse Tanten, und er hatte sich immer gefragt, welches Interesse eine Vererbungsstrategie wohl an der Aufrechterhaltung einer solchen Gewohnheit über viele Generationen haben könnte. Also Zunge rein und gerade sitzen. Er streichelte die Felle und strich über den glatten, in der Sonne glänzenden, kupfernen Korpus der Bayan. Dann klopfte er mit dem Zeigefinger auf den äußeren Ring der kleineren, rechten

Holztrommel: ta, ta, ta. Tablasound. Es klang hier viel besser als zu Hause auf den alten. Oder lag es am Resonanzraum, den diese uralte Tradition ihm in Form gewaltiger Landschaftstiefen, die von Musikgeschichte geschwängert waren, bereit stellte? Natürlich war das auch eine bessere Qualität, die er hier vor Ort erworben hatte. Aber gab es nicht auch so was wie morphologische Felder, die jene Fähigkeiten wach riefen, die sich im Umraum über Jahrhunderte verankert hatten? In Frankreich konnte man besser Französisch sprechen und in England besser Englisch. Würde man in Argentinien besser Tango tanzen können? Und was hatte es eigentlich mit dieser verdammten Dunklen Materie auf sich? Fünfundneunzig Prozent der Welt sollte daraus bestehen und sie wussten nichts davon. Sollte das alles hier nur ein winziger Ausschnitt aus einer unendlich viel komplexeren Wirklichkeit sein? Wieso konnte er plötzlich um ein Vielfaches besser Tabla spielen als sonst? Der linke Handballen drückt sich in das weiche Fell der Bayan und erzeugt den typisch singenden Basston: Doiing. Er ist so was wie die männliche Seite im Wechselspiel mit der viel höher gestimmten Dayan. Eigentlich war es anmaßend, sich in diesem Land an dieses Trommelpaar zu setzen, dessen Beherrschung einer Wissenschaft vergleichbar ist, die dem Normalsterblichen verschlossen bleibt. Jeder Inder würde sofort hören, dass das keine korrekte Tabla war, die er da spielte. Die vertrackte Rhythmik und das vorherige Aufsagen der einzelnen Schläge in den sogenannten Bols, würde er niemals richtig hinkriegen. Dennoch flogen seine Hände über die Tablas, als hätten sie nie etwas anderes getan, und selbst Amit zollte ihm anerkennende Blicke.

Lohmann schmiss den Generator an, der hier draußen viel leiser wummerte als im geschlossenen Raum. Sie verkabelten die Anlage, dann hielt er zwei Mikros an die Tablas und der Klang verstärkte sich grandios. Selbst Pröbsting, der für „Esoterik-Kram" im Allgemeinen nicht viel übrig hatte, fand Gefallen. Er schnallte sich die Gitarre um und legte einige wunderbare langgezogene Töne über den Tabla-Teppich, der sich dicht in getragenem Tempo entwickelte. Er zog die Saiten über die Stege, sodass die Töne sangen und seufzten und einer nahtlos in den anderen überging.

Amit schwang sich hinter das Steuer und zockelte los. Der Lange schob die Matratzen zur Seite und machte Platz für die restlichen Sachen. Robert war von seinen Tablas gar nicht mehr weg zu kriegen. Dennoch baute er die Keyboards auf. Da es keinen Tisch gab, legte er sie auf den Boden, sodass Robert sie aus seiner Sitzhaltung bedienen konnte. Mal sehen, wie lange er es auf dem Boden aushielt. Ansonsten müsste man sich noch etwas Tisch-Ähnliches besorgen. Der Lange fummelte wie gewohnt am Mischpult herum und suchte die optimale Einstellung. Lohmann setzte sich auf eine Art Schemel hinter sein Schlagzeug, was bei Bodenunebenheiten etwas wackelte. Als er sich in den Rhythmus einschlich, klinkte sich Pröbsting sanft aus, sodass die Percussion nun alleine stand und ganz erstaunlich korrespondierte. Wie Regentropfen prasselten die Schläge auf die Trommelfelle und ließen die Luft vibrieren. Der Generator war so gut wie gar nicht mehr zu hören, weil der Lange eine Matratze darüber gelegt hatte. Nur die Motorgeräusche des Transporters mischten sich in die Wirbel und Synkopen, die von einer gleichbleibenden, sanft treibenden und hypnotischen Kraft zusammen gehalten wurden. Warum hörte das jetzt keiner? Das war im wahrsten Sinne des Wortes in den Wind gespielt. Kein Aufnahmegerät dabei, nichts. Einige Männer mit den roten Turbanen der hiesigen Schafshirten zogen mit ihrer Herde vorbei und rieben sich die Augen. Was war das denn? Ein gelber Lastwagen, der in eine Klangwolke eingehüllt daher schlich. Eine Hochzeitskapelle konnte das nicht sein. Die waren irgendwie anders. Immer öfter kamen sie jetzt an kleinen Menschengruppen vor, die wie Einsprengsel in der Landschaft verstreut waren. Und überall gingen die Münder auf und die Köpfe wackelten ungläubig. Mittlerweile hatte der Lange einige Bassläufe eingestreut, die sich harmonisch in die rhythmischen Vorgaben einflochten. Er spielte sparsam und pointiert. Pröbsting hielt sich immer noch dezent zurück und hörte zu. Selten hatte man ihn so versunken gesehen. Robert blendete langsam sein Tabla-Spiel aus und legte einen Finger auf eine Taste seines roten Nord Wave-Synthesizers. Er modulierte den Ton mit dem Pitch-Rad, sodass er gestreckt wurde und gleitend über mehrere Intervalle lief. Pröbsting fand auf Anhieb die passende Terz zu diesem Ton und schlafwandlerisch bewegten sich nun beide in diesem Tonabstand, wobei sich ein melodisches Thema herausschälte, das sie so noch nie zusammen gespielt hatten und sie selbst außerordentlich überraschte. Noch nie hatten sie sich auf einer derartigen Wolke erlebt, und so zogen sie das Stück in die Länge, um den Moment festzuhalten. Erst als Amit an einer Raststätte hielt, ließen sie das Stück ausklingen.

Von sich selbst berauscht setzten sie sich auf die Terrasse und bestellten einen Kaffee. So wie das Mandala aus feinem Sand den ersten Windstoß fürchtet, mieden sie das erste Wort. Man wollte doch nicht sentimental werden auf seine alten Tage. Erst als Amit „War gut" sagte, rangen sie nach Worten, wussten aber selber nicht, wie sie das beschreiben sollten, was sie gerade erlebt hatten. Amit hatte inzwischen zu Hause angerufen. Alle waren gut zurück gekommen und hatten sich einigermaßen von dem Schreck erholt. Akshara hatte die Polizei alarmiert. Die war tatsächlich gekommen und hat die Störer festgenommen. Die Zeitung hatte am anderen Tag von dem Vorfall berichtet. In dem Zusammenhang wurde dann auch die Verfrachtung der Kühe bekannt und man war allgemein empört, obwohl eigentlich insgeheim jeder von diesen heimlichen Usancen wusste. Allerdings war Isha nun besorgt, wo er denn sei und was er vorhabe. Amit konnte sie beruhigen, als er ihr sagte, sie seien nur zusammen unterwegs zum Flughafen und dass er zurück käme, sobald er die Truppe dort wohlbehalten abgeliefert hätte. Sie hatte noch ein Handy-Foto mitgeschickt. Es zeigte die Sadhus, die im Kreis um den Block saßen, der mit Kerzen umstellt war. Offensichtlich hatten sie ihn bei den ganzen Turbolenzen an sich genommen und verehrten ihn nun als Kultgegenstand. Ob sie jemals die CD hören würde, stand auf einem anderen Blatt. Ob sie ihn danach immer noch verehren würden, erst recht.

Die Jungs hockten nun vor ihrem Kaffee und sannen immer noch über die letzte Stunde nach. Der Stuhl des Langen knarzte und gab nach. Ein neuer, etwas festerer Hocker wurde eilig herbeigeschafft. Amit drückte dem Servilen ein Trinkgeld in die Hand.

Was war das gerade gewesen? Es hatte wohl was mit Inspiration, also Einhauchung und Beatmung, zu tun, aber sie fanden keine Worte dafür. Es war nur ein Gestümper und Gestammel, das sie hervorbrachten. Irgendetwas hatte ihnen eine Sicherheit im Zusammenspiel verliehen, die sonst vielleicht höchstens mal aufschimmerte, niemals aber über fast ein und eine halbe Stunde konstant war. Über eine solch lange Zeit drauf los zu improvisieren, war durchaus normal. Das machten sie oft. Der zweite Teil der Probe ging dann meistens damit drauf, sich das ganze Zeugs anzuhören, was sowohl ernüchternd, aber auch erhellend sein konnte. Oft war es aber einfach nur eine Sucherei nach den passenden Tönen und Einstellungen, sodass man ganze Passagen direkt löschen konnte. Heute war es gewesen, als ob eine höhere Macht die Hand im Spiel gehabt hätte. Aber über höhere Mächte hatten sie selten nachgedacht. Wenn es mal so was wie Inspiration gab, führten sie diesen Atem auf sich selbst zurück, auf Stimmung und Spiellaune, auf glückliche Umstände.

Ein Touristenbus kam auf das Gelände und parkte direkt vor der Terrasse. Robert wusste aus eigener Anschauung, was die armen Schweine hinter sich hatten. Sechs Uhr aufstehen, frühstücken, acht Uhr die erste Fort-Besichtigung. Festungsanlage. Großzügige Räumlichkeiten, viele Treppen. Führung durch alte Gemächer. Leben des Maharadschas. Gemalte Sauereien: Donnerwetter. Dann wieder einsteigen, Bus fährt weiter. Klimaanlage kaputt. Nächste Station: Hindu-Tempel, Schuhe und Socken ausziehen. Bettlern kein Almosen geben, oder doch? Schwer, an verfilzten Kindern vorbei zu sehen. Nichts geben, doch ich gebe ihnen was. Viele folgen, sehr viele. Tempel ist nicht in Betrieb, Fotos im Inneren nicht erlaubt. Mönch bietet sich an, die Fotos zu machen. Er darf. Dann Almosen geben. In Stein gehauene

Sauereien: Wahnsinn. In einer viertel Stunde Treffen am Bus. Beifahrer hat Klimaanlage repariert. Er hält sich immer im Bus auf. Schläft auch darin. Man kann die Sachen im Bus lassen, er passt immer darauf auf. Kinder recken ihre Hände zum Busfenster. Noch mal raus gehen und etwas Kleingeld spenden. Besseres Gewissen. Weiter geht die Fahrt. Zwei Stunden. Zwischendurch Pinkelpause, Naturpause genannt, weil im freien Gelände. Vierzehn Tage lang immer die gleichen Leute. Jeden Tag volles Programm. Noch ein Fort. Danach im „Gänsemarsch" durch einen Ort trotten. Halbe Stunde im Parkgelände zur freien Verfügung.Dann Weiterfahrt ins Hotel. Vorher noch einmal Raststätte. Wieder Pinkelpause, diesmal in Toilettenanlage. Nicht vergessen, auch dort Almosen geben, falls der Reiseleiter nicht schon vorher kollektiv für alle gespendet hat. Essen am Buffet: reichhaltig. Schlafen im weichen Hotelbett, umgebauter Palast: luxuriös. Dann wieder sechs Uhr aufstehen. Die reinste Arbeit.

Jetzt schälten sie sich steifbeinig und knochenstarr aus dem Bus. Deutsche Reisegesellschaft, gehobene Seniorität. Gleich wurden sie von reichlich Personal in die hinteren Kemenaten gewinkt, wo der Tand auf sie wartete, dem einige nicht entsagen konnten. Die Gebeutelten plumpsten auf das Gestühl und der Reiseleiter ging von Tisch zu Tisch, um seine Empfehlungen abzugeben. Natürlich kassierte er eine Provision von der Raststätte. Amit kannte seinen Kollegen und sie tauschten sich aus, was etwas Geheimbündlerisches an sich hatte und die Malträtierten wie eine Herde Melkkühe erscheinen ließ. Immerhin hatten sie ihnen vorsorglich die indische Langmütigkeit als erstrebenswerte Charaktereigenschaft empfohlen, sodass sie jede Pein als steinigen Weg zur Erleuchtung ansahen. Wer was erleben wollte, musste halt eine gewisse Erschöpfung in Kauf nehmen. Und dass Indien kein Zuckerschlecken sein würde, hatten sie vorher schon einkalkuliert. So blieb ihnen die Illusion von Abenteuer etwas erhalten. Die karge, schäbige Raststätte wurde in die Rubrik ‚Folklore' eingeordnet.

„Komm, lass uns den Marsch spielen", hatte Lohmann plötzlich eine Eingebung.

Mit dem Marsch hatten sie früher oft Konzerte begonnen. Es handelt sich dabei um einen Präsentiermarsch, wie er in Westfalen vor allem von Schützenfesten her bekannt ist. Robert hatte sämtliche Bläsereinstellungen in seinem Synthesizer übereinandergelegt und mit Schlagwerk unterlegt. Dabei hatte er auf leichte Verstimmungen geachtet, die dem Alkoholpegel der Marschkapellen zu vorgerückter Stunde Rechnung tragen sollten. Natürlich wurde der Marsch dann nach und nach frei gespielt und löste sich fast kakophonisch auf, so wie Jimi Hendrix es mit der amerikanischen Nationalhymne gemacht hatte. Als Intro hatte er immer gute Dienste getan und natürlich auch für Verwirrung gesorgt. Robert sprang sofort auf die Ladefläche und suchte den entsprechenden Sound heraus, was einige Minuten in Anspruch nahm, denn sie hatten das schon lange nicht mehr gespielt. Den Generator hatten sie gar nicht erst ausgemacht. Er tuckerte die ganze Zeit vertraut vor sich hin. Robert spielte erst nur die typische Marschrhythmisierung auf einem Ton monoton in einem langsamen Crescendo vor sich hin. So war das noch nicht als Präsentiermarsch zu erkennen, aber er deutete sich schon an. Und es reichte, um die Ohren der Gebeugten zu spitzen. Welch heimatlicher Klang in der Fremde? Freilich vermochte dieser stampfende Aufputscher die Geister auch zu spalten, doch hier in fernen Landen ließ er selbst die Anti-Militaristen in Schulterschluss mit den Freunden des Gleichschritts treten. Fast alle Nationalhymnen der Welt haben schließlich etwas Preußisches und scheinen aus der gleichen Feder geflossen zu sein. Erhabenheit wird auf die rudimentärste Formel herunter buchstabiert.

Jetzt startete das Marschthema, Lohmann haute kräftig auf die Pauke und der Bass legte sich wuchtig unter das Motiv. Man nahm innerlich Haltung an und im Falle eines älteren Herrn, der wohl noch an Sedan dachte, auch äußerlich. Wohin auch mit den unruhigen Händen, wenn nicht an die Hosennaht? In arthritischem Stechschritt stocherte er auf die Quelle seiner Erregung und salutierte prompt. Die anderen folgten ihm und waren nicht ganz sicher, ob das als Witz gemeint war oder ob da mit einem Mitreisenden die Sau durchging. Es wurde zumindest auch gekichert. Bei dem indischen Personal wurde die Kolonialzeit lebendig, die sie zu Dienern degradiert hatte. Das Servile hatten viele bis heute nicht ganz ablegen können. Aber ein Faible für das Bombastische und Eindringliche mochten sie sich nicht ganz versagen. Auch Akshara heizte ihre Truppe nicht mit indischen Ragas ein, sondern mit Marschmusik.

Amit hatte sich schon mal hinters Steuer gesetzt und Pröbsting karikierte das Zackige mit seinem obligatorischen Duck Walk, der aber so gar nicht zu dem Rhythmus passen wollte. Die Hose hielt. Dem Alten schwoll die Brust und er marschierte auf der Stelle. Seine Frau versuchte beruhigend auf ihn einzuwirken. Doch er wies sie barsch zurück. Er versteinerte zur Karikatur des Deutschen schlechthin und Gert Fröbe und seine tollkühnen Männer ließen grüßen, als er an Selbstherrlichkeit und Stattlichkeit zu platzen drohte. Die Marschmusik befeuerte offensichtlich diesen Innendruck, der auch auf die Arterien schlug und sich in rhythmischem Schnaufen entlud. Der Mann war ganz offensichtlich gesundheitlich gefährdet, schlug aber alle Warnungen in den Wind. Im Gegenteil presste er nun kommandoähnliche Presslaute zwischen seinen Lippen hervor, so als wolle er sich als Knallcharge für eine amerikanische Naziklamotte bewerben. Schließlich versteifte sich sein rechter Arm und hob sich zum Ärgernis der Gattin bedenklich in die Höhe. Der Marsch donnerte, aber aller Augen waren nun auf den General gerichtet. Seine Frau hängte schnell ihre Handtasche an den steifen Arm und warf dann noch ihre Jacke und einen Seidenschal darüber. Kurzum, sie funktionierte ihn zum Kleiderständer um und bugsierte ihn in dieser Haltung zum Bus, wo ganz langsam die heiße Luft aus ihm wie aus einem Ballon entwich und er in sich zusammensank.

Der Rest der Truppe begab sich in einer Mischung aus Betroffenheit und Erheiterung zu den Tischen und schaute noch der gelben Erscheinung nach, die in einer Staubwolke entschwand, aus der der Präsentiermarsch nun in seiner freien Variante nachklang.

On the road again. Und jedes Mal, wenn sie etwas gemeinsam gemacht hatten, war es wie beim Hofgang im Gefängnis, nach dem man wieder in die Einzelzelle zurück geschoben wurde, wo sich die Batterien wieder langsam mit eigener Individualität aufluden, um sich später im Kollektiv wieder zu entladen.

Sie legten die Matratzen aus und machten einen kleinen Mittagsschlaf, zumindest versuchten sie es, während Amit wacker am Lenkrad saß und weiterfuhr Richtung Agra. Sie würden also Rajasthan verlassen und im Bundesland Uttar Pradesh weiterfahren. Dass ein LKW gelb gestrichen war, war zwar nicht ganz alltäglich, aber auch keine Sensation, denn eigenwillige Gestaltungen und Bemalungen waren hier die Regel. Einzig die Fracht hätte Anlass zur Verwunderung geben können. Allerdings waren auch äußerst merkwürdige und nicht identifizierbare Ladungen an der Tagesordnung. Und so fuhren sie unbehelligt dahin, zumindest solange sie auf den Matratzen ruhten und nicht Musik machten. Auch die selten zu sehenden Polizeistreifen nahmen keine Kenntnis. Schließlich kam es in Indien vor, dass Wasserbüffel und anderes Getier im Personenverkehr von Zügen transportiert wurden und sich der Hausrat ganzer Großfamilien auf Karren stapelte. Was sollte also am Transport eines Schlagzeugs und einer Musikanlage bei offenem Verdeck besonderes sein? Die meisten Transporter waren so dermaßen überladen, dass die Ladefläche des Gelben geradezu aufgeräumt erschien, obwohl sich Matratzen, Bettzeug und Musikanlage, Mischpult und Instrumente im Wege standen. Sie dösten vor sich hin und schauten in den wolkenleeren Himmel.

AGRA

Sie näherten sich Agra, jener Stadt, in der auch das Taj Mahal steht, das jährlich über vier Millionen Besucher anzieht. Allerdings schienen wohl sämtliche Säuberungskräfte auf diesen Bereich konzentriert zu sein, denn die Stadt selber war ein Drecksloch wie viele andere auch. Wer bei ihrem Anblick vom Schwellenland träumen mag, scheint nicht ganz bei Trost zu sein.

Sie passierten die Ufer des Flusses Yamuna, die völlig zugemüllt waren. Tote Ratten lagen zwischen den Resten von Plastiktüten und Bergen von Abfällen, die wie eine Art Spalier die Einfallstraßen säumten. Dazwischen wie immer die Unmengen von Garküchen, die vor sich hin dampften und den Abfallgeruch zumindest teilweise überdeckten. Die Inder bieten gerne Maulaffen feil, das ist keine Frage. Bei jeder sich bietenden Gelegenheit stehen sie und gaffen. Alles Fremde wird erbarmungslos begafft. Diesmal waren es hunderte von Tagelöhnern, die an einer Mauer hockten und auf Jobangebote warteten. Als der gelbe Wagen an ihnen vorbei fuhr, auf dem ein europäischer Schlagzeuger gedankenverloren vor sich hin trommelte, fiel ihnen die Kinnlade herunter und alle Köpfe bewegten sich gleichzeitig wie einstudiert in die gleiche Richtung. Und die Blicke, die ihnen folgten, schienen sich an ihre Fersen zu heften und man konnte sie schlecht abschütteln.

Lohmann spielte unplugged. Erst als Robert sich wieder an seine Tablas setzte, die mit dem Mikrophon verstärkt werden mussten, wurde auch das Schlagzeug abgenommen. Dieses Mal fädelten sich die Tablas in das Schlagzeug ein. Aber Lohmann ließ sie auch manchmal alleine stehen. Jetzt spielten sie das erste Mal vor anrückenden Menschenmassen. Diese Meute war unberechenbar. Was wäre, wenn sie zum Mob würde und aus irgendeinem Grund aggressiv würde? Vielleicht interpretierte man ja einen religiösen Hintergrund hinein, was immer geeignet war, Gemüter zu erhitzen. Die latente Erhitzungsbereitschaft war immer spürbar und schwelte unsichtbar. Amit blieb auf einem Sandplatz stehen. In der Nähe stand ein Zirkuszelt. Es flog viel Zeugs herum. Papierfetzen, Plastiktüten, abgerissene Plakate. Frauen in safrangelben Saris überquerten den Platz mit großen Wasserkrügen auf dem Kopf. Ein leichter Wind wirbelte Sand auf und fegte das Gerümpel über den Platz. Amit meinte, das könnte noch mehr werden. Sie sollten sicherheitshalber das Verdeck über der Ladefläche zuziehen. Besonders in der Gegend um Agra wurden in den letzten Jahren viele Bäume gefällt, um Platz für neue Straßen zu schaffen die man brauchte, um dem Ansturm auf das Taj Mahal Herr zu werden. Nun fegte der Sand ungehindert über das Bauwerk hinweg und brachte es in Gefahr. Einige sprachen schon von einer akuten Einsturzgefahr. Hinzu kam, dass das Fundament verrottete, weil viel zu viel Wasser aus dem Fluss Yamuna abgeleitet wurde, sodass er mehr und mehr austrocknete. Das führte einerseits zu einer Gefährdung des berühmten Bauwerks, weil der Fluss Bestandteil der architektonischen Struktur des Mausoleums ist. Zum anderen litt Agra an Besorgnis erregendem Trinkwassermangel, der sich schon bis Neu Delhi ausweitete. Überall tranken die Menschen stark verunreinigtes Wasser. Dennoch schien das Bewusstsein für die Umweltproblematik nicht sonderlich ausgeprägt.

Der nackte Überlebenskampf stellt für die meisten alle anderen Probleme in den Schatten. Obwohl es sich bei dem Taj Mahal um ein islamisches Gebäude handelt, hat er doch eine identitätsstiftende Wirkung für das ganze Land. Von weitem wirkt er wie eine Fata Morgana, eine imaginierte Erscheinung von überirdischer Wirkung, die den Besucher in einen Vorhof zum Jenseits schickt. Der ständige Dunst um die Kuppel lässt ihre Ränder unscharf erscheinen und der weiße Marmor wirkt auf merkwürdige Weise entmaterialisiert. Seine vergeistigte Präsenz erscheint als Todesahnung, die den eigenen Untergang vorweg nimmt. Ein Verlust bedeutete allerdings den Untergang einer über Jahrhunderte gewachsenen Kultur. Gleichzeitig dient die monumentale Grabstätte für tausende von Hochzeitspaaren als Kulisse, und die Pilgerscharen aus allen Landesteilen sind schier unendlich. Der Ramsch, der rund um das Gelände verhökert wird, ist das allerdings auch. So lebt Agra von dem Weltkulturerbe, aber alle Rettungsversuche drohen in Bürokratismus zu versanden.

Der Sturm wurde langsam heftiger und sie saßen zusammengekauert unter der Plane, die sich abwechselnd blähte und wieder zusammenzog. Er zerrte an den Verschlüssen und Riemen und rüttelte an dem stählernen Aufbau aus dünnen Rohren, der das Dach hielt. Amit öffnete eine Art Durchreiche und fingerte einen Kerzenstummel aus dem Handschuhfach, der die Szenerie in ein flackeriges Licht tauchte, als habe Caravaggio sie gemalt. Draußen flogen einem die Brocken um die Ohren. Plakatwände fielen um, das Zirkuszelt stürzte ein. Die Tiere irrten teilweise ziellos umher oder suchten Unterschlupf. Der Sand kroch durch alle Poren.

Den gleichen Kräften war jetzt auch das Taj Mahal ausgesetzt. Amit wiegelte Roberts Hinweise und Befürchtungen in die Richtung ab und beschwichtigte.

„Warum so?“, meinte er lakonisch. Die Gefahr sei erkannt. Man arbeite schon an den neuen Fundamenten für die Minarette. Zumindest sei die Planung dafür fast abgeschlossen. Überhaupt sähen die Europäer immer alles viel zu pessimistisch. Wenn jetzt die Plane reißen würde, wären wahrscheinlich die Instrumente und die Anlage hinüber. Die Jungs versuchten, alles weitgehend abzudecken oder in den Koffern zu verstauen, was kein leichtes Unterfangen war bei der herrschenden Enge. Dann saßen sie wieder um die Kerze herum wie die Neandertaler ums Feuer. Dieses dumpfe Ausharren, ohne dass man etwas machen konnte, ging besonders Pröbsting auf die Nerven. Schon die starke Einschränkung des Bewegungsdrangs erzeugte bei ihm Verspannungen. Es war so verflucht unglamourös, zu viert so blöd in eine Flamme zu glotzen. Dabei ließ die Natur doch nur ein wenig die Muskeln spielen. Irgendwo musste ein loses Metallteil herumkullern, denn es schepperte und klirrte einmal von rechts, dann wieder von links. Gereon erfasste es schließlich in einer Ritze. Es handelte sich um sein Röhrchen, das sich auch hier selbstständig machte, genau wie im Proberaum. Er nahm es gleich an sich und steckte es in die Tasche. Eigentlich etwas unhygienisch bei dem Hintergrund, aber was spielte das jetzt schon für eine Rolle? Hygiene war Luxus. Was hatte er sich nicht alles vorgestellt? Großer Konzertsaal, großes Publikum, großes Land. Und jetzt saß man hier unter so einer stinkigen Abdeckplane. Die anderen waren von vornherein nüchterner an die Sache herangegangen, obwohl es da auch Abstufungen gab.

„Komm, Gereon, ruhiger werden", wirkte Robert auf ihn ein. „Immerhin hatten wir eine super Inspiration wie noch nie. Allein das war es doch schon wert."

Was die Inspiration anging, stimmte Pröbsting sofort zu. Er ließ sich das ganze Unternehmen auch keineswegs in Frage stellen, auch wenn es in punkto Huldigung doch einiges offen ließ. Die Inspiration war den anderen natürlich auch aufgefallen. Aber Lohmann meinte, man solle da doch erstmal abwarten, ob man das halten könne. Es könnte schließlich auch Einbildung oder Zufall gewesen sein. Es gab ja keine Aufnahmen, die irgendwas bewiesen. Und eine gewisse Trübung der Wahrnehmung sei angesichts der erlebten Wirrnisse in Rechnung zu stellen.

Ein Handy-Kontakt mit Amits Familie war nicht möglich, sie saßen in einem Funkloch. Es war durchaus möglich, dass in Jaipur nichts von dem Sturm bemerkt wurde und er sich auf Agra beschränkte. Es war oft so wie bei den Taifunen, die mit messerscharfen Grenzen ihre Spuren hinterließen. Geräusche wurden in Bilder verwandelt. Und wenn man sie richtig interpretierte, musste es draußen die reinste Apokalypse sein.

Ein Gutes hätten diese Sandstürme, meinte Amit. Sie dauerten nämlich in der Regel nicht länger als zwei Stunden. Das war ja beruhigend. Eine regelrechte Himmelsbotschaft war das. Eine Stunde hatten sie ja schon hinter sich. Eine weitere wäre noch zu überstehen. Und wenn man dem Tumult draußen glauben wollte, hatte er wohl gerade seinen Höhepunkt erreicht. Die Kommunikation unter der Plane war nahezu erloschen. Als Schweigekartell hatten sie sich noch nie erlebt. Eine neue Erfahrung. Dabei verrührten ihre Köpfe die aufgenommenen Eindrücke und Erfahrungen zu jeweils eigenen Suppen, die wahrscheinlich nur dem gleichen Rezept zu verdanken waren, aber zum Schluss doch ganz unterschiedlich schmeckten. Dass es unter den Schädeldecken brodelte, war fast schon hörbar. Amits helle Falsett-Stimme tauchte manchmal kurz auf wie der Fischkopf aus dem Wasser, um schnell wieder zu versinken. Der Mitteilungsgehalt hielt sich in Grenzen. Auch er war sonst eher ein Vielredner. Aber eine Verstimmung schien ihm die Sprache verschlagen zu haben. Gründe dafür gab es schließlich viele. Auch ihm ging vieles durch den Kopf, vor allem natürlich seine Familie. Würde man ihm die Schuld dafür geben, dass Dinatas Zukunftspläne geplatzt waren? Wahrscheinlich waren es sowieso nicht ihre eigenen gewesen. Aber die Familie würde das wohl anders sehen. Ohne seine Eskapaden wäre das ja alles nicht passiert. Würde er in Ungnade bei den Eltern fallen? Ein unvorstellbarer Gedanke. Oder gab es gar ein kleines Fünkchen Hoffnung, dass ihm Dinata sogar dankbar sein mochte? Ein kleiner Lichtschimmer. Auch in den Köpfen der Jungs geisterten die Erinnerungen an diese Familie, Menschen immerhin, die sie vielleicht nie mehr wieder sahen, die aber doch irgendwie da waren. In den paar Tagen war ein Verhältnis gewachsen, das sich weniger der Sprache als der Gesten und Zeichen verdankte, von denen sie bis jetzt nichts gewusst hatten. Das Schattenreich der Erinnerung war um einiges Personal reicher geworden und brachte sich als Parallelwelt in Erinnerung.

Dabei wütet es als gefräßiges Monster allenthalben und verwandelt die frisch Erinnerten oft nach kurzer Halbwertzeit in Nichts, aus dem sie hervor steigen können, um als personale Vorstellung ein neues Leben zu beginnen. Die anschließende Versenkung möbliert die inneren Grabkammern zu Schädelstätten der Begegnungen. In den prästabilisierten Harmonien des Untergangs schichten sich die Massen von Bildern auf Folien, die zusammen einen Folianten der Durchsichtigkeit bilden, denn zwischen den Abdrücken sind die Nischen für den freien Raum, die im Gegenlicht leuchten.

Isha, Reena und Dinata wurden in ihren Köpfen zu Wanderinnen im Nebelmeer. Und trotz aller Unschärfe hatten sie eine erstaunliche Präsenz. Alle konnten sich mit der Endgültigkeit des Abschieds nicht abfinden und bauten sich entsprechende Konstrukte, die eine Wiederbegegnung wahrscheinlich erscheinen ließen. Selbst der namenlose Vater von Dinata irrlichterte als biologische Speicherdatei herum und hinterließ seine Abdrücke als Emanationen der Grimmigkeit, die aber gar nicht seine eigentliche Natur war, sondern sich nur als habituelle Geste der Abschreckung herausgebildet hatte. Doch die Herrscher des unterirdischen Schlauchsystems waren zweifellos die greisen Eltern, die in bewegungsloser Würde das Gewusel der Vielen überstrahlten. Erinnerung ist Einspeisung und Verwaltung. Und das Licht des Bewusstseins entscheidet nicht, wer als Deus ex Machina die Bühne betritt oder wer seine Existenz als nebulöse Gestalt im dunklen Raum fristet. Mit welcher Brutalität sich dann wieder die ordinärsten Vulgärphantasien in die besinnlichsten Betrachtungen einmischten. So meinte Robert plötzlich, einer seiner berüchtigten Fäkalobsessionen nachgeben zu müssen, indem er von einem Künstler berichtete, der angeblich Skulpturen und Porträts scheissen konnte, indem er sich die entsprechende Schablone in die Rosette klemmte. Der gewünschte Auflockerungseffekt blieb aber aus, weil sich der Rest der Truppe dieser Anschauung verweigerte.

Der Sandsturm ebbte ab.

Er hinterließ ein Trümmerfeld. Aber wenn man ehrlich war, war der Platz auch schon vorher ein Trümmerfeld gewesen. Der Sturm hatte den Unrat nur neu und großflächiger verteilt und etwas mit Wellblechdächern und Alltagsschrott angereichert. Vorher hatte es viele Haufen mit Plastikmüll gegeben, den man zu ständig schwelenden Feuern anzündete. Diese Haufen waren nun aufgelöst und gleichmäßig verteilt. Rein kompositorisch handelte es sich um eine „all-over-construction“, deren Hauptmerkmal darin bestand, kein erkennbares Zentrum zu haben und über den Bildrand hinaus zu wuchern. Die Verwehungen hatten teilweise wüstenähnliche Sandstrukturen hinterlassen. Einige Ponys aus dem Zirkus hatten das Weite gesucht und Zirkuskinder rannten hinter ihnen her, um sie wieder einzusammeln. Man hatte auch schon angefangen, das Zelt mühsam wieder aufzurichten. Das Eingangstor, die Umzäunungen und das übergroße, gemalte Namensschild waren zu Bruch gegangen. Erst als die Jungs die Plane ganz herunter gezogen hatten, zeigte der Panoramablick das ganze Ausmaß der Verwüstungen.

Menschen rannten aufgeregt herum, um vagabundierende Habseligkeiten wieder unter Dach und Fach zu bringen. Mit Sperrholzplatten vernagelte Fenster wurden wieder frei gelegt. Amit verteilte Bananen, von denen er unerschöpfliche Vorräte gehortet hatte. Sie saßen auf der Ladefläche und ließen die Beine baumeln. Sie wurden ansonsten nicht zur Kenntnis genommen und fühlten sich, als trügen sie eine Tarnkappe. Den Instrumenten und der Anlage war hoffentlich nichts passiert. Möglicherweise hatten sich ja irgendwelche Sandkörner in die Elektronik verirrt. Man würde sehen.

Der Abflugtermin war morgen Abend. Sie hatten also noch Zeit und mussten sich nicht beeilen. Eine weitere Nacht stand ihnen jedenfalls noch bevor, was die Gefühle immer noch ein wenig mischte, trotz eines gewissen Gewöhnungsfaktors. Selbst Robert war diesbezüglich ein Abstumpfungsrepertoire zugewachsen, über das er sich selber wundern musste, denn unter gewöhnlichen Umständen hätte er in keiner der durchlebten Nächte ein Auge zugetan. Jetzt wollten natürlich alle wissen, ob die Instrumente keinen Schaden gelitten hatten und ob noch alles funktionierte. Amit schmiss erstmal den Generator an. Der trat sofort seinen Dienst an. Tucker, Tucker.

Ohne lange zu fackeln, jagte Pröbsting die Anfangsakkorde von „Start me up“ von den Stones über den Platz. Der Lange hatte die Anlage auf laut gestellt, sehr laut. Die Akkorde zerschnitten die Luft und tunkten den Platz in ihren rotzigen Schnodder, den sie sich über die Jahre bewahrt hatten. Wie ein Wunder konservierten diese wenigen Harmonien eine Aufmüpfigkeit aus einer anderen Zeit, die für Momente herüberschwappte und elektrisierende Stiche versetzte. Die herumeilenden Menschen erstarrten und wandten sich der Quelle dieses Mark erschütternden Lärms zu. Robert suchte schnell auf dem Synthesizer eine Klaviereinstellung und wiederholte das Motiv, das auch durch den moderateren Sound keineswegs an Kraft verlor. Vielmehr wirkte es wie ein Startsignal, ohne aber eine Richtung vorzugeben. Es würde schwierig sein, die Kraft dieser geliehenen Aufladung aufrecht zu erhalten, aber sie verstanden diesen Impuls als eine Hommage an einen Geist, der sie immer noch ansteckte und beflügelte. Es bildete sich eine Traube von Menschen um dieses gelbe Gebilde, das wie vom Himmel gefallen schien und das ihnen irgendwie Trost spendete und die Faktizität der Notwendigkeiten für einen Moment außer Kraft setzte. Als Robert ein paar Takte auf seinen Tablas spielte, ging ein Raunen durch die immer größer werdende Menge und er erntete anerkennende Blicke. Die Stones waren jetzt raus aus der Nummer, aber sie schwangen als Hintergrundstrahlung mit. Pröbsting legte einige großflächige Cluster über die Tablas. Lohmann übernahm Roberts perkussiven Anteil, sodass er die Finger frei bekam für einige solistische Ansätze, die er sparsam anlegte, sodass man jeden Ton einzeln auskosten konnte. Die Improvisation folgte einer einfachen Tonfolge, die etwas an Bartok erinnerte. Pröbsting fand eine kongeniale Begleitung und der Lange akzentuierte kontrapunktisch. Sie ließen das Stück mit den Anfangsakkorden ausklingen, sodass es wiederum klang, als sei es komponiert worden. Dabei hatten sie sich nur einer Kausalität überantwortet, die aus sich selbst heraus die notwendigen Schritte vollzog. Jeder Ton brachte aus sich heraus den Grund für den folgenden hervor. Irgendwie spielten sie eine unsichtbare Partitur, die auf ihre Fähigkeiten abgestimmt gleichzeitig über sie hinaus ging. Wenn man jetzt mit einem Hut herum ginge, käme man selbst hier auf seine Kosten. Aber darum ging es ja nicht.

Statt Applaus zu spenden, verfiel das Publikum nach dem Stück in einen monotonen Gesang. Wie eine Litanei wiederholten sie ein einfaches Motiv wieder und wieder. Auch bei ihnen schien eine unsichtbare Partitur am Werk zu sein. Der gelbe Wagen wurde zu einer Art Altar und sie fühlten sich wie die Priester einer Messe, deren Liturgie sie nicht kannten. Verunsichert glotzten sie in die Masse, die wie in Trance ihr Mantra abspulte. Amit hatte sich im Lotussitz an die Rückwand des Fahrerhäuschens gesetzt und einen Stock verschluckt. Wie angewurzelt saß er da mit weit aufgerissenen, verdrehten Augen, von denen man nur das Weiße sah, weil er die Pupillen scheinbar nach innen verschoben hatte. Die Handflächen lagen nach oben geöffnet auf den Knien, so als ob sie eine Strahlung von außen aufnähmen. Keiner traute sich, ihn anzustoßen oder gar anzusprechen. Er wirkte wie eine Statue aus Marmor oder Stein. Alles Leben war aus ihm gewichen. Er war nur noch als Erinnerung an sich selbst anwesend. Seine Abwesenheit war gespenstisch. Sie hatte sich nicht angekündigt, genauso wie der Gesang der Leute hier aus dem Nichts völlig unvorhersehbar passierte. Sollte ihre Musik der Anlass gewesen sein? Das konnten sie sich beim besten Willen nicht vorstellen. Sie fühlten sich wie in einem Käfig, um den herum nun ein zweiter Sturm von ganz anderer Natur tobte. Eine Art übersinnlicher Ansturm rüttelte an den Gitterstäben.

„Was geht hier ab?“, fragte Pröbsting in die Runde. Keine Antwort, nur Schulterzucken. Schwer zu sagen, wie viele Singende nun den Wagen umkreisten. Es mochten einige Hundert sein. Jedenfalls waren es genug, um ein Ornament der Masse zu erzeugen. Noch nie hatten sie sich derart im Zentrum gefühlt. Gleichzeitig gab Amit im Hintergrund ein Monument der Stille ab. Er wirkte derartig weggetreten, dass er wahrscheinlich nichts von den Umrundungen mitbekam. Vielleicht umrundeten sie ja auch in Wirklichkeit ihn und nicht diese verwirrten Westler, die mittlerweile schon geradezu verblödet aus der Wäsche guckten.

Nach etwa drei Umkreisungen zogen sie sich wie von einer geheimen Hand gesteuert zurück, verteilten sich in alle Richtungen und gaben den Blick frei auf den menschenleeren Platz.

Die Abendsonne hüllte ihn in ein scharlachrotes Licht. Erleichtert sahen sich die Jungs an, waren dann aber umso irritierter, als sie auf ein Wesen schauten, das als einziges zurückblieb. Was war das für eine merkwürdige Missgeburt, halb Ziegenbock, halb Ochse? Asymmetrisch verwachsen und mit räudigem Fell leckte es seine überdimensionalen Hufe. Ein langer, spitz zulaufender Bart fegte dabei über den sandigen Boden. Wie eine Erscheinung aus einem Panoptikum pflanzte sich das Viech vor ihnen auf und presste dann einen riesigen, stinkenden Haufen aus seinem Darm. Unter anderen Umständen hätte sich bestimmt ein launiger Kommentar gefunden, doch dieses diabolische Ungeheuer verschlug ihnen die Sprache. Es war die Fleisch gewordene Verhöhnung, die da vor ihnen stand. Es war, als hätten sich sämtliche Untugenden um einen Kern gepappt, um einen Körper zu bilden, der den Zweifel am Guten zum Ausdruck brachte und dem Abgrund eine biologische Form gab. Die Kreatur hob den behörnten Kopf und warf ihnen eine verächtliche Fratze entgegen, um dann im Nichts zu verschwinden, aus dem sie gefallen war. Robert bekreuzigte sich unwillkürlich. Die anderen wandten sich angewidert ab. Nach Musik war ihnen jetzt nicht zumute. Amit verharrte immer noch in seiner steinernen Pose und stierte mit weißen Augäpfeln ins Leere. Jeder versuchte, sich innerlich Erklärungen zurecht zu legen. Hatte das was mit dem Zirkus zu tun? Irgendeine Satansnummer, die die Leute erschrecken sollte? Die Zirkusleute würden aber sicher im Moment andere Probleme haben und keine Gratisvorstellungen geben.

Robert schaute dem krüppeligen Monstrum nach, das aber vom Erdboden verschluckt worden war. Keine Spur. Als er zum Horizont schaute, erschien ihm dieser in merkwürdigem Licht. Kleine Blitze zuckten und weiße Lichtflächen in verschiedenen Perspektiven zogen vorbei, überlagerten und entzerrten sich. Farbige Punkte durchbrachen die Zweifarbigkeit. Es sah aus wie eine Laser-Show und doch war klar, dass es etwas anderes war. Es wirkte wie eine Projektion ohne Projektor. Die Lichtsignale folgten einer Bewegung von links nach rechts. Es war, als ob sich ein Film mit abstrakten Zeichen und Chiffren vor ihm abspulte.

Dann traute er seinen Augen nicht. Die non-figurativen Gebilde konkretisierten sich zu Menschen. Eine gewaltige Karawane von Personen aus allen Jahrhunderten und Kulturen zog über den Horizont hinweg wie eine bewegte Fata Morgana. Es sah aus, als ob die gesamte vergangene Menschheit sich in einem Tross versammelt und sich wie Vertriebene zu einer Völkerwanderung organisiert hatte. Ein ganzer Pulk ritt auf Kamelen. Dann wieder folgten Tausende zu Fuß in Decken und Gewänder gehüllt. Es gab Fackel- und Fahnenträger dazwischen, Kinder, Erwachsene und Greise. Über weite Strecke erschien es wie ein biblischer Exodus. Sie bewegten sich langsam, schleppend und wirkten erschöpft, als seien sie schon lange unterwegs. Die Farbigkeit war gedämpft und gebrochen. Robert dachte auch sofort an das Bild einer endlosen Seelenwanderung, denn die Figuren wirkten auf seltsame Art immateriell, obwohl sie einem glasklar vor Augen standen. Sogar einzelne Gesichter waren erkennbar. Sollte es sich um eine Vision handeln, eine Einbildung?

„Sag mal, seht ihr das auch?“, fragte er die anderen.

„Ja“, flüsterten sie zurück, als wollten sie die Bilder nicht vertreiben.

„Was ist das?“, fragte er leise in die Runde.

„Keine Ahnung“, kam es genauso leise zurück. Amit konnte man nicht fragen, ob es irgendwo ein Freiluft-Kino oder so etwas gab. Er saß nach wie vor wie ein Ölgötze und gab den Weltabgewandten. Das Horizonttheater dauerte ungefähr eine halbe Stunde, dann klang es langsam aus und die letzten Nachzügler verließen das Panorama.

Im selben Moment wachte Amit auf. Seine Pupillen drehten sich ins Gesichtsfeld zurück, er streckte seine Glieder und wirkte wie aus einem Mittagsschlaf erwacht. Fragen jeglicher Art konnte er allerdings nicht beantworten. Er machte einen aufgeräumten Eindruck und schlug vor, weiter zu fahren. Ein befreundeter Hotelbetreiber habe ihm angeboten, dass sie bei ihm übernachten könnten. Das Kontingent an Zimmern sei nicht ausgeschöpft. Über den Preis sollten sie sich keine Gedanken machen. Es handele sich um einen umgebauten, ehemaligen

Palast in einem Vorort von Agra. Es sei nicht sehr weit, sagte er, man sei in circa zwanzig Minuten da. Und sie juckelten in froher Erwartung auf ein komfortables Bett los.

Die Eindrücke hingen ihnen noch nach und jeder ging anders damit um. Während Lohmann und Robert sich mit Goethe einig waren, dass es zwischen Himmel und Erde mehr Dinge gab, als vordergründig zu vermuten wäre, schalteten der Lange und Pröbsting relativ schnell in einen anderen Betriebsmodus der Geschäftigkeit, der die Bilder überdeckte. Sie legten das Erlebte erst mal in der Schublade ‚Sinnestäuschungen' ab, wohl wissend, dass es damit nicht erledigt war, sondern dort weiter für Verwirrung sorgte. Trotzdem wurden die Sinne weiter gefüttert und es bedurfte hier nicht des Hinweises auf etwas Besonderes, denn alles war besonders. Ein Fotograf würde seine Kamera auf beliebige Orte richten und hätte jedes Mal ein spannendes Bild.

PALACE HOTEL

Das Gefährt bahnte sich den Weg durch das zunehmende Gewimmel der Vororte Agras, um sich dann eine Serpentine hochzuschlängeln, an deren Ende das palastartige Anwesen lag. Die Palastwache salutierte, als sie das Tor passierten. Gleichzeitig wurden sie mit einem Trommelwirbel begrüßt, als sie von der Ladefläche kletterten und die Empfangshalle betraten. Hier war nicht gekleckert worden. Bombastische Kronleuchter zierten die Decken. Wuchtige Sofas mit mächtigen Kissen luden zum Verweilen. Man hatte die alte Architektur nicht verändert, sodass man sich tatsächlich im Märchen wähnte und die Mogule vor sich sah. Sogleich wurden ihnen wieder von reizenden Damen Blumenketten um den Hals gelegt. Der Hoteldirektor persönlich reichte ihnen die Hand und geleitete sie zu dem Flur, auf dem ihre Zimmer lagen. Das wenige Gepäck, das sie dabei hatten, wurde vom Personal nachgetragen. Der Flur war wie ein Balkon zur einen Seite offen und vor jedem Zimmer standen zwei Sessel und ein kleiner Tisch. Der Direktor überreichte ihnen die Zimmerschlüssel.

„Welcome to our hotel. You can have buffet in half an hour, if you want“, säuselte er betont freundlich.

„Hier kann man es aushalten”, posaunte Pröbsting und sie verschwanden in ihren Zimmern. Schon nach fünf Minuten kamen sie wieder heraus und schwärmten sich gegenseitig etwas vor. Selbst Lohmann, der sich eigentlich nicht viel aus Luxus machte, war beeindruckt. Die Zimmer waren wirklich sehr geschmackvoll und edel ausgestattet. Dabei hatte man ein exotisches Flair geschickt mit westlichem Standard kombiniert. Sie konnten es ohne weiteres mit dem Adlon aufnehmen. Die Jungs waren in gewisser Weise beschämt, schlich sich doch ein Gefühl ein, zurück in der Zivilisation zu sein, obwohl dieses Niveau über ihrem eigenen Standard lag. Auch die hier einfallenden Reisegruppen konnten sich sowas zu Hause eigentlich nicht leisten. Die Pauschalangebote machten es allerdings möglich und nicht selten gab es eine gewisse Diskrepanz zwischen Ambiente und Bewohnern. Beim Fläzen auf den Flursesseln stellte sich auch gleich ein gewisser kolonialer Habitus ein. Sie schauten großmännisch von der Balustrade in die Weite auf das Gewusel der „Vielen“ und rauchten. Ein gewisses Gefühl der Erhabenheit stellte sich fast zwangsläufig ein. Robert war diese Art der Unterbringung schon vertraut, die anderen waren überwältigt.

Nachdem sie sich etwas frisch gemacht hatten, ging es runter zum Buffet. Es war nur eine deutsche Reisegruppe im Haus, die auf zwei kleine Speiseräume aufgeteilt war. Einige der Visagen kamen ihnen bekannt vor. Und bei etwas genauerem Hinsehen war auch schnell klar, um welche Reisegruppe es sich handelte. Das war der Haufen, vor dem sie den Marsch vor der Raststätte gespielt hatten. Dann dürfte der General nicht weit sein. Sie verteilten sich auf die beiden Räume. Pröbsting und der Lange fühlten sich zu dem etwas jüngeren Bestand hingezogen und fanden Platz an der Seite ebensolcher Damen. Das Gestühl war stabil. Lohmann und Robert kamen in den Seniorenraum. Als sie ihn betraten, wurden sie augenblicklich des Generals ansichtig, der seinerseits sofort, zum Entsetzen seiner Gattin, versteifte, als er die beiden sah und natürlich sofort wiedererkannte. Er sprang auf und nahm Haltung an, Hände an die Hosennaht. Seine Gattin raunte ihm ein „Eberhard!!“ zu als sie das Zucken im rechten Arm bemerkte. Sie umklammerte den Arm, um mit aller Gewalt zu verhindern, dass da wieder was mit ihm durchging, was er nicht beherrschte.

„Schon gut, Irmgard, schon gut“, raunzte er sie an. „Sie müssen wissen, meine Frau wird immer etwas nervös, wenn ich mal etwas aus der Art schlage.“

„Aus der Art schlagen nennst du das? Dass ich nicht lache!“ Und schon war der Ehestreit vom Zaun gebrochen. Erstaunlich nur, wie frei und offen er geführt wurde.

„Ich bin eigentlich kein Militarist, das müssen Sie wissen. Eine gewisse Zackigkeit ist mir aber in die Wiege gelegt. Mein Vater war beim Militär. Zu Hause lief den ganzen Tag Marschmusik. Wir mussten als Kinder schon salutieren und zum Mittagstisch ging es immer im Gleichschritt. Verrückt, ich weiß, geradezu bescheuert. Aber es sitzt drin. Kann man nichts gegen machen. Ich höre privat gar keine Marschmusik mehr, aber als Sie da plötzlich diesen Präsentiermarsch auflegten, mein lieber Scholli, da war alles wieder da, obwohl Sie ihn etwas leger runtergenudelt haben."

„Es soll auch eher eine Parodie sein", räumte Lohmann ein. Die Truppe hatte vorher einer Textilkooperative einen Besuch abgestattet. Reisegruppen werden regelmäßig zu solchen Werkstätten gekarrt, wo sie einen Tee serviert bekommen und ihnen anschließend die Fabrikation vorgestellt wird. Ziel ist natürlich, möglichst viele Produkte an den Mann zu bringen. Entsprechend kostümiert saßen nun vor allem einige Damen zu Tisch. Auch die Frau des Generals hatte zugeschlagen und erschien nun wie ein spätes Hippie-Mädchen. Die dienstfertigen Kellner in ihren abgeranzten Uniformen nahmen die Bestellungen für die Getränke entgegen. Der Lange und Pröbsting hatten sich inzwischen im Nebenraum auf zwei Mädels eingeschossen, die gemeinsam die Rundreise gebucht hatten und danach noch nach Nepal wollten. Vor allem Pröbsting lief zu großer Form auf, nachdem er eine gewisse Aufgeschlossenheit verbucht hatte. Kenntnisreich brachte er seine Erfahrungen zur Sprache und hielt sich mit der einen oder anderen Übertreibung nicht zurück. Die Mädels hielten ihm wohl vor allem sein etwas unter dem Durchschnitt liegendes Alter zu Gute. Und Pröbsting wusste natürlich, dick aufzutragen. Die Sachen vom Nachmittag hielt er aber lieber zurück, um nicht als verrückt oder gar esoterisch in Verruf zu geraten. Dafür ließ er gnadenlos den Musiker raushängen, was dem Langen schon etwas zuviel wurde, sodass er dann zu etwas reiferen Kalibern Zuflucht suchte.

Der etwa siebzigjährige General und seine zehn Jahre jüngere Gattin erwiesen sich in der Zwischenzeit als wahre Freigeister. Sie ließen keine landläufige Meinung gelten und verblüfften mit gewagten Hintergrundinformationen, die man niemals von ihnen erwartet hätte.

In welchem subversiven Zirkel war man hier gelandet?

„Wissen Sie, was der von Schnitzler von freien Wahlen gehalten hat?"

„Wahrscheinlich nicht viel", parierte Lohmann. „Man hätte sie schon lange abgeschafft, wenn sie wirklich was verändern würden."

Donnerwetter, strammer Kurs. Aber wer jetzt gedacht hätte, sie bewegten sich auf irgend so einem DDR-Nostalgiekurs, sah sich schnell getäuscht, denn sie hatten noch ganz andere Pfeile im Köcher. Lohmann und Robert fühlten sich nach einer Weile wie auf einem Agnostiker-Stammtisch. Sie waren erstaunlich gut gelaunt dabei, trotz trübster Aussichten von Weltschmerz keine Rede. Die anderen Tischgenossen versuchten verzweifelt, das Schiff immer wieder in seichteres Gewässer umzuleiten, keine Chance. So waren sie erleichtert, als endlich das Buffet eröffnet wurde. Nebenan stürzte der Lange gleich los und schaufelte sich den Teller voll. Das Essen war auf europäische Gaumen abgestimmt, sodass nicht zu befürchten war, dass wieder jemand in die Knie ging. Auch Lohmann griff diesmal beherzt zu. Die Auswahl war gigantisch. Amit hatte sich zu seinem Kollegen zurückgezogen und sie saßen an einem separaten Tisch im Raum für das Personal. Es hatte immer etwas Konspiratives, wenn er mit seinesgleichen im Gespräch war. Man fühlte sich irgendwie ausgeschlossen und vermutete, dass er im Geheimen über die ganzen Figuren ablästerte. Überhaupt waren die Eingeborenen letztendlich nicht durchschaubar. Bei allem Bemühen blieb immer ein Rest Fremdheit.

Die ganze Esserei erzwang jene leichte und unbeschwerte Atmosphäre, die den meisten angenehm war. Nicht alle hatten derart das Große und Ganze im Blick wie der General. Der war nun wahrlich kein Kostverächter, und als er sich das dritte Mal was nachholen wollte, kam wieder dieses impertinente „Eberhard!" von seiner blümeranten Ehefrau. Und der Zwist lag schon wieder in der Luft, denn er ließ sich weder von ihr noch von sonst jemandem gerne etwas sagen. Er unterstrich seine Schneidigkeit im Übrigen durch einen gewaltigen Schnauzbart, der an den Enden aufgezwirbelt war, was ihm auch etwas von einem englischen Admiral verlieh. Kurzum ein Mann mit Format, wenn auch mit zweifelhaften Schwächen. Die Frau an seiner Seite wusste natürlich, in welchem Schatten sie stand, ließ sich aber nichts anmerken. Unterwürfig war sie jedenfalls nicht.

Pröbsting blühte in Anwesenheit von Frauen immer auf und wuchs über sich selbst hinaus, was einen zweiten Pröbsting zur Folge hatte, der dem Langen etwas peinlich war. So wandt er sich auf seinem Stuhl und machte fröhliche Miene zum bösen Spiel der Anbahnung. Schließlich fand er Ablenkung bei einer älteren Dame ihm gegenüber, die vor dreißig Jahren schon Led Zeppelin live gesehen hatte und von jener Zeit zehrte, die der Lange noch im Laufstall verbracht hatte. Sie war schon viermal verheiratet und hatte jetzt „die Schnauze voll". Eigentlich befremdlich, dass das Alter so in den Physiognomien herumfuhrwerkt, dass man sich dann über solche Äußerungen wundert. Je länger der Lange mit der Dame im Plausch war, umso weniger wunderte er sich und kam schließlich zu der Erkenntnis, dass es eigentlich gar keinen Altersunterschied gab. Schließlich war der Frau nichts Menschliches fremd. Nach dem Essen kam der harte Kern überein, noch einen Absacker auf der Dachterrasse zu sich zu nehmen. Der balzende Pröbsting arbeitete natürlich auf mehreren Baustellen gleichzeitig und verteilte seine Gunst nach allen Seiten. Nur wer großzügig säht, kann seiner Meinung nach eine reiche Ernte einfahren. Und so führte er die Damen seines Herzens galant die steile Treppe hinauf. Hier oben auf der Dachterrasse standen überall tiefe Sofas rum. Eine gute Gelegenheit, sich lässig in Pose zu werfen und im jovialen Plaudermodus fortzufahren. Nach und nach füllten sich die Sofas. Auch der Admiral, sprich General, enterte die Plattform. Stefan, ein Alt-Freak mit Pferdeschwanz und lichtem Haar, hatte klugerweise an Gläser gedacht und auch noch ein paar Flaschen Brandy organisiert. Schnell waren alle per Du und die Frage kursierte, wer was beruflich machte. Die Raterei führte zu manchen Überraschungen. Der General wurde natürlich beim Militär oder Management eingeordnet, er war aber im früheren Leben

Arzt. Pröbsting wurde zu seinem Entsetzen für einen Filialleiter gehalten. Und Lohmann musste sich damit abfinden, für einen Ökobauern gehalten zu werden. Er stand geselligem Treiben generell misstrauisch gegenüber, vor allem wenn der berüchtigte Zungenlöser im Spiel war. Einige kuriose Theorien aus dem Bereich der alternativen Medizin machten die Runde, die aber vom General alle mit einem „Quatsch" quittiert wurden. Die Gruppe hatte im Übrigen den Sandsturm im Bus überlebt und musste ihn dort in beengten Verhältnissen abwarten, bevor sie den Taj Mahal besichtigen konnten. Als der Sturm seinen Höhepunkt erreicht hatte, hatten sie sich wie Bergleute unter Tage gefühlt und wurden gehörig durchgeschaukelt. Der Reiseleiter hatte verzweifelt versucht, sie bei Laune zu halten und sie mit dem Begriff ‚Abenteuerurlaub' geködert. Er hatte die Rechnung nicht mit dem General gemacht, der zu rebellieren angefangen hatte. Erst das obstinate „Eberhard!!" hatte ihn wieder einigermaßen zur Raison gebracht. Sie war die einzige, von der er sich etwas sagen ließ, obwohl sie in so ziemlich jeder Beziehung das Gegenteil von ihm war. Ausgeflippt, verspielt, irrational, träumerisch tänzelte sie sich durchs Leben und ertrug dabei diesen Klotz am Bein, der ihr allerdings eine opulente Lebensführung garantierte. Alles hat seinen Preis.

„Ihr seid also eine Band?", fragte irgendwann Stefan. „Was macht ihr denn so?"

„So ein schräges Zeugs", stapelte Lohmann wie gewöhnlich tief.

„Jazz?"

„Im weitesten Sinne."

„Und was macht ihr damit ausgerechnet in Indien?"

„Ist ne lange Geschichte."

„Sie können aber auch Märsche spielen", warf Hildegard ein. So war übrigens der Name der Generalsfrau.

„Ja, ja, das haben wir gehört. Ich dachte, mich tritt ein Pferd."

„War so eine spontane Idee wegen der deutschen Reisegruppe", meinte Lohmann. „Dabei ist dieses militärische Gestampfe ja international. Hört euch mal die Nationalhymnen an. Alles Preußisch", gab Stefan zu bedenken.

„Dabei werden amerikanische Jagdbomber mittlerweile mit Heavy Metal heiß gemacht und nicht mehr mit Wagner", warf Robert ein.

„Ja, das Heroische ist dem Martialischen gewichen", pflichtete Stefan bei, dessen Pazifismus unter dem Tagesgeschäft der globalisierten Marktwirtschaft begraben lag.

Irgendwie war dieses ganze Häuflein Menschen aus der Zeit gefallen und bediente damit auch schon wieder alle Klischees. War überhaupt noch jemand „in der Zeit"? Dabei waren es doch nur ganz einfache Pauschaltouristen. Pröbsting war jedenfalls ganz in seinem Element, auch wenn es mit der Anbahnung noch nicht ganz in seinem Sinne lief. Er hatte ja auch noch Dinata im Kopf, und dagegen war so schnell kein Kraut gewachsen. Er musste sich alle Vergleiche verkneifen und befürchtete, dass das noch sehr lange anhalten würde. Als er das Objekt der Begierde dann im tiefen Gespräch mit Stefan sah, kam er mit sich überein, dass er sie hätte haben können, wenn er wirklich gewollt hätte. Mit diesem Spät-Hippie würde er es locker aufnehmen können. Was sollte dieser Halbgebackene schon zu bieten haben? Ein Pferdeschwanz macht schließlich noch keinen Sommer.

„Guck dir den Halbgebackenen an", zischte er zum Langen rüber, der sich immer noch vergnügt mit seiner älteren Lady amüsierte.

„Was soll mit dem sein?"

„Quatscht da wie ein Saubekloppter auf das Mädel ein."

„Sie ist doch diejenige, die redet. Er hört doch bloß zu."

„Das ist seine Masche."

„Ja und?"

„Dabei hatte ich die Katze schon voll im Sack."

„Mensch, Gereon, ruhiger werden!", beruhigte ihn der Lange.

Der in seinem Stolz gekränkte Gockel stelzte ein wenig herum und ließ Dinata in seiner Vorstellung wieder auferstehen. Wenn er da nur ein bisschen mehr Zeit gehabt hätte. Da wäre bestimmt was gelaufen. So eine Meuterfrau würde ihm das ganze Leben nicht mehr begegnen. Er hätte vielleicht noch ein bisschen mehr Kohle ins Feuer werfen und etwas taktischer vorgehen müssen. In dem Fall hätte man sich wohl zuerst den Vater zum Freund machen müssen. Das war der schwerste Brocken. Aber egal, das Ding war gelaufen.

Der General war in seinen landeskundlichen Ausführungen mittlerweile bei der sogenannten Adamsbrücke angelangt, einer Verbindung aus Korallenriffen und Sandbänken zwischen Sri Lanka und Indien. Nach indischer Mythologie hatte der Dämonenherrscher Ravana die Prinzessin Sita geraubt und hielt sie auf der Insel gefangen. Nun soll der Affengott Hunian diese Brücke gebaut haben, um die Prinzessin für Rama zurückzuholen. Da der Schiffsverkehr in der Meerenge durch diese Verbindung behindert wurde, wollten die Amerikaner sie nun sprengen. Die Mythologie war ihnen dabei herzlich egal. Dagegen gab es in Südindien viele Bürgerinitiativen und Proteste. Dieser Konflikt war der Weltöffentlichkeit weitgehend unbekannt, aber der General zeigte sich informiert. Überhaupt war der Sack außerordentlich belesen, was ihn für Lohmann und Robert zum interessanten Objekt machte. Gleichzeitig ließ er öfters diese Schrulligkeit heraushängen, was ihn unberechenbar machte. Sein Urteil über die meisten Zeitgenossen war brutal. Er hielt die Menschheit für verblödet, was der herrschenden Klasse seiner Meinung nach entgegen kam. In so gut wie allen Kreisen wurde er als Verschwörungstheoretiker abgekanzelt, was ihm aber auch egal war. Auf jeden Fall hatte er einen gewissen Unterhaltungswert und in der Kombination mit seinem Anhang war es geradezu grotesk.

Langsam löste sich die Runde auf. Die Ersten wurden müde und gingen auf ihre Zimmer. Auch der Lange machte den Abflug und Pröbsting ergab sich in sein Schicksal, immer noch rätselnd, was Dinata bloß an diesem langweiligen Faselfürsten gefressen haben mochte. Später war noch herausgekommen, dass der gerade nicht in einem Bioladen beschäftigt war, sondern ein ziemlich hohes Tier in der IT-Branche. Da sollte noch einer schlau draus werden. Ab dafür. So fanden alle vier sich wieder auf ihrem Balkon ein, thronten noch mal kurz auf den Sesseln, um sich dann in ihre Luxuszimmer zu verabschieden.

Sie waren noch nicht raus aus den Klamotten, als es draußen rumorte und polterte. Der General stolperte im Schlafanzug über den Flur, röchelte, schnappte nach Luft. Hildegard rannte in Panik hinter ihm her. Der General fuchtelte herum, wankte, ging in die Knie.

„Er hat sich verschluckt, er hat sich verschluckt", rief Hildegard voller Entsetzen. Offensichtlich hatte er sich die Taschen vom Buffet vollgestopft und sich vor dem Hinlegen noch was in den Mund geschoben, das ihm jetzt die Speiseröhre versperrte. Ein Luftröhrenschnitt wäre eigentlich das Gebot der Stunde.

„Jetzt macht doch was", schrie die Generalsfrau. Keiner von den Jungs hat eine medizinische Grundausbildung. Und selbst wenn ein Messer zur Hand gewesen wäre, hätte es wohl kaum jemand richtig ansetzen können.

„Spielt den Marsch", schrie Hildegard. „Dann geht ein Ruck durch ihn."

Den Marsch spielen, das war leichter gesagt als getan. Bis alle Instrumente oben wären, die Anlage verkabelt, da wäre er schon tot.

„Komm, wir machen es mit dem Mund, a capella", schlug Lohmann vor und fing gleich an, den Rhythmus durch die Nase zu quetschen, sodass etwas Ähnliches wie eine Kombination von Becken und Pauke dabei herauskam. Der General verdrehte die Augen. Die Anderen addierten zu den Pauken die Trompeten. Immerhin hatten sie akustisch schon überzeugend Kühe nachgeahmt. Warum sollten sie also keinen Marsch imitieren können? Es musste nur ordentlich laut sein. Sie legten sich ins Zeug, bliesen die Backen auf und tröteten, was das Zeug hielt. Der General versteifte augenblicklich. In dem Moment als sein rechter Arm empor schnellte, erbrach er eine Hähnchenkeule und spuckte sie aus. Die Gesichtsfarbe wechselte augenblicklich von puterrot in leichenblass. Der Marsch verstummte und sie mussten aufpassen, dass sie nicht lospruteten vor Lachen.

„Achtsame Leistung, die Herren, wünsche eine angenehme

Nachtruhe“, fand der General schnurstracks zu alter Form zurück. Bei den Worten brach es dann aus Pröbsting heraus und er schüttete sich vor Lachen, in das die anderen brüllend einfielen.

Am anderen Morgen um acht Uhr war die Reisegruppe schon abgefahren. Die Ärmsten mussten um sechs raus, weil sie gestern zwei Stunden im Sandsturm gestanden hatten. Jetzt mussten sie eine Besichtigung nachholen und hoch zum Roten Fort in Agra. Schon wieder ein Fort. Die Jungs hatten also die beiden kleinen Speiseräume für sich ganz alleine und standen zu viert einem Heer von Bediensteten gegenüber. In ihren Phantasieuniformen mit Rangabzeichen kamen sie wirklich wie Heeresangehörige herüber, und bei ihrem Anblick klang im Geiste der Marsch an. Freilich hätten sie eine jämmerliche Truppe abgegeben, denn mit der Disziplin haperte es. Ebenso fehlte ihnen die Zackigkeit, wie es der General ausgedrückt hätte. Außerdem waren die bräunlichen Uniformen fadenscheinig und schludrig. Personal kostet nichts in Indien, deswegen gibt es davon überall im Überfluss. Sie leben vom Trinkgeld, was ihre außerordentliche Dienstbeflissenheit erklärt, die einem aber auch auf die Nerven gehen kann.

Amit gesellte sich wieder zu ihnen. Wie und wo er den Abend und die Nacht verbracht hatte, wusste man nicht. Er hatte natürlich schon gefrühstückt.

„Heute ist letzte Tag“, erinnerte er an die Abreise. Es waren noch circa dreihundert Kilometer bis Delhi und ungefähr vier Stunden Fahrt, wenn alles gut ging. Bei dem Gedanken an den letzten Tag schlich sich schon etwas Wehmut ein. Selbst Lohmann konnte sich dieser Gemütslage nicht ganz verschließen. Er war ja von Anfang an skeptisch gewesen und viele seiner Befürchtungen hatten sich bestätigt. Dennoch musste er zugeben, dass sie doch einiges erlebt hatten, von der musikalischen Reifung ganz abgesehen. Natürlich hatte er seine Zweifel, ob die Bestand haben würde, wenn sie erstmal wieder in ihren alten

Schlendrian zurückgekehrt waren. Aber man steigt ja bekanntlich niemals in denselben Fluss.

Auch in diesem Luxushotel war der Kaffee nicht gut. Das war einfach kein Kaffeeland, dieses Indien. Dafür war die Bestuhlung umso besser und der Lange genoss es, sich mal so richtig plumpsen lassen zu können.

Amit hatte den Wagen schon mal vorgefahren. Es war noch alles da, die Brocken hatten die Nacht unbeschadet überstanden. Er hatte noch sicherheitshalber einen Kanister Benzin in den Generator gegossen. Man konnte ja nie wissen. Auch für ihn war es ja die letzte Fahrt. Danach würde er die Anlage wieder zu seinem Freund in das Musikgeschäft bringen. Was er mit dem auffälligen Fahrzeug machen würde, wusste er noch nicht genau. Vielleicht würde er es einfach am Straßenrand stehen lassen. Da fänden sich schnell einige Interessenten. Mal sehen. Ob es sich für ihn gelohnt hatte, darüber machte er sich keine Gedanken. Er fühlte sich nicht in der Verfassung, in Kosten- und Nutzenkategorien zu denken. Er war aber dennoch sicher, dass es das Richtige gewesen war, auch wenn nicht alles so geklappt hatte wie geplant. Der gute Wille war auf allen Seiten vorhanden gewesen. Mit den Widrigkeiten war unter keinen Umständen zu rechnen gewesen. Alles in allem hatten sie zu wenig Klamotten mitgenommen. Soviel war klar. Mit den Unterhosen wurde es jetzt doch sehr knapp und sie mussten auf alte, schon abgelegte zurückgreifen, in der Hoffnung, dass sie im Koffer zumindest ein wenig ausgedünstet hatten.

Pröbsting trug eigentlich nur noch die Pyjama Kurta, den eingelaufenen Leinenanzug konnte man vergessen, ganz abgesehen davon, dass er ja auch noch gerissen war. Der Lange war wild entschlossen, sich auch so ein Pyjama-Ding zu kaufen, weil es bei dem Schnitt auf ein paar Kilo nicht ankam. Kaum vorzustellen, dass man heute Abend schon im Flugzeug sitzen würde. Zurück in die geregelte Welt, wo alles seine Ordnung hatte. Wo man im Winter Winterreifen aufziehen und im Sommer mit den Frauen die Urlaube planen musste. Wo man vor roten Ampeln stehen bleiben und Lohnsteuerjahresausgleiche abgeben musste.

Wo jeder Satz durch den Fleischwolf der politisch korrekten Hygienevorschriften gedreht wurde und wo der Putzteufel Jagd auf die winzigsten Schmutzpartikel machte.

Pröbsting haderte noch mit seinen amourösen Misserfolgen, die ihm immer wieder aufstießen wie Sodbrennen. Sein inneres Bewertungssystem schoss sich auf den armen Stefan ein, der als Sündenbock herhalten musste. Dieser Hornochse mit seiner „einfühlsamen“ Tour, der sich als Frauenversteher penetrant in Szene setzte. So sah er es jedenfalls. Oder sollte er sich etwa von dessen Erfolgsrezept was abgucken? Diese passive Nummer war aber nicht sein Ding, entsprach nicht seinem Naturell. Dabei war er noch nie auf die Idee gekommen, dieses in Frage zu stellen. Steckt man in seiner Haut wie in einem lebenslangen Panzer oder gibt es überhaupt ein Entrinnen? Immerhin kann man ja aus der Haut fahren. Diese Exkurse leistete er sich jedenfalls und kehrte immer wieder reumütig zurück. Heraustreten und Heimkehren, einige der wenigen Privilegien des Dünnhäutigen. Der Lange hingegen war mit dicker Haut gesegnet, die ihn gleichzeitig schützte, aber auch einmauerte, sodass Ausbrüche bei ihm selten waren. Bei Lohmann und Robert war die Verteilung ähnlich, wobei in diesem Fall Lohmann der Dickhäuter war. Bei dem einen reichte ein kleiner Pieks, bei dem anderen musste es der Vorschlaghammer sein, um die Hülle zu perforieren. Und so begaben sie sich in ihren verschiedenen Häuten nach draußen zum Wagen, nicht ohne der servilen Schar ein Trinkgeld zu hinterlassen.

Als der Wagen das Tor verließ, standen die Wächter wieder stramm und salutierten. ‚Könnte man sich dran gewöhnen‘, dachte der Lange so vor sich hin und lächelte. Während Amit wieder am Steuer saß und die Serpentinen herunter fuhr, lungerten sie auf den Matratzen herum. Bettlaken hatte es natürlich nicht gegeben, aber was so ein richtiges Matratzenlager ist, hat es sowas auch nicht. Schlafen mussten sie ja jetzt nicht mehr darauf. Eine beengte, unbequeme Flugzeugnacht wartete auf sie. Bei dem Gedanken wurde Lohmann jetzt schon mulmig. Flugangst ist ja nicht einfach weg, wenn man einmal geflogen ist.

An die Temperaturen hatten sie sich alle mittlerweile gewöhnt. Jetzt Ende April war es hier so heiß wie im Hochsommer zu Hause. Im Sommer selbst würde es unerträglich sein. Sie richteten sich auf eine gemütliche Rückfahrt ein und stellten noch mal alle Sinne auf Empfang. Aber man wollte den Morgen nicht vor dem Abend loben. Wer wusste schon, was noch passierte. So gut geschlafen hatten sie jedenfalls bis jetzt noch nie.

Die nächste größere Stadt sollte Mathura sein, dazwischen jede Menge Landschaft. Sie verließen Agra über eine Nebenstraße, um von dort auf die Autobahn zu gelangen. Von weitem konnte man auf einem Hügel das Rote Fort sehen, wo der General wohl jetzt herum stolzierte und sich erklären lassen musste, dass diese Festungs- und Palastanlage aus der Zeit der Mogulkaiser stamme. Die Trutzigkeit der dicken Mauern und die großflächigen Innenhöfe mussten ihm gefallen, sah er sich doch im Geiste als Bestandteil eines höfischen Zeremoniells, in dessen Hierarchie er nicht ganz unten stand.

UTTAR PRADESH

Die Jungs dachten noch mal über ihre gestrige Erscheinung nach. Während Robert eine übersinnliche Erklärung nicht ausschloss, suchten die anderen doch eher nach weltlichen Ursachen, wenngleich sie die überaus magische Wirkung bestätigten. Vielleicht war es ja wirklich eine cineastische Freiluftveranstaltung. Was anderes fiel ihnen aber auch nicht ein. Der gruselige Ziegenbock erinnerte zwar tatsächlich an den Leibhaftigen, konnte aber genauso gut ein Vorführungsstück aus dem Zirkus oder das Ergebnis eines Chemieunfalls sein. Dass die Menschen geradezu ausgetickt waren, konnten sie sich auch nicht erklären. Wahrscheinlich hatte es irgendeinen religiösen Hintergrund, den sie nicht kannten. Und dass Amit die ganze Zeit als Marmorstatue verbracht hatte, war sicher ein Spleen von ihm.

Es gab hier ja auch Leute, die ein ganzes oder sogar mehrere Jahre auf einem Bein stehend oder mit erhobenem Arm zubrachten. Ganz zu schweigen von denen, die behaupteten, ganz ohne Nahrung auszukommen. Von diesen Lichtnahrungstypen sollte es ja weltweit über dreißigtausend geben, einige davon auch in Europa. ‚Geist besiegt Materie' war für viele hier eine Art Leitspruch. Die westliche Welt dagegen schien den umgekehrten Weg zu gehen: ‚Materie besiegt Geist'. Wenn man die farbenfrohen Gewänder der Frauen unterwegs sah, die wie Farbtupfer in die Natur gemalt waren, konnte man nur hoffen, dass die westliche Modeindustrie mit ihrem Bemühen, diesen riesigen Markt zu erschließen, erfolglos bliebe. Märkte erobern heißt schließlich auch, Lebensstile zu vereinnahmen und anzugleichen. Das knappe Bustier, das die Inderinnen unter dem Sari tragen, gibt immer einen seitlichen Blick auf Bauch und Taille frei. Eine kokette Note, die eigentlich verwunderlich ist angesichts der vorherrschenden äußerst prüden Moralvorstellungen.

Ein landesweit tätiger telefonischer Berater in diesen Dingen war auch schon über neunzig, wurde aber gern heimlich in Anspruch genommen. Trotz weltweiter Internetaufklärung wünschen viele Eltern nicht, dass ihre Töchter in der Schule neben Jungs sitzen. Die Geschlechtertrennung ist exorbitant. All das schwelt unter der Oberfläche, so wie es in anderen Ländern andere Unterspülungen gibt. Auch die Schokoladenseiten sehen überall anders aus.

Die Jungs waren jedenfalls die ganze Zeit nicht in Versuchung gekommen, herumzukritteln und durch die Vergleichsbrille zu linsen. Dafür waren die Eindrücke einfach zu stark. Unter rein phänomenologischer Perspektive war alles umwerfend gewesen. Zu früh allerdings, um jetzt schon in Bilanzlaune zu schwelgen. Immerhin hatten sie noch ein gutes Stück Strecke vor sich. Auch auf der Autobahn tummelten sich die Mopedfahrer, die lachend an ihnen vorbeifuhren, wenn es wieder mal stockte. Amit hatte wieder reichlich Bananen für den kleinen Hunger gebunkert und steckte sie nach und nach durch das kleine Verbindungsloch zwischen Kabine und Ladefläche, obwohl sie noch gar keinen Hunger hatten. Der Lange schlug trotzdem zu. Er hatte keine Probleme damit, als Vielfraß tituliert zu werden. Dafür hatte er in sich ein bequemes Sofa aufgebaut, in das er sich nach Bedarf fallen lassen konnte. Ihn konnte kein Wässerchen trüben und die Strapazen dieser Reise perlten an ihm ab. Die Verehrungen, die ihm am Sikh-Tempel zuteil geworden waren, hatten sich in der Form zwar noch nicht wiederholt, dennoch konnte er immer bewundernde Blicke auf sich ziehen, denn eine kräftige Statur stand hier immer noch für Reichtum. Aber auch Gurus und andere Heilige Männer waren nicht immer asketisch, sondern konnten durchaus gut im Futter stehen. Dass er aber dennoch noch mal in den Genuss höherer Weihen kommen sollte, konnte er jetzt noch nicht wissen. Schließlich war die nächste Stadt Mathura, ein Pilgerort, und Amit schlug vor, dort Halt zu machen.

„Können wir vorher noch in so eine Kooperative für Klamotten, Textilien?“, frage Robert.

Sie hatten sich überlegt, dass es vielleicht ganz gut sei, ihren Frauen was mitzubringen. Und Robert hatte in Erinnerung, dass man in diesen Schneidereien zu günstigen Preisen handgemachte Sachen in traditioneller Fertigung bekam. Natürlich waren sie auch auf Touristen eingestellt, die von den Reiseunternehmen herbei gekarrt wurden. Die Einwilligung in solche „Besichtigungen“, die in Wirklichkeit reine Verkaufsveranstaltungen waren, wurde aber in den Preis für die Reise eingerechnet. So nahmen die Leute solche Besuche in Kauf und wurden meistens auch schwach, wenn sie die Angebote sahen. Die Jungs hatten auf ihrer Expedition wirklich nicht viel Geld ausgegeben und wollten noch mal richtig auf die Sahne hauen. Amit führte ein kurzes Telefonat und sagte dann, das sei wohl möglich. In Mathura gebe es eine solche Kooperative. Er würde sie anmelden. Das Teil, was sich Robert seinerzeit zugelegt hatte, trug er nur im Haus. Er bereute, es nicht mitgenommen zu haben. Hier war man damit optimal ausgestattet. Er versuchte, die Jungs davon zu überzeugen, sich auch ein traditionelles Kleidungsstück zu kaufen. Bei Lohmann biss er damit natürlich auf Granit, die anderen waren durchaus zugetan. Besonders der Lange zeigte sich sehr aufgeschlossen. Pröbsting hatte ja schon gute Erfahrungen und konnte vielleicht noch ein paar Accessoires gebrauchen. Guter Dinge ging es weiter auf der Autobahn. Geschickt wich Amit den vielen Geisterfahrern aus, die zum normalen Bild gehören. Die Fahrt mit offenem Verdeck verschaffte einen wunderbaren Rundumblick und jenes Gefühl von In-der-Welt-Sein, das etwa das Auto versagte. Dieses Eingeschmolzensein lässt die distanzierte Betrachtung nicht zu, denn der Raum vereinnahmt. Jenseits der Hingabe öffnet sich die Sphäre der kritischen Beleuchtung. Nur das Objekt, das die Verschmelzung versagt oder sie nicht erreicht, wird zum Gegenstand der Absage. Alle hingen ihren Gedanken nach. Im Schmelztiegel neuronaler Prozesse wurde alles zu einer Empfindungssuppe verrührt, die Gegenwart und Vergangenheit vermischte und mit tausenderlei individueller Noten angereichert war. Sie auszulöffeln war niemandem zuzumuten, und so tröpfelte sie wohl eher aus, um für neue Rezepturen Platz zu machen. Zur Kommunikation frei gegeben war immer nur das, was auf der Suppe oben schwamm. Und man schob die Fettaugen hin und her, so wie man mit den

Fingern im Sand die Linien zog. Alles hat seine unterirdischen Gerüste, die sich zuweilen spitzstäbig durch die Haut stechen, um die Oberfläche mit jenen Löchern zu perforieren, aus denen das Angeschwemmte abfließen kann, um jenen See zu füllen, der alles und jeden unterspült. Daher ist auch vom Abtauchen die Rede, wenn die Schwimmbewegungen eingestellt werden, um sich in die Tiefe fallen zu lassen. Der damit verbundenen Drohung folgt der stete Appell zur Bewegung und die Warnung vor dem Stillstand, der den Stehenden an die Klippe der letzten Entscheidung versetzt. Der Fahrtwind kühlte nicht den heißen Gedankenfluss, sondern gab ihm durch streichelnde Wärme Auftrieb.

An der steinernen Treppe zum Fluss wuschen die Frauen die Wäsche. Daneben wurde ein Elefant von seinem Führer abgeschrubbt. Eine Affenhorde machte sich über den Proviant von Touristen her, die laut schreiend auseinander stoben. Einige Kilometer weiter zog eine Hochzeitskapelle in grotesk roten Uniformen mit Orden und Glitter behangen vorbei. Die viel zu großen Hüte erinnerten an russisches Militär. Sie folgten einem knallroten Gefährt mit riesigen, trichterförmigen Lautsprechern und wirkten wie die Parodie auf eine Blaskapelle, die im Buckingham Palace die Nerven verloren hatte und durchgedreht war. Was da an Sound zu ihnen herüber wehte, war wohl auch eine Art Marsch, freilich noch zwei Nummern schräger, als die Jungs ihn aufgelegt hatten. Ein kurioser Kontrast zum traditionellen Hindu-Ritual, da sie doch sehr an jene aufgedrehten Affen erinnerten, die man früher für ein paar Pfennige in Automaten herumhampeln lassen konnte. Aber in Indien kann man solche Truppen für feierliche Anlässe mieten. In ihrer aufgesetzten Drahtigkeit, deren Akkuratesse sich bei genauerem Hinsehen verflüchtigt, sind sie aus der Kolonialzeit in die Gegenwart hinüber marschiert.

Der General dürfte sein Gefallen zumindest auf den ersten Blick finden. Der zweite würde eine Schlampigkeit zutage fördern, die ihm dann wohl eher ein Grauen einflößte. Sie bogen um die Ecke, wo sie bestimmt von einer unübersehbaren Festgemeinde erwartet wurden und zum holzigen Tanz aufspielten. Das original indische Trommelgewitter mit laut tönender Shanai, das später folgte, ließ dann eine größere Entfaltung von Ekstasen zu. Leider konnten die Jungs dieser Veranstaltung nicht beiwohnen, denn sie hatten ein gewisses zeitliches Korsett. Wenn sie diese Klamottenkooperative noch sehen und darüber hinaus noch in der Stadt Mathura vorbeischauen wollten, passte nichts Weiteres mehr ins Programm.

JAIPUR

Das Nachspiel in Jaipur ging natürlich weiter. Amit hatte bei Dinatas Vater völlig verspielt. Der war außer sich vor Wut und wäre ihm am liebsten hinterher gefahren, um ihn zur Rede zu stellen. Dieses ganze Gefasel von Liebesheirat war ihm zuwider. Die Heirat hatte ausschließlich der Festigung des Clans zu dienen. Turban-Man saß zwar für einige Tage im Gefängnis wegen des Kuhdiebstahls, war aber schnell wieder draußen, denn er verfügte über genügend Verbindungen. Sein Bordellbesuch, der natürlich auch ruchbar geworden war, war eine Lappalie, denn sowas war völlig normal und verdiente keinerlei Beachtung. Nun hatte man natürlich jeden Tag mit Rachefeldzügen zu rechnen. Der Grimmige suchte über Verhandlungen zu einer gütigen Einigung zu gelangen, wurde aber brüsk zurückgewiesen. Es wurde ihm sogar eine Tracht Prügel angedroht und er schlich sich wie ein Hund. Akshara hatte ein paar Männer abgestellt, die das Haus bewachten. Sie erlebte einen Höhenflug und hatte endlich einmal unter Beweis stellen können, wie wichtig eine solche paramilitärische Truppe war und sah sich in ihrem Engagement voll und ganz bestätigt. Gern wäre sie natürlich in etwas näheren Kontakt zu den Ausländern gekommen. Und insgeheim musste sie sich eingestehen, dass sie doch wohl ein Auge auf den Typ mit dem engen Anzug und den sehr extravaganten Krokodilschuhen geworfen hatte. Leider war ihr ja die Spucke weggeblieben und sie hatte keine Möglichkeit gesehen, die kurze Begegnung zu vertiefen. Dass dieser Typ ein Faible für den martialischen Auftritt hat, das hatte sie gleich gespürt und ihn dann ja auch geliefert. Leider war ihr nicht vergönnt, die Lorbeeren einzustreichen, was aber ihrer Fantasie reichlich Nahrung gab. Das mit der Bewachung des Hauses konnte auch keine Lösung für immer sein. Wenn sie ihm wenigstens den Lastwagen zurückgeben würden. Dinatas Plan, im Ausland zu studieren, hatte sich verfestigt. Isha hatte Amit am Telefon geraten, erstmal für ein paar Wochen bei einem Onkel in Delhi unterzutauchen, auch wenn sie das sehr bedauerte. Gleichzeitig waren sie aber auf die Einnahmen von Amits Reiseleitertätigkeit angewiesen und hofften, dass er seinem Job bei der nächsten Staffel auch wieder nachginge. Turban-Man lechzte nach Satisfaktion und alle grübelten, wie sie ihn beschwichtigen konnten. Die Demütigung war unermesslich gewesen. Eine Einladung zu einer Tasse Tee wäre kaum geeignet, diesen Charakter zu besänftigen. Akshara entwickelte einen Plan. Sie musste einen Mann ihres Vertrauens in seine Nähe bringen. Es war kein Problem, jemanden aus ihrer Truppe für eine Undercover-Aktion zu gewinnen. Die Motivation für ein solches Vorhaben war groß. Und so sprach sie mit dem zwanzigjährigen Nilay, der bei dem Auftritt nicht dabei gewesen war. Er lebte erst seit kurzem in Jaipur und hatte sich dort gleich dem Akshara-Trupp angeschlossen, weil er ein überzeugter Hindu war, der für die gerechte Sache stand. Dem drohenden Wertezerfall war seiner Meinung nach nur mit rabiaten Mitteln entgegenzutreten. Da war er bei Akshara völlig richtig gelandet. Nilay musste sich also erst das Vertrauen der Zielperson erschleichen und recherchierte die Orte, wo sie sich aufhielt. Also lungerte er erstmal ein wenig vor dem Bordell herum, in das es den Getriebenen immer wieder verschlug. Mit gesenkten Köpfen huschten die Gestalten hinein und oft schon nach einer halben Stunde wieder hinaus. Er musste zwei Tage warten, bis jemand vorbeikam, auf den die Personenbeschreibung zutraf. Akshara hatte ihm keine feste Wohnadresse geben können, denn er war nirgendwo gemeldet. Weshalb er bei Dinatas Familie als gestandener Geschäftsmann vorstellig geworden war und auch als solcher angesehen wurde, war ihr ein Rätsel. Offensichtlich war der Vater an Gutgläubigkeit nicht zu überbieten oder er ließ sich leicht blenden. Jedenfalls hatte er allen Ausführungen über eine erfolgreiche Speditionsfirma Glauben geschenkt.

Jetzt eierte der Benommene leicht angetrunken dem dunklen Eingang entgegen und verschwand dort für circa eine Stunde. Als er heraus kam, torkelte er noch etwas mehr. Nilay folgte ihm unauffällig bis zu einer baufälligen Kaschemme, in der er verschwand. Es war so eine Art Imbissbude, die billige Currys und Schnaps an den Mann brachte. Es war halbdunkel in der Bude und von den Wänden bröckelte der Putz. Er lugte durch die milchigen Scheiben und sah ihn am Tisch mit einigen anderen Figuren sitzen. Es waren drei abgerissene Hallodris mit offenem Hemd und Goldkettchen. Turban-Man schaufelte sich das schnell hingestellte Essen mit den Fingern hinein und laberte mit den Kumpels etwas herum. Seine Ohrringe wackelten beim Kauen.

Nilay überlegte, ob er hinein gehen sollte. Schließlich gab er sich einen Ruck und setzte sich an einen Nebentisch. Er versuchte, einige Gesprächsfetzen aufzuschnappen. Sie schienen sich über das Bordell zu unterhalten und prahlten mit ihren Eroberungen. Dann plötzlich fiel aber auch der Name Dinata und Nilay spitzte die Ohren. Er hatte sich ein Mango Lassi bestellt und nippte gelegentlich, um nicht aufzufallen.

„Man kommt ja nicht ran", verstand er. „Geht nicht aus dem Haus, die Schlampe", waren die Worte des Gedemütigten. Das hatte er wohl richtig beobachtet. Dinata ließ sich morgens von einem Tuk-Tuk zur Schule bringen und am Nachmittag wieder abholen. Den Rest des Tages verbrachte sie im Haus. Es war ihr zu gefährlich. Der Tuk-Tuk-Fahrer hatte besondere Anweisungen, den kürzesten Weg zu nehmen und aufzupassen. Er wurde dafür speziell entlohnt. Der Vater wachte über seine Tochter wie über seinen Augapfel. Die Männer debattierten aufgeregt und Nilay konnte kein Wort mehr verstehen. Schließlich verließen die drei Kumpels das Lokal und der Flamboyante stierte auf seinen leeren Teller und zündete sich eine Zigarette an. Jetzt war die Gelegenheit günstig. Er konnte sich dazu setzen. Er nahm sein Lassi und ging zum Tisch.

„Darf ich?", fragte er höflich.

„Was willst du?", bekam er ruppig zur Antwort.

„Ich hab da gerade nur so nebenbei was mitgekriegt", stotterte Nilay.

„Hau ab, du Arschgesicht!", bellte es ihm entgegen.

„Ich kenne zufällig Dinata", tat er kleinlaut kund. „Eine arrogante Ziege. Bin mit ihr zur Schule gegangen. Hat alle Männer verrückt gemacht. Man sollte ihr mal die Leviten lesen. Mich hat sie auch abblitzen lassen, die alte Schlampe", log er sich was zusammen.

Der Brüskierte wurde hellhörig.

„Die verstößt gegen Anstand und Moral, die dreckige Nutte", verkündete er. „Hast du ne Idee, wo man sie mal aufschnappen könnte?"

„Wenn ich sie mal auf einen Tee einladen würde, würde sie vielleicht mal mitkommen."

„Ich denke, sie hat dich abblitzen lassen?"

„Ja, aber ich hab sie im Glauben gelassen, dass ich das verstehe und ihr nicht böse bin. Danach hatten wir ein ganz normales Verhältnis zueinander. Ich hab immer einen auf freundlich gemacht, aber im Inneren hab ich gekocht. Ich hätte sie umbringen können."

„Du meinst, sie hat einen Denkzettel verdient?"

„Auf jeden Fall."

Verdammt, das war irgendwie unglaubwürdig, fluchte er in sich hinein. Warum sollte sie mit ihm einen Tee trinken?

„Erzähl mir keinen Scheiß", las der Rachedurstige in seinen Gedanken. „Als ob sie mit dir Schnösel einen Tee trinken würde."

„Ich erzähl ihr einfach, dass ich einen Studienplatz im Ausland ergattert hätte. Das interessiert sie."

„Lass dir was einfallen und ruf mich an", erwiderte der Gelackmeierte, gab ihm seine Handy-Nummer und haute ab.

„Was für ein Arschloch", dachte Nilay.

Akshara war begeistert, wie er den Kontakt eingefädelt hatte. Jetzt mussten sie nur noch Dinata davon überzeugen, dass sie mitspielen musste. Die hatte aber gar kein Interesse daran, den Verbrecher zu sehen.

„Wir locken ihn in eine Falle und dann seid ihr ihn endlich los", redete Akshara auf sie ein. Sie besuchte Dinata regelmäßig und sie hockten dann zusammen und plauschten wie gute Freundinnen. Dass dieser Idiot die ganze Familie zu einer Art Festungshaft verdonnert hatte, fand sie unerträglich. Auch die anderen trauten sich nicht mehr aus dem Haus. Selbst die Kinder durften nur noch im Innenhof spielen. Er war ein ungläubiger Hund, der die Traditionen mit Füßen trat, und deswegen gehörte er entweder ins Gefängnis oder einer anderen irdischen Strafe zugeführt.

Akshara fühlte sich wie der verlängerte Arm diverser Gottheiten, mit denen sie natürlich in regem Kontakt stand. Auf die staatliche Exekutive war nämlich kein Verlass. Mit guten Beziehungen und etwas Korruption gab es da immer ein Entweichen. Eine günstige Kastenzugehörigkeit tat das Ihrige. Nilay war ein treuer Geselle. Er gehörte selbst einer niedrigen Kaste an, was für ihn aber kein Problem darstellte, weil er es für einen gerechten Ausgleich für Schandtaten in seinem früheren Leben hielt. Mit der Aktion gegen den Peiniger von Dinata glaubte er, sein Karma erheblich aufzubessern. Akshara bestärkte ihn in dieser Auffassung. Also ging er los und organisierte einen Kanister Säure.

Akshara hatte Dinata inzwischen soweit, dass sie bereit war, mit Nilay ein paar Schritte zu gehen. Nilay würde sie dann über das weitere Vorgehen unterrichten. Sie müsse sich keine Sorgen machen, es sei alles in ihrem Sinne und dem der Familie.

Vor diesem Hintergrund rief Nilay den Düpierten an und sagte ihm, er solle sich ein Tuk-Tuk besorgen und damit morgen um siebzehn Uhr vor Dinatas Haustür stehen. Er würde dann mit ihr herauskommen und sie müsste dann in das Tuk-Tuk verfrachtet werden. Er könnte ihr dann die nötige Abreibung verpassen. Er solle sich aber etwas „verkleiden", damit man ihn nicht auf Anhieb erkenne. Er habe im Übrigen etwas Salzsäure besorgt.

„Oh, Säure ist gut, ist sehr gut", säuselte es am anderen Ende der Leitung. Es war klar, dass das für ihn das probate Mittel gegen Frauen war, die nicht gefügig waren oder die sonst wie „moderne" Ansichten hatten. In dieser Hinsicht war er geradezu Traditionalist. Tausende von verätzten Frauen laufen in Indien herum und werden dann auch noch von ihren Familien verstoßen. Es bleibt ihnen meistens nichts anderes, als zu betteln. Sie hatte sich auf die Seite dieser widerlichen Ausländer gestellt und keinerlei Anstalten gemacht, seine Schande zu sühnen und diese Krüppel rauszuschmeißen. Im Gegenteil hatte sie sich sogar noch solidarisiert, nur wegen dieser beschissenen Kühe. Diese nutzlosen Viecher versperrten eh nur die Straßen. Als Ergebnis war eine Heirat nun ausgeschlossen und er stand da als Verschmähter. Das alles fand er so ungeheuerlich, dass ihm jedes Mittel recht war, um seine Ehre wieder herzustellen. An Säure hatte er natürlich von Anfang an gedacht. Er war aber nicht sicher, ob dieser Nilay bereit war, zu diesem Mittel zu greifen. Umso erfreuter war er nun, als er erfuhr, dass dieser sogar schon das Zeugs besorgt hatte. Er selbst hatte auch schon seinen Kanister parat stehen.

„Ich habe selber einen Kanister parat stehen", verkündete er deswegen eilfertig. „Du brauchst keinen mitzubringen."

„Ok, das ist gut. Und nicht so auffällig. Ich denke, dass es in zwei Tagen möglich ist. Werde heute mal vorchecken. Melde mich dann."

„Saugut", dachte der Gehörnte. „Gibt noch welche, auf die man sich verlassen kann."

Natürlich hatten sie Dinata nicht gesagt, was genau sie vorhatten. Genau wussten sie es ja selber nicht. Er sollte auf jeden Fall einen Denkzettel verpasst bekommen, so, dass er sich endgültig aus dem Staub machte.

Dinata hatte ein mulmiges Gefühl, als Nilay sie zu Hause aufsuchte und ihr nach ein paar Minuten schon erklärte, sie müssten jetzt raus. Vor dem Haus stand ein Tuk-Tuk. Es war nicht das gleiche, das sie jeden morgen abholte und nachmittags zurück brachte.

„Da rein", spielte Nilay den Herrischen. Dinata folgte, begleitet von dem Gefühl, einen großen Fehler zu begehen. Dennoch konnte es mit dieser ständigen Bedrohung ja so auch nicht weiter gehen. Sie schenkte dem stummen Fahrer keine weitere Beachtung, wunderte sich nur, wie sicher der seinen Weg nahm, ohne jegliche Instruktion. Gleichzeitig erstaunte sie, wie unsicher und geradezu stümperhaft er fuhr. Gerade Tuk-Tuk-Fahrer waren sonst geradezu Virtuosen in fahrerischer Geschicklichkeit. Dieser würgte den Motor mehrfach ab und kroch ängstlich um die Kurven. Mehrfach wurde ihm der Vogel gezeigt. Man hatte fast das Gefühl, als ob der Mann betrunken war. Komischer Kauz mit seiner dunklen Sonnenbrille und dem kahlen Schädel. Er versuchte, möglichst schnell aus dem Getümmel heraus zu kommen und suchte die Landstraße, die auswärts zeigte. Dinata bekam es mit der Angst. Auch Nilay schlotterten die Knie. Was war noch mal der Plan? Neben dem Fahrer sah er diesen verdammt großen Kanister stehen. Damit konnte man einen ganzen Urwald veröden. Der Fahrer fuhr Schlangenlinien und das Zeugs schwappte in dem Kanister hin und her. Auch Nilay hatte auf Empfehlung Aksharas ein Fläschchen Säure in der Hosentasche. Damit sollte er ihm drohen. Nur im Notfall würde er es anwenden. Die Gegend, in die er die beiden chauffierte, wurde immer verlassener, und sowohl Nilay als auch Dinata rutschte das Herz in die Hose. Der Kerl hatte noch kein Wort gesagt. Soweit sie informiert war, sollte er sie ja wohl zu dem Abgewiesenen fahren. Mehr und mehr setzte sich aber das Gefühl in ihr fest, dass er der Abgewiesene war. Man musste sich nur den Turban und das ganze Geklunker dazu denken, dann konnte der das wirklich sein. Dass sie das nicht sofort bemerkt hatte.

Sie stupste Nilay an und flüsterte ihm ins Ohr: „Ist der Fahrer etwa der Mann?“

Nilay zuckte mit den Schultern.

„Ruhe dahinten“, quiekte es dann von vorne herüber. Da war ihr sofort klar, dass er das war.

„Ich will raus hier“, schrie Dinata.

„Halt die Schlampe fest“, brüllte er Nilay an. Nilay merkte, wie die Moralinimpfung Aksharas ihre Wirkung verlor und sein innerer Kern in sich zusammenschrumpelte. Als Schatten seiner selbst hockte er zusammengekauert auf der Rückbank und mochte Dinata nicht mehr in die Augen zu schauen. Das war eine scheiß Idee, sie da mit reinzuziehen. Es hätte bestimmte noch andere Möglichkeiten gegeben, an diese Obergurke heranzukommen und ihm den Arsch mit Chili-Pulver voll zu blasen.

Nun war es zu spät. Das Tuk-Tuk hielt an einer Kiesgrube. Ein paar Geier rupften ihr Gefieder. Der Verkleidete wankte aus der engen Kabine und machte sich sogleich daran, den Kanister auszupacken. Er schleppte ihn ein paar Meter und schepperte dann sofort mit blecherner Stimme los.

„Hier hinkommen, sofort!"

Dabei konnte er sich kaum auf den Füßen halten. Als er Dinata anfasste und zu Boden werfen wollte, konnte Nilay nicht mehr an sich halten und schlug ihn nieder. Die Rolle als heimlicher Komplize konnte er einfach nicht durchhalten. Allerdings berappelte sich der Angetrunkene schnell wieder, stürzte sich auf Dinata und riss sie nieder. Gleichzeitig griff er nach dem Kanister, der aber nicht in Reichweite war. So schleifte er Dinata in Richtung Kanister und schraubte ihn auf. Nilay hielt es nicht aus. Er stürzte sich auf den Rasenden und Dinata konnte sich befreien. Im wüsten Handgemenge versuchte der außer sich Geratene immer wieder an den Kanister zu gelangen. Schließlich bekam er ihn zu greifen. Doch in dem Moment, als er die ganze ätzende Suppe über Nilays Kopf zu entleeren drohte, schlug Dinata mit einem gewaltigen Ast, der glücklicherweise in der Gegend herum lag, mit ganzer Kraft gegen den Plastikbehälter und das giftige Zeugs floss über das Gesicht des wutentbrannten Peinigers, der sofort aufschrie wie am Spieß. Es zischte auf und man konnte geradezu hören, wie sich das Gift in die Haut einätzte und sein grausames Werk verrichtete. Nilay und Dinata drehten sich gar nicht mehr um, sondern liefen schnurstracks zu dem Tuk-Tuk und setzten es in Gang.

„Wir müssen die Polizei oder den Notdienst anrufen", rief Dinata.

„Ja", meinte Nilay. „Aber nicht vom Handy. Dann haben sie uns sofort und wir kriegen Schwierigkeiten."

„Aber es war doch Notwehr."

„Das ist doch egal. Es gibt ellenlange Verhöre und Verhandlungen."

Bei dem ersten öffentlichen Fernsprecher hielt Nilay an und nuschelte mit verstellter Stimme den Ort des Geschehens in die

Leitung. Es hatte später noch eine kurze Untersuchung des Vorfalls gegeben. Spätestens als aber klar wurde, dass der Geschädigte selbst die Initiative ergriffen hatte, wurde sie eingestellt. Dinata schwor sich, sobald es ihr möglich sei, eine Spende an „Stop Acid Attacks" zu überweisen, einer Frauenbewegung, die auf dieses landesweite Problem aufmerksam machte. Die Opfer der Attacken waren immer Frauen. Sie waren nicht nur ihr ganzes Leben gezeichnet, sie wurden auch noch von ihren Familien verstoßen und aus allen sozialen Verbünden ausgeschlossen, um den Rest ihres Lebens bettelnd auf der Straße zu verbringen. Dieses Schicksal war dem Turban-Man nun auch beschieden. Die indische Gesellschaft kennt kaum Mitleid, denn jeder ist durch entsprechende Lebensführung an seinem Karma selbst schuld. Es steht ihm frei, es in diesem Leben abzuarbeiten oder zu verbessern.

MATHURA

Der gelbe Wagen fuhr durch eine Einfahrt auf einen größeren Platz, auf dem schon einige Busse parkten. Offensichtlich hatten sie die Bude schon voll und die auf Provision arbeitenden Verkaufsakrobaten waren in voller Aktion. Es ging um Textilien, die in diesen Kooperativen fair gehandelt und vergleichsweise günstig verarbeitet wurden. So jedenfalls die offizielle Darstellung. Man konnte sich dort nähen lassen, was man wollte. Sie schnibbelten auch westliche Anzüge zusammen, wahlweise aus den Zwanziger- oder Dreißigerjahren oder im aktuellen Schnitt. Auf einfache Bestellungen konnte man warten, aufwändigere wurden am anderen Morgen ins Hotel geliefert. Sie mussten also auch nachts arbeiten. Da aber am Tag mindestens drei Busladungen abgefertigt wurden, hatten sie gut zu tun. Die Investition in Pakoras, Tee und Süßigkeiten amortisierte sich so gut wie immer, denn die Preise stimulierten die Kauflaune. Sie kommen natürlich nur zustande, weil die Arbeitskräfte billig sind. Dafür sind die Arbeitsplätze in solchen Kooperativen relativ sicher.

So war der kräftige Inhaber des Ladens auch gut gelaunt und begrüßte die Jungs mit Handschlag. Im Eingangsbereich saßen exemplarisch einige Näherinnen an ihren Nähmaschinen und werkelten unter den gütigen Blicken der Besucher vor sich hin. So bekamen sie das wohlige Gefühl, echte Handarbeit von gesunden Frauen, die unter fairen Bedingungen gehalten wurden, zu unterstützen. Wie es hinter den Kulissen aussah, blieb im Verborgenen. Zumindest konnte Pröbsting einen Blick auf die „Näherinnen" werfen, als er sich zum Rauchen aus der Truppe entfernte und den Rundgang rückwärts einschlug. Da saßen die Frauen nun beim Zeitungslesen und Tee trinken in geselliger Runde mit dem Wachpersonal. Als sie Pröbstings ansichtig wurden, sprangen sie sofort wieder in ihre Näherinnenhaltung, wodurch dieser den Eindruck bekam, es handele sich eigentlich nur um Schauspieler und der ganze Zinnober war nichts als Potemkinsche Dörfer. Die Jungs gingen im Strudel der anderen

Besucher unter und verloren sich im Dickicht der Umworbenen. Männer, die ihre Ellen und Maßbänder schon schwangen, umschwirrten sie wie Motten das Licht. Im Überangebot von Stoffen und Schnitten verlor sich jedes Gefühl für Tradition und der Fantasie wurde freier Lauf gelassen, solange es sich bei den Besuchern um Ausländer handelte. Neunzig Prozent des Umsatzes wurde aber mit Ausländern gemacht. Und so ähnlich wie sich etwa Idi Amin eine Offiziersuniform vorstellte, hatte der Durchschnittsbesucher eine Vorstellung von einem klassischen indischen Outfit. Die fertig gewickelten indischen Turbane, die man wie einen Hut aufsetzen konnte, wurden von Indern, sofern sie alle Tassen im Schrank hatten, gemieden und waren höchstens als eine Art Karnevalsrequisit verwertbar. Hier stapelten sie sich zu hunderten und der Lange konnte nicht umhin, sich ein solches Teil zuzulegen, nachdem geschickte Schneider es auf westfälische Kopfweite unter Verwendung von Dampf gedehnt hatten. Das Dunkelblau des Turbans war von Glitzersteinen gesäumt und über der Stirn prangte eine Art Federbüschel. Auch ein dazu passender Kaftan wurde eilig herbeigeschafft und mit schnellen Schnitten und Stichen auf das nötige Maß vergrößert. Die unten fehlende Länge wurde kurzerhand mit einer Fransenbordüre ausgeglichen. Schuhe in der Größe 48 hatten sie leider nicht auf Vorrat. Der offenkundige Kaufwille des Langen wirkte, als ob man in ein Wespennest gestochen hätte. Sowohl die Zahl der Verkäufer um ihn herum als auch deren Frequenz und Aktivität erhöhte sich um ein Vielfaches. Ganze Heerscharen von Anbietern, die sich wieder gegenseitig überboten, umringten ihn. Immer neue Stoffe und Kreationen wurden ihm unter die Nase gerieben. Embonpoint wurde nicht als Problem gesehen. Im Gegenteil wurden Schärpen und andere Bauchbinden gereicht, die den Mittelpunkt des Körpers ins rechte Licht rückten. So konnten weite Mäntel über dem Kaftan offen getragen werden. Etliche Schals wurden ihm angehalten. Turban, Kaftan und Mantel ließ er gleich an, den Rest ließ er sich einpacken und bezahlte dann bar. Die Verkäufer, die zum Zuge gekommen waren, konnten ihre Dankbarkeit kaum zügeln und es fehlte nicht viel, dass sie vor ihm auf dem Boden gekrochen wären. Der Lange stolzierte eher wie ein Sultan als wie ein Mogul oder Maharadscha dem Ausgang entgegen. In zwei Plastiktüten trug er seine abgelegten Klamotten und allerlei Krimskrams wie Schals und Bauchbinden, die im Alten Europa als Kummerbund in die Geschichte eingegangen waren. Allerdings waren diese viel bunter, breiter und opulenter. Einige Angestellte kicherten hinter ihm her. Aber dem Langen war jetzt alles egal. Es gab ja nichts zu verlieren. Zuerst stieß er auf Lohmann und Robert. Lohmann hatte allen Kaufreizen tapfer widerstanden, weil er keine Lust auf einen wie auch immer gearteten Mummenschanz hatte. Robert hatte allerdings eine Bestellung aufgegeben, die er sich nach Hause schicken lassen wollte. Als sie den Langen in seinem Fransengewand aus dem Gebäude schreiten sahen, wurden sie von einem Lachkrampf überwältigt.

„Weiß gar nicht, was es da zu lachen gibt", konterte der Lange mit gespieltem Ernst. Ein huldvoller Blick in die Runde machte praktisch jeden automatisch zum Untertan. Jedenfalls war das seine Wahrnehmung, in die er sich etwas künstlich hineinsteigerte. Die Form bringt den Inhalt hervor und nicht umgekehrt. Der Auftritt geriet völlig aus den Fugen, als im Abstand von zehn Metern Pröbsting dem Langen folgte, und zwar mit dem gleichen blauen Turbanverschnitt auf dem Kopf. Diese Kopfbedeckungen schienen einen magischen Einfluss auf die Mimik des Trägers zu haben, denn beide legten ein Grinsen an den Tag, das jeder Außenstehende auf Drogeneinwirkung zurückgeführt hätte.

Robert dachte unverzüglich über weitere Beispiele dafür nach, wie die äußere Hülle ihren Kern modulierte. Sollte sich etwa eine Veränderung der Außenhaut auf das auswirken, was sie zwangsläufig verbarg? Oder ist nicht eigentlich die äußere Erscheinung das Ergebnis einer inneren Wahrheit? Vielleicht brachte der Lange ja mit seiner pittoresken Kluft erst etwas ans Licht, was bislang im Verborgenen geschlummert hatte. Einen Hang zum Glamourösen hatte man ihm bislang nicht nachsagen können. Auch zum Halbseidenen waren keine Kontakte offenkundig geworden. Irgendwelche Führungsansprüche hatte er niemals angemeldet, wenngleich die dienende Funktion des Basses nicht immer sein Herzensanliegen war. Aber insgesamt zierte ihn doch eher Bescheidenheit. Allein in diesem Moment zelebrierte er eine Selbstherrlichkeit, die in krassem Kontrast zu seiner doch eher lächerlichen Montur stand. Letztendlich steht jeder in diesem Kontrast, weil Inneres und Äußeres selten deckungsgleich sind. Die Lücke ist nur bei jedem unterschiedlich groß. Die Schere geht auseinander. Manchmal ist der Abstand so klein wie ein Haarriss und hinterlegt seine Asymmetrie unmerklich. Aber vor dem Hintergrund dieser Differenz sind wir alle Lückenbüßer. Verdammt zur Buße wegen eines unvermeidbaren Begehrens. Auch Amit konnte sich beim Anblick des Langen ein Lächeln nicht verkneifen. Er hatte das von dem großspurigen Ladenbesitzer zugesteckte Bakschisch nicht ausgeschlagen und investierte es an der nächsten Tankstelle in Sprit. Der Lange saß jetzt nicht mehr auf der umgeschlagenen Matratze, er thronte. Eine gewisse Aufmerksamkeit der Umgebung, die sie durchpflügten, war ihm sicher. In manchen Blicken bahnte sich so etwas wie Ehrerbietung an. Man konnte nur hoffen, dass das nicht schlimmer wurde. Wie sollte man den Langen jemals wieder auf den Teppich zurück holen? Die im Glissando durch die Rollen gleitenden Subjekte rutschen in der Regel in ihr Ausgangsego zurück, um von dort aus zu neuen Streifzügen aufzubrechen. Der Lange liebte solche Ausflüge und orchestrierte sie immer mit mimischen und gestischen Extravaganzen. Vor allem schob er seinen Bauch theatralisch vor sich her. Bisweilen benutzte er ihn sogar als eine Art Ablage, auf die er seinen Bass platzierte, um ihn wie eine Zither zu spielen. Er verkörperte eine speziell westfälische Variante von Extravaganz, die er punktuell aus heiterem Himmel zum Einsatz brachte. Niemand rechnete damit. Sie brach aus ihm heraus, um sich nur wenig später wie ein Grottenolm in die Höhle zurückzuziehen. Dabei war er auf berauschende Art uneitel. Wenn irgendwas mit den Haaren anders war, konnte von einem Partnerwechsel ausgegangen werden. Ansonsten mochte er es leger und schreckte weder vor Hawaii-

Hemden noch vor Socken in Badelatschen zurück. Dass er sich nun in der Rolle des Großmoguls gefiel, der sich im Kleiderschrank vergriffen hatte, durfte von daher nicht überraschen.

„Mensch, Langer, du siehst sowas von erleuchtet aus", spöttelte Robert.

Amit machte ein Handy-Foto von ihm und schickte es an seine Familie. Zu Hause hätte man den offenen gelben Transporter mitsamt seinem Personal wohl für einen Karnevalswagen gehalten, der sich im Termin vertan hat. Das Gedränge in den Gassen wurde nun dichter. Sie näherten sich der Innenstadt von Mathura. Straßenküchen säumten die Strecke wie immer. Die Stadt war mit ihren 350 000 Einwohnern vergleichsweise klein. Dass es sich um einen spirituellen Ort handelte, merkte man gleich an den vielen Altfreaks, die ebenso durch die Straßen zogen wie ein impertinenter Haschischgeruch. Außerdem gab es noch mehr Heilige Kühe als anderswo. Hinzu kam eine Unmenge von Devotionalienständen, an denen man Bilder von Gottheiten, Gurus, aber auch Politikern erstehen konnte. Vor allem aber wurden Abbildungen Krishnas in allen Varianten angeboten. Krishna soll an diesem Ort geboren sein und seine Kindheit hier verbracht haben. Deswegen ist die Stadt für Hindus ein bedeutender Wallfahrtsort. Zur spirituellen Grundausstattung gehörten aber auch Blumenkränze, Kerzen, Räucherstäbchen, bedruckte Jutebeutel, Schals, mit kleinen Spiegeln versetzte Kleider und andere Textilien sowie die Heiligen Schriften verschiedenster Heiliger Männer. Für weltliche Besucher und Touristen ist der Ort kaum von Bedeutung, da er fast nur aus Tempeln besteht. Dabei sind nicht alle Tempel aus kunsthistorischer Sicht sehenswürdig. Im Gegenteil gibt es einige Kitschanhäufungen, die sich aber dennoch großer Beliebtheit erfreuen. Geschmacklich ist das sowieso im Großen und Ganzen eine völlig andere Nummer. Eingefleischte Bewertungskriterien stehen ständig auf dem Prüfstand. Die gerümpften Nasen haben sich aber seinerzeit schon die Engländer blutig gestoßen und an weiteren Blessuren besteht kein Bedarf. Verehrung sucht sich ja allerorten Formen, die mit den Anforderungen an einen guten Geschmack nur selten in Einklang zu bringen sind. Von daher war der Lange nun als monströse, aber doch anbetungswürdige Gestalt in Vorleistung gegangen. Wahrscheinlich war es der blaue Turbanhut, der die Menschen anhielt, vor dem Wagen stehen zu bleiben und den Langen zu begaffen. Einige Blicke fielen auch auf Pröbsting, der ja ebenfalls diese ziemlich blöde blaue Kopfbedeckung trug. Zusammen wirkten sie wie historische Filmgestalten aus irgendwelchen Slapstick-Nummern. Dick und Doof, Pat und Patachon und sowas. Irgendeine Art von Duo Infernale auf jeden Fall. Dabei waren die Leute eigentlich alle entweder zum Tempel oder zur Moschee unterwegs. Die Stadt hat einen größeren Bevölkerungsanteil an Moslems, die nun am Freitag zum Freitagsgebet in die Freitagsmoschee eilten. Parallel dazu fanden die hinduistischen Veranstaltungen in den Hindu-Tempeln statt. Es war also einiges los auf den Straßen. Die Luft war religiös durchsetzt, die Bereitschaft zur Hingabe groß. Und in dieser Situation fing der Lange nun an, seine Litanei in seinem künstlichen Idiom herunterzuleiern, das er sich für seine Gesangseinlagen bei ERROR SIX zugelegt hatte. In Wirklichkeit hatte er keine Lust, sich Texte zu merken, und verfiel deswegen in dieses unsägliche Kauderwelsch, das aber immer noch irgendwie als Sprache zu entziffern war, wenngleich das Element der Verständigung ausgeblendet war. Nein, das war beim besten Willen nicht zu verstehen. Die Gruppe fand es aber immer gut. Zu viele Pseudobotschaften waberten durch gedrechselte Texte und es war nur folgerichtig, diesen weich gespülten Mitteilungsdrang zu parodieren. Der Lange tat das mit Inbrunst. „Loansahm“ war so eine Vokabel, die am Ende von strophenähnlichen Verkündigungen ohne Botschaft immer wieder wie ein Mantra auftauchte. Das Konnotat zu dem englischen „lonesome“ ist nachvollziehbar, entbehrt aber jeglicher etymologischer Begründung. Im „Loansahm“ kommt das nervöse Rezitativ zur Beruhigung. Das Wort ist aus seinem Zwang entlassen, eine Mitteilung machen zu müssen, sowie die Malerei des Informel sich vom Zwang, die gegenständliche Welt nachzubilden, befreit hat. „Loansahm“ ist nicht der Cowboy, sondern das Wortgebilde für sich. Der Lange bringt es immer mit bedeutungsschwerer Mine über die Lippen und hält den Zuhörer ganz in dadaistischer Tradition zwischen Lachen und Ernst in der Schwebe. Diese Tradition war hier in Mathura allerdings weniger weit verbreitet, obwohl man manchmal den Eindruck hatte, dass Dada eigentlich aus Indien stammen musste. Und so wurde den Sprechgesängen des Langen hier Bedeutung zugesprochen, die sie zwar nicht hatten, die man aber hinein legen konnte. Leider war auf keine Weise zu erfahren, welche Bedeutung das Publikum den Worten beimaß. Auf jeden Fall musste es aber eine sein, die zur Verzückung Anlass gab, denn genau das war es, was sich auf den Gesichtern der Umstehenden abzeichnete. Lohmann schmiss den Generator an, um den Worten mittels Lautstärke noch etwas Nachdruck zu verleihen. Tatsächlich vergrößerte sich die Zahl der Zuhörer und Zuschauer um ein Beträchtliches. Es ließ sich nicht ausmachen, ob der Lange bei Moslems oder Hindus eine größere Wirkung erzielte, der Pulk war von Leuten jeglicher Couleur durchmischt. Eine Gruppe Hare Krishna-Jünger tauchte am Rande auf und nutzte die Gelegenheit der Menschenansammlung für eine Art Gegenveranstaltung. Die Gruppe war aber anscheinend schon bekannt, weil sie jeden Freitag um diese Zeit auftauchte, da das Zentrum dann immer voll war und gleichzeitig das Geschäftsleben für die Zeit des Freitagsgebets fast danieder lag. Deswegen wurde ihr keine größere Beachtung geschenkt. Sie strampelten sich aber trotzdem ab und chanteten, was das Zeug hielt. Dieses gebetsmühlenhafte „Hare Krishna“ mischte sich mit dem monotonen Vortrag des Langen zu einer Art Choral, der sich im Stereosound über den ganzen Tempelvorplatz ergoss. Lohmann regulierte am Mischpult die Lautstärke, sodass die beiden Musikquellen zu einer Einheit verschmolzen. Die Melodieführung der Krishna-Gesänge war einfach und es war für Robert und Pröbsting kein Problem, sie mitzuspielen. Sie spielten aber eine Terz über deren Thema, sodass das Ganze in eine sanfte Polyphonie überführt wurde.

Über diese musikalische Figur webte der Lange seinen

Sprechteppich und wurde nicht müde, immer neue Lauterfindungen hinzuzufügen. West meets East. Die Gläubigen reichten erste Opfergaben und legten sie auf die Ladefläche. Amit nahm sie huldvoll entgegen. War das die Geburtsstunde einer neuen Sekte? Man konnte nur hoffen, dass es jetzt nicht zu einer Spontanheilung käme und alle Dämme brechen würden. In Ermangelung gestischen Repertoires bediente sich der Lange der leicht fächernden Handbewegung, wie man sie etwa von der englischen Königin kennt, wenn sie ihren Untertanen von der Kutsche aus zuwinkt. Etwas mulmig war ihm schon zumute, denn er hatte außer seiner fulminanten Aufmachung nicht wirklich etwas zu bieten. Außerdem war zu befürchten, dass vor allem Pröbsting diesen New Age-Sound, der auf Entspannung abzielte, nicht lange durchhalten würde. Auch Lohmann brach gerne aus der Regelmäßigkeit aus und warf kleine Wirbel ein. Es bereitete ihm eine diebische Freude, seine Mitspieler aus dem Konzept zu bringen und gleichzeitig Genugtuung, wenn sie es schafften, sich nicht aus dem Konzept bringen zu lassen. Und so waren sie erleichtert und verblüfft gleichzeitig, als sie in der Menschenmasse ein bekanntes Gesicht eespähten, das sich langsam zu ihnen durchwühlte und plötzlich wie Deus ex Machina vor ihnen stand. Dinata. Pröbstings Herz hüpfte. Sie hatte sich durchgerungen und ihre Gefühle sprechen lassen. Sofort schlug er einen anderen Sound an. Die Jungs zogen mit ihm das Tempo an, die Gitarre heulte auf wie ein Schlosshund. Lohmann gab Zunder, Robert haute ein paar schräge Harmonien und Cluster in die Tasten und der Lange ließ seine neue Rolle sausen und griff beherzt zum Bass. Die Menge wich zurück, zerteilte sich und löste sich langsam auf. Die Krishna-Typen zogen den Schwanz ein wie geprügelte Hunde und suchten das Weite. Und nach einer Weile war der Platz so gut wie leer. Die Tempel und Moscheen hatten die Gläubigen aufgesogen wie riesige Staubsauger und Dinata stand allein vor der gelben Ladefläche. Sie hatte einen kleinen Koffer dabei, in dem sie wohl das Nötigste verstaut hatte. Auch wenn ihre Flucht übereilt und hastig wirkte, war sie doch von langer Hand vorbereitet. Sie hatte ein Visum in der Tasche und war fest entschlossen, irgendwie sofort nach Europa zu kommen, wo blonde Frauen in offenen Cabrios über saubere Straßen fuhren. Dabei war sie nicht so naiv, ans gelobte Land zu glauben. Aber hier konnte sie nicht bleiben nach allem, was passiert war. Die Angst, dass der Gezeichnete sich noch mal gegen sie erhob, war zu groß. Schnell erzählte sie Amit alles, was vorgefallen war. Pröbsting war es etwas unangenehm, wie er gerade herum lief, und er schmiss seinen blauen Hut sofort in die Ecke. Auch der Lange kam durch die Anwesenheit Dinatas zur Besinnung und entledigte sich seiner Kopfbedeckung. Sein lächerliches Fransenkostüm ließ sich freilich nicht verbergen. Deswegen kramte er schnell seine Hose aus dem Koffer und zog sich in Windeseile um. Dann packten sie ihre Instrumente ein und es ging weiter nach Delhi.

Noch hundertundvierzig Kilometer waren es bis zum Flughafen. Das machte zwei Stunden reine Fahrtzeit. Folglich hatten sie noch Zeit genug. Der Flug ging erst spät gegen zehn Uhr abends. Dass Dinata nun an Bord war, veränderte die Atmosphäre schlagartig. Irgendwie veredelte sie das ganze Fluidum, obwohl sie vorne bei Amit saß, wo sie sich ausgiebig unterhielten. Welche Wirkung mochte wohl von einem selber ausgehen, fragte sich vor allem Robert. Wenn Dinata eine derartige Nobilitierung verströmte, ohne dass sie sich dafür anstrengen musste, welche Chance blieb einem da noch, in die Umgebung abzustrahlen? Bei suboptimaler optischer Ausstattung blieb nur das Wort. Welche Pfeile die anderen in ihren Köchern verbargen, war ihm ein Rätsel. Eine nonverbale Nachhaltigkeit war in der Intensität wohl niemals zu erreichen. Damit muss man sich abfinden, sinnierte Robert vor sich hin. Mit Blicken allein war wohl keiner von ihnen imstande, sowas wie einen Zauber zu entfalten. Auf der anderen Seite gab es auch keinen Grund, das Privileg weiblicher Glorie anzutasten, das an jene Zeiten erinnerte, als die Frauen noch engelsgleich waren. Von Mathura blieb nicht viel. Der Ort sah halt aus wie die anderen auch. Lediglich die Tempeldichte hatte für eine spezielle Stimmung gesorgt. Am Ortsausgang war ein McDonalds- Schild und Pröbsting wollte unbedingt dorthin. Er hatte diese Anfälligkeit für Fast Food und liebte die klare, schnelle Eindeutigkeit des Burgers, der auf jeden Firlefanz verzichtet. Also quengelte er solange, bis die anderen klein beigaben.

Für Akshara waren diese Filialen der Inbegriff westlicher Dekadenz und sie hatte schon mehrere Aktionen gegen sie gestartet. Immerhin gab es dort kein Rindfleisch und die Burger wurden wohl anders zusammengezimmert. Wahrscheinlich mussten wieder die Wasserbüffel dran glauben. Sie waren eben nicht heilig. Mit Rücksicht auf die Moslems wurden auch keine Schweine verarbeitet. Aber Akshara fand diese ganze Aufmachung, diese Plastiktabletts und das billige Mobiliar amerikanisch und damit eben unindisch. Es war ein Angriff auf den indischen Lebensstil. Die jungen Leute, die das nicht so sahen, waren für sie Vaterlandsverräter. Wenn schon nicht standrechtlich gegen sie vorgegangen werden konnte, so waren sie doch mit Verachtung zu strafen. Wahrscheinlich würde es bei Dinata einige Punkte Abzug geben. Das stand auf jeden Fall zu befürchten. Aber der sabbrige Heißhunger stand Pröbsting ins Gesicht geschrieben und ließ ihn alle Bedenken in den Wind schlagen. Auch der Lange wusste so einem Hamburger etwas abzugewinnen und machte sich mit Vorfreude auf in die gute Stube. Lohmann und Robert mussten sich geschlagen geben, Amit und Dinata blieben im Auto. Sie waren ohnehin in endlose Debatten verstrickt. Man blickte nicht durch. Um die Filiale schwirrten Dutzende von Tuk-Tuks und Rikschas, die das Zeugs in die Büros und Amtsstuben lieferten. Die Mehrheit der Kunden ist aber wohl zweifellos im jüngeren Teil der Bevölkerung zu finden, die das irgendwie modern findet. Sie möchte mit dem Fraß den Anschluss an die Zivilisation bekunden, der anderswo nicht immer so zu klappen scheint. Robert wünschte sich heimlich die Existenz einer Stinkbombe herbei, die er schon als Kind in diversen Supermärkten erfolgreich zur Anwendung gebracht hatte. Allerdings war die olfaktorische Belastung durch Fette und andere nicht sichtbare Quellen ohnehin schon so groß, dass man sie vielleicht gar nicht bemerkt hätte. Pröbsting war in seinem Element. Aber nicht ganz, denn es gab nur Chicken-Burger, Fish-Burger und als besondere Spezialität einen McEgg, also einen Eier-Burger. Natürlich gab es auch Pommes in diesen fiesen Tüten, aus denen man sie herausfingern musste. Aber der Lange war ja ein großer Meister im Fingern mit spitzen Fingern. Die Geste war vom freitäglichen Plätzchenessen bekannt.

Leider gab das Plastikgestühl wieder mal nach. Dabei spreizten sich die vier Plastikbeine zur Seite, als seien sie von der Sonne geschmolzen, was den Stuhl zwar nicht zerstörte, den Langen aber um drei Köpfe kürzer machte. Natürlich musste man sich das ganze Zeugs selber holen und erstmal eine Weile in der Schlange stehen. Die dunklen Gesichter, die im Küchenbereich herum wuselten, waren ja schon irgendwie vertraut. So sah das halt aus bei McDonalds. Die grelle Neonbeleuchtung tat das Ihrige, um ja keine Heimeligkeit aufkommen zu lassen. Vielleicht ist es ja diese Kantinenseligkeit, die derartiges Ambiente für einige attraktiv macht. Die schnelle Kurzsättigung für den Umtriebigen. Die schnelle Abtötung eines Hungergefühls, das sich aus den Tiefen des Gedärms nach oben meldet und mit einem Fleischklops abgefüttert und ruhig gestellt wird. Die pappige Hülle für zahnloses Beißen ohne Widerstand ist die gleiche wie im westlichen Kulturraum. Ein charakterloser Teigmantel, der nach nichts schmeckt und keinen Nährwert hat, wickelt den frittierten Bratling ein, der den Mittelpunkt des Esserlebnisses darstellen soll. Triefende Fettspuren fließen aus Mundwinkeln der globalisierten Genießer, die nicht im Verweilen, sondern in der schnellen Befriedigung ihr Heil suchen.

Der Lange wurde von einem Chicken-Burger nicht satt und musste noch mal losgehen. Der Plastikstuhl erhob sich gravitätisch langsam in seine alte Form. Wirklich zufrieden war auch Pröbsting nicht, der aber nicht maulen durfte, weil er diesen Besuch ja ins Rollen gebracht hatte. Allein die Miene sprach Bände, aber Lohmann verzichtete großzügig auf den Triumph, der ihm auf dem Teller gereicht wurde. Denn wenn er etwas so richtig abgründig und in jeder Beziehung ablehnte, dann war das dieser Laden hier mit allem, was dazu gehörte. Mit seiner phänomenologischen Brille auf der Nase wurde aber alles zum interessanten Fall. Und wenn er schon vom Nahrungsangebot nicht satt wurde, so konnte er sich nicht satt sehen an lauter Eigentümlichkeiten, die ihm ins Auge sprangen.

Vor allem Eitelkeiten, die ihre Lächerlichkeit geflissentlich übersahen, hatten es ihm angetan. Junge Männer, die in ihrer Verblendung alles über Bord geworfen hatten, was nur im weitesten etwas mit geschmacklicher Orientierung zu tun hatte und in ihrer Selbstinszenierung päpstlicher als alle Päpste der Weltgeschichte daher kamen. Sowas amüsierte ihn außerordentlich auch wenn das Tuscheln hinter vorgehaltener Hand den Provinzler verriet, zu dem er sich aber immer rückhaltlos bekannte. Und so konnte selbst das zweifelhafteste Milieu noch zum Erlebnis werden. Der Lange brachte seinen Stuhl sofort wieder in seine demütige Form zurück. Auch Pröbsting brauchte noch einen Nachschlag. Immerhin war die Pampe, die hier als Sauce verkauft wurde, den gewohnten Pampen weitestgehend nachempfunden. Als er wieder in der Schlange stand und die anderen einen gegelten Gigolo mit übergroßem Hemdkragen ins Visier genommen hatten, wurde es plötzlich unruhig in der Filiale. Und mit einem Male war es lähmendes Entsetzen, das den Raum durchzog. Drei maskierte Männer bewegten sich auf die Kasse zu und schrien allerlei Unverständliches. Ein Schuss riss eine Deckenleuchte aus der Verankerung und die Leute schmissen sich unverzüglich auf den Boden. Auch die Jungs versammelten sich jetzt bäuchlings unter dem Tisch, wobei Pröbsting Auge an Auge mit einem indischen Teenager in der Schlange lag. Selbst in dieser Situation schoss ihm noch ein ‚Meuter' durch den Kopf, über den im gleichen Moment einer der Gangster trampelte, um in die Kasse zu greifen und mit dem Erbeuteten und den Kumpanen fluchtartig das Weite zu suchen. Als sie draußen den gelben Wagen stehen sahen, zwangen sie Amit und Dinata mit vorgehaltener Waffe loszufahren und schwangen sich auf die Ladefläche. Sie zählten ihre beträchtliche Beute und waren in Hochstimmung, während McDonalds nur langsam den Betrieb wieder aufnahm.

Die Polizei nahm die Augenzeugenberichte entgegen und zur Kenntnis, dass die Kriminellen mit einem gelben Laster unterwegs waren. Erschwerend kam natürlich der Tatbestand der Nötigung hinzu, der sich womöglich noch zur Geiselnahme steigern konnte. Man war also entsprechend alarmiert. Die Flüchtigen konnten sich denken, dass sie mit dem auffälligen Fahrzeug nicht ewig unterwegs sein durften. Und so ließen sie Amit über Umwege auf unwegigen Landstraßen Richtung Delhi kurven, um in dem Moloch unterzutauchen. Für Dinata nahm die Odyssee kein Ende und sie fragte sich, welcher Regen sie in diese Traufe gespült hatte. Es kam ihr wie eine Verschwörung vor. Sie verhüllte sich so gut es ging und versuchte, sich unsichtbar zu machen und so wenig wie möglich Aufmerksamkeit zu erzeugen.

Auf der Ladefläche krakeelten die Kriminellen und wühlten die Koffer durch. Sie probierten einige Klamotten aus und ließen sie teilweise sogar an. Alles andere schmissen sie auf die Straße. Zum Glück hatten die Jungs einer inneren Eingebung zufolge wenigstens ihre Reisepapiere und ihre Brieftaschen in ihren Hosentaschen aufbewahrt. Dafür mussten sie nun um den Rest ihrer Habe bangen.

THE TRAIN

Die einzige Möglichkeit, noch rechtzeitig zum Flughafen nach Neu Delhi zu kommen, war wohl der Zug. Also winkten sie die nächsten beiden Rikschas herbei und ließen sich zum Bahnhof chauffieren. ‚Jetzt erzähl uns hier keinen vom indischen Hubschrauber', dachte Pröbsting noch bei sich, als der Fahrer schon sein „indian helicopter" herauskrähte, um durch witzige Unterhaltung das Salär aufzustocken. Es bestand aber absolut kein Bedarf an Witzen. Vielmehr beherrschte die Sorge um das Erreichen der Maschine alles Sinnen und Trachten. Der indische Zugverkehr war nicht gerade als Inbild der Zuverlässigkeit und Pünktlichkeit bekannt. Robert spukten noch die Bilder einer Reportage über den Vorsitzenden der indischen Bahngesellschaft im Kopf herum. Der Typ wurde als äußerst zwielichtige Erscheinung porträtiert und sah auch so aus. Zumindest hätte man ihm die Anschaffung eines Nasenhaarschneiders aufs Dringlichste empfehlen müssen. Man war auf Gedeih und Verderb den äußeren Umständen ausgeliefert. Natürlich lief in ihren Köpfen der Film mit dem Thema „Zug verpasst, was nun?", und die Folgen wurden cineastisch bis in alle Einzelheiten ausgespielt. Für den Zuschauer interessant, für die Betroffenen ein Albtraum.

Auf dem Bahnhof war natürlich der Bär los. Es gab keine Fahrscheinautomaten und an den Schaltern waren kilometerlange Schlangen. Also begaben sie sich direkt auf die Bahnsteige, die übersät waren mit Bettlern und fliegenden Händlern, die ihnen allen möglichen Krempel anzudrehen versuchten.

„Una crema medicinale", dozierte einer, der sie für Südeuropäer hielt oder einfach nur ein paar Brocken Spanisch aufgeschnappt hatte oder irgendwas, das er dafür hielt. Vielleicht war er auch selber Südeuropäer, der hängen geblieben war, wie so viele, die sich jetzt irgendwie durchschlugen. Der Verpackung nach zu urteilen war es eine Art Hämorrhoidensalbe, die man gleichzeitig auch als Hautcreme benutzen sollte.

Auf einem der Züge stand „Delhi“. Sie hatten es sicher nicht drauf geschrieben, um den Zug voll zu bekommen. Der war schon mehr als voll. Dennoch wurde vom Bahnsteig aus ein Wasserbüffel in den Waggon geschoben. Einige Männer zogen an den Hörnern und von hinten wurde das strampelnde Tier angehoben und hoch gehievt. Stoisch und souverän stand es nun zwischen den anderen Passagieren, die weiter kein Aufheben machten. Auch der braune Haufen, den es hinterließ, führte zu keinerlei Beunruhigung. Schließlich war es nicht das einzige Tier, was die Gästeschar bereicherte. Ratlos standen die Jungs vor dem Zug.

„Delhi?“, frage der Lange einen Umstehenden.

„Yes, yes, Delhi“, antwortete es beflissentlich aus mehreren Kehlen. Zwiesprache im eigentlichen Sinne gab es hier gar nicht. Immer hörten mehrere mit oder sahen zu. Anteilnahme war jederzeit gesichert. Und so reckten sich ihnen gefühlte tausend Hände entgegen, als sie zu dem Waggon hoch schauten, der über und über mit Menschen bedeckt war. Als ob sie sie aus einem Schlammloch zögen, packten diese eifrigen Hände zu und beförderten sie mit einem Ruck auf das Dach, wo die schwarzen Passagiere sofort zur Seite rückten und Platz für die Neuankömmlinge machten. Beim Langen musste freilich von unten nachgeholfen werden, wodurch er für einen Augenblick dem Wasserbüffel nicht unähnlich war.

Oben war die Begrüßung überaus freundlich. Ein selten erlebtes Gemeinschaftsgefühl umgab alle Anwesenden und hüllte sie in eine Wolke von Solidarität. Als der Zug sich langsam in Bewegung setzte, stellte sich ein Erlebnis von Freiheit ein, das unbeschreiblich und mit herkömmlichen Kategorien nicht zu erklären war. Hier oben herrschte die nackte Anarchie. Kein Fahrkartenschaffner und keine pöbelnden Randalierer würden die Idylle stören. Man war im Einklang mit sich und der Welt. Natürlich beherrschten die vier Westler nicht die elegante Bodensitzweise der Inder. Relativ steif und staksig thronten sie auf dem rumpeligen Untergrund und genossen den Fahrtwind. Es war kein Hochgeschwindigkeitszug und man musste nicht befürchten, von Zentrifugalkräften herunter gerissen zu werden. Die gemächliche Fahrt erlaubte eine entspannte Gelassenheit. Es dauerte auch nicht lange, bis das erste „Where do you come from?" die Runde machte. Und sofort rückten sie näher, bildeten eine Traube um sie und löcherten sie mit Fragen, die vor allem den privaten Bereich betrafen. So wollten sie zum Beispiel alles über Familienstand, Unterkunft und das Auto, das sie fuhren, wissen. Das kam natürlich einer Einladung zum Flunkern gleich, denn ihre Gutgläubigkeit war bodenlos. Wahrscheinlich waren sie auch gar nicht so sehr an der Wahrheit interessiert, sondern eher an einer schönen Märchenstunde, die ihnen die Fahrt versüßte. Bei Hindernissen wie Brücken mussten sich alle flach auf den Boden legen. Sobald eines erschien, kamen sofort wieder viele hilfreiche Hände und Blicke, die sie sanft nach unten schoben. Hier hatte man es mit wahren Connaisseuren zu tun, die sich die klassenlose Gesellschaft im Kleinen zusammenbastelten und die Kastenfrage erstmal suspendierten. Sie passierten einige kleinere Orte wie Surir, Bajna und Khandeha. In Jewar hielt der Zug und es kamen noch einige neue Gäste hinzu. Sie brachten etwas zu essen mit aufs Dach und es wurde geteilt, solange der Vorrat reichte.

Amit und Dinata gurkten inzwischen mit den drei Hallodris durch die Gegend. Für diese Figuren war es „so ein Tag, so wunderschön wie heute", und sie waren in ausgelassener Stimmung, der sie nur nicht die rechte Form zu geben in der Lage waren. War nur zu hoffen, dass sie ihn nicht noch durch eine Vergewaltigung zu „krönen" gedachten. Entsprechend unauffällig kauerte Dinata geduckt im Fahrerhäuschen und betete, dass dieser Krug an ihr vorüber gehen mochte. Die Polizei über Handy zu informieren, hielt Amit angesichts der Umstände nicht für die beste Idee und dachte über andere Möglichkeiten nach, die Bande zu überwältigen oder los zu werden. Er hatte noch ein paar Flaschen Brandy im Handschuhfach. Für die Abfüllung seiner Touristen hatte er davon immer einen großen Vorrat parat. Und immer, wenn er an einem entsprechenden Shop vorbeikam, wo das Zeugs günstig zu kriegen war, füllte er die Vorräte auf. Das hatte er auch unterwegs einmal gemacht, sodass ihm jetzt allerlei Hochprozentiges zur Verfügung stand. Damit konnte er die Parasiten auf der Ladefläche locker abschießen. Zuvor müsste er sich aber bei ihnen lieb Kind machen, sodass sie keinen Verdacht schöpften, wenn er ihnen das Geschenk anböte.

In der Höhe von Khandeha hielt er kurz für eine „Naturpause" an, und als er fertig war, reichte er ihnen eine Flasche herüber, was mit überbordendem Gejohle quittiert wurde. Dann setzte er sich wieder hinters Steuer und juckelte , im Vertrauen, dass das geistige Getränk seine Wirkung tun würde. Zunächst stachelte es jenen Vandalismus an, der sich schon beim Ausräumen der Koffer gezeigt hatte. Nun musste das Schlagzeug dran glauben. Als ob sie schon mal The Who live erlebt hätten, zerlegten sie es nach allen Regeln der Kunst. Amit war schon klar, dass er das irgendwie ersetzen müsste, und trachtete nun ganz unverhohlen nach der Beute. Nach dieser Meisterleistung wurde es nun ruhiger auf den hinteren Rängen und die Herren ruhten für eine Weile. Dass ihnen möglicherweise die Polizei auf den

Fersen war, verdrängten sie wohl. In Anbetracht dieser Tatsache hätten sie nämlich eigentlich schon lange abspringen und sich aus dem Staub machen müssen. Stattdessen hielt Amit noch mal an, was sie zu Protest veranlasste. Was das denn solle, brüllten sie ihn an. Er solle gefälligst auf die Tube drücken. Sie hätten schließlich noch einen Termin in Neu Delhi. Den dürften sie auf keinen Fall verpassen, und er solle gefälligst Schleichwege fahren und keine Hauptstraßen. Amit gab zu verstehen, dass er eigentlich ganz auf ihrer Seite stand und verlieh seiner Aussage mit einer zweiten Flasche Brandy Nachdruck, sodass sie, nachdem sie noch einen weiteren Schluck genommen hatten, nach und nach vertrauensseliger wurden. Sympathischer wurden sie dadurch allerdings nicht. Amit stieg aber durch den Hinweis, dass sein Wagen geklaut war, gewaltig in ihrer Achtung. Er habe den Wagen gelb übergestrichen, damit man ihn nicht so leicht identifizieren könne, betonte er. „Respekt", tönte es aus drei heiseren Rachen. Und um diesen Respekt zu unterstreichen, zog der Typ mit dem katastrophalen Hawai-Hemd ein Bündel Geldscheine aus seiner Hosentasche und zeigte Amit stolz die Beute aus dem McDonalds-Raubzug, was wiederum Amit zu geheuchelten Respektsbezeugungen veranlasste. Als Amit ihnen dann noch verkündete, das mit dem Schlagzeug ginge in Ordnung, es sei nämlich auch geklaut, war der Bann endgültig gebrochen. Er stellte ihnen eine zweite Flasche Brandy hin, auf die sie sich gierig stürzten.

Dinata verließ den Beifahrersitz nicht und tat alles, um sich unsichtbar zu machen. Zum Glück schenkten die Typen ihr keinerlei Beachtung. Amit nahm den bunt Behemdeten beiseite und raunte ihm ins Ohr, er sähe da noch eine Möglichkeit, den Tagesgewinn erheblich zu steigern. Der tumbe Gesichtsausdruck hellte sich bei dieser Vorstellung sofort auf, sofern man bei diesen physiognomischen Voraussetzungen überhaupt von Aufhellung sprechen konnte. Man könne vielleicht einen kleinen Abstecher machen, schlug Amit vor. Er kenne da so einen Laden in Rabupura, der sich „Ero Sex" nannte. Die machten auch überregional Werbung und seien zumindest vom Namen her auch in Jaipur bekannt. Die würden ein Schweinegeld mit so Erotiksachen machen und hätten jeden Abend die Kasse voll. Dabei wäre der Laden ganz klein und es gäbe kein Sicherheitspersonal. In der Tat kannte Amit den Typen, der in Jaipur die Flyer mit der Aufschrift „Ero Sex" großflächig verteilt hatte. Den Jungs von ERROR SIX gegenüber war ihm das äußerst peinlich und er hatte entsprechende Nachfragen immer, wohlwissend, dass es sich definitiv nicht um Werbezettel für das Konzert handelte, abgetan. Der Typ hatte ihn einmal angesprochen und nachgefragt, ob es eventuell in der Tourismusbranche Interesse an solchen Produkten gebe. Sie könnten auch andere Kontakte je nach Bedarf vermitteln. Daraufhin hatte Amit ganz unauffällig einige Zettel im Reisebus liegen gelassen, die auch sofort weg waren. Nach dem Abendessen wurde er von einigen Reisenden dann dezent gefragt, was denn auf diesen Zetteln stünde. Und er hatte ebenso dezent mit galanten Umschreibungen seine Übersetzung geliefert. Bei allein reisenden männlichen Gästen gab es durchaus eine grundsätzliche Affinität, die mit irgendwelchen Witzchen überspielt wurde, aber doch irgendwo begründet war. Konkret war es jedoch bislang nie geworden. Ob andere Reiseveranstalter ein entsprechendes Beiprogramm hatten, konnte er nicht sagen. Jedenfalls gab es in Rabupura diesen Laden. Und, ja, er war schon einmal dort gewesen, weil er halt wissen wollte, was sich hinter diesen Handzetteln verbarg. Deswegen kannte er die Örtlichkeiten und man könnte vielleicht einen künstlichen Überfall arrangieren, bei dem die Täter aber dingfest gemacht würden. Das waren alles noch recht unscharfe Bilder, die sich da in seinem Kopf zusammenbrauten, aber irgendwas musste passieren. Also versuchte er dem Bunthemd den kleinen Umweg schmackhaft zu machen. Dessen ohnehin eingeschränkte Bewusstseinslage war durch den Brandy zweifellos noch stärker getrübt. Aussichten auf Geldscheine und Action schlugen aber Löcher in die Nebelwand. Auch seine umnachteten Freunde lallten ihm Zustimmung entgegen. In dem Zustand müssten sie leicht zu überwältigen sein, dachte sich Amit und nahm den Seitenweg nach Rabupura.

Über ruckeliges Terrain ging es in ein Barackengebiet, in dem die blinkende Reklame „Ero Sex“ schon von weitem signalisierte, dass man hier richtig war. Nur der Hemdmann hatte eine Waffe, die theatralisch aus der Gesäßtasche lugte. Er redete mit leuchtenden Augen auf seine Kameraden ein, die schon beschwipst eingenickt waren. Das sei leicht zu verdienendes Geld und die Scheine stapelten sich dort um diese Zeit und die ganze Sache sei in fünf Minuten abgewickelt. Der Fahrer sei ein Kumpel und wolle nur zehn Prozent von der Beute. Es liege ja auf der Strecke und man wäre bekloppt, wenn man das nicht mitnehmen würde. Das sei eben ein Supertipp von diesem Typen. Danach könnte man ja das Fahrzeug wechseln und dem Fahrer und der Tante auf dem Beifahrersitz eins über die Rübe ziehen. Die zehn Prozent könnte der sich ohnehin von der Backe putzen. Das hörte sich alles verlockend an und sie rappelten sich auf und zogen sich die Strumpfmasken über die hohle Birne. Amit fuhr rückwärts an die Eingangstür heran, sprang raus und inszenierte eine kleine Rangelei, bei der er dem Hemd die Waffe aus der Tasche fischte. Dabei fiel ihm gleich noch das Geldbündel in die Hand, das dieser unvorsichtig und locker verstaut hatte.

„So, jetzt raus, und zieht das ordentlich durch“, kommandierte er.

Sie torkelten auf den Eingang zu, rissen die Tür auf und grölten ihr stereotypes „Das ist ein Überfall“ in das dunkelrot beleuchtete Ambiente. Amit fuhr den Wagen so eng an die Eingangstür, dass man sie nicht mehr öffnen konnte. Er schmiss Dinata den Schlüssel zu.

„Fahr zum Flughafen, schnell. Ich zieh das hier eben durch. Du musst keine Angst haben. Es wird nichts passieren. Ich habe die Pistole und die Typen sind vollkommen besoffen. Warte in der Eingangshalle auf mich. Wenn ich es nicht rechtzeitig schaffe, verabschiede die Jungs und grüße sie von mir.“

Dann postierte er sich mit der Waffe am Hinterausgang. Als das Hemd seine Waffe ziehen wollte und ins Leere griff, stieg die blanke Panik in ihm auf und er trat erst mal mit Wucht gegen die Ladentheke und verstauchte sich dabei den großen Zeh. Der

Ladenbetreiber konnte sich ein Lächeln nicht verkneifen und schaute sehr cool aus dem Halbdunkel hervor.

„Geld her!", presste der Anführer schmallippig aus sich heraus und schaute sich verzweifelt nach seinen Kumpanen um, die sich vom Angebot des Hauses magisch angezogen fühlten und in den Auslagen stöberten. Die wenigen Kunden waren nicht sonderlich geschockt und erkannten schnell, dass es sich lediglich um ein paar angetrunkene junge Männer handelte, von denen keine besondere Gefahr ausging. Sie beobachteten das Geschehen mit einem Auge und ließen das andere weiterhin durch die Regale schweifen. Das Warenangebot hatte sich wohl weltweit angeglichen, stieß aber hier auf besonderes Interesse, da die indische Gesellschaft das ganze Genre konsequent ausblendete. Auch den Herren Einbrechern fielen die Augen aus dem Kopf, als sie einer derart freizügigen Produktlinie ansichtig wurden, und ihr eigentliches Anliegen geriet in den Hintergrund. Als schließlich der eine, der sich schon die ganze Zeit als der weitaus Schlichteste erwiesen hatte, mit einem vergoldeten Dildo auf die Kasse zueilte, diesen in Ermangelung einer richtigen Pistole als Waffe einsetzte und dem Kassierer damit vor der Nase herum fuchtelte, sprang dem Leitwolf der Draht aus der Mütze und er streckte ihn mit einem Faustschlag nieder. Nun gab es kein Halten mehr. Die drei prügelten wie wild aufeinander los und es war Zeit genug, die Polizei zu verständigen. Als sie eintraf, lagen sie benommen und blutend auf dem Boden und man konnte sie einsammeln wie reife Früchte, die vom Baum gefallen waren. Dinata preschte sofort los, als sie das Polizeiauto kommen sah, und hatte keine Zeit mehr, sich um Amit zu kümmern. Dieser suchte zu Fuß das Weite und verschwand im Gestrüpp.

Er machte einen großen Bogen um Rabupura und legte sich nach einem kleinen Fußmarsch unter einen Baum. Das hatte ihn alles sehr mitgenommen und er fühlte sich körperlich sehr schwach. Er schwitzte und fühlte ein Stechen in der Brust. Er hatte seine Krankheit bisher vor allen verborgen. Auch Dinata wusste nicht, dass er sehr krank war. Die Ärzte hatten ihm keine lange Lebenserwartung in Aussicht gestellt und er wusste, dass er nicht heilbar war. Er wollte aber niemand in Sorgen versetzen und hatte versucht, alle Anzeichen zu vertuschen. Er hatte diese Gruppe eingeladen, um noch einmal in seinem Leben etwas zu erleben. Er wollte nicht sang- und klanglos von dieser Welt gehen und war auch mit diesem Vorhaben gescheitert. Die Vorstellungen, die er gehabt hatte, waren alles andere als in Erfüllung gegangen. Gleichzeitig war es ihm darum gegangen, für Dinata Kontakte nach Europa zu organisieren. Ihr Wunsch, dort zu studieren und sich ein Leben aufzubauen, das ihren Fähigkeiten entsprach, war ihm heilig. Als er Robert kennengelernt hatte, konnte er sich sofort vorstellen, dass dieser ihr bei der Umsiedlung behilflich sein könne. Für eine potentielle Beziehung wäre er zu alt gewesen, aber als väterlichen Freund konnte er ihn sich gut vorstellen. Er hoffte inständig, dass die Jungs sie unter ihre Fittiche nehmen würden. Sie hatte sich damals für ihn eingesetzt, als er für Narami entbrannt war. Schnell hatte sie sich mit ihr angefreundet und hing an ihren Lippen, wenn sie von Europa erzählte, wo einem alle Türen offen stünden und es kein einschränkendes Kastensystem gebe. Auch dort müsse sie nicht auf indische Kultur verzichten, denn es gäbe dort viele, die diese zu schätzen wüssten. Ausländerfeindlichkeit habe sie dort persönlich nicht erfahren. Aber sie hatte sich auch vor allem in den intellektuellen Milieus von Paris und London aufgehalten. Sie hatte von einem Europa erzählt, in dem die Menschen Bücher lasen und klassische Konzerte besuchten. Ein Kontinent mit einer blühenden Kunstszene und demokratischen Verhältnissen, in denen die Frau geachtet wurde. Alles wäre dort gut organisiert und es gebe keine Korruption. Die Straßen und Städte seien sauber und es gebe keinen religiösen Fanatismus. Das Milieu sei liberal und weltoffen. Freilich gab sie zu, dass all das auch gefährdet sei und Europa drohe zu sterben. Dinata erträumte sich nicht das Paradies auf Erden und war sich aller Schattenseiten bewusst. Dennoch hatte sie diesen Traum, den in ihrer Familie außer Amit niemand nachvollziehen konnte.

Amit lag müde unter dem Baum. Er hatte eine Waffe dabei.

Dinata hatte gewisse Probleme, den Wagen zu steuern. Sie hatte keinen Führerschein, aber Amit hatte ihr das Autofahren beigebracht. Dennoch fuhr sie langsam wie eine Anfängerin und wurde von ungeduldigen Verkehrsteilnehmern angehupt, was sie etwas nervös machte. Sie machte sich Sorgen um Amit und hoffte, ihn am Flughafen wiederzusehen. Sie vermied die Autobahn und hielt sich an schlecht ausgebaute Landstraßen. Man sah nicht gerade viele Frauen am Steuer und schon gar nicht hinter dem Lenkrad eines Lastwagens, der ein kaputtes Schlagzeug, allerlei elektrische Instrumente und eine Musikanlage transportierte. Ihr schwirrte der Kopf von den Ereignissen des Tages und denen der letzten Woche. Es war sehr viel durcheinander gewirbelt worden, sowohl in ihrer Familie als auch bei ihr selbst. Es gab keine Gewissheiten mehr und alles war wie in einen Strudel geraten. Es hatte wohl dieses äußeren Anlasses bedurft. Mit einem gewissen Abstand war es nicht nur dramatisch, sondern auch recht komisch. Später würde sie vielleicht darüber lachen können. Was wohl die Band sagen würde? Die mussten doch glauben, in einem Irrenhaus gelandet zu sein. Dabei war es ihr immer ein Anliegen, ihr Land im besten Licht erscheinen zu lassen. Es war wohl eine Verkettung unglücklicher Umstände. Man konnte ihnen schwerlich einen Vorwurf machen, denn sie hatten nur in bester Absicht gehandelt. Und einen Künstlerbonus wollte sie ihnen auch gerne zugestehen. Ihre Mentalität hatte sie nicht ganz zu ergründen verstanden. Über allen Gesprächen hatte der Zuckerguss der Höflichkeit gelegen, sodass sie nicht wusste, was sie antrieb, wo ihre Widersprüche und Probleme lagen. Sie schienen eine heimliche Freude zu empfinden bei allem, was nicht gelang. Sie schienen die Fehler und Brüche zu genießen, die andere krampfhaft zu vermeiden suchten. Sie warfen sich nicht in Posen, um mehr zu sein, als sie waren, sondern um sich selbst zu karikieren. Sie spielten mit ihrer eigenen Erscheinung. Sie waren auf eine merkwürdige Art unmännlich. Sie hatten sich etwas Kindliches bewahrt, ohne infantil zu wirken. Sie waren überschwänglich und impulsiv und gleichzeitig zurückhaltend. Sie hatten sich auf ein Abenteuer eingelassen, ohne zu wissen, was dabei herauskam. Sie waren unerschütterlich und naiv. Sie waren wie Erscheinungen aus einer anderen Welt. Ihre Musik fand sie gewöhnungsbedürftig, merkwürdig. Amit konnte doch nicht im Ernst der Meinung sein, dass sowas in Indien auf große Resonanz stoße. Hier gab es nur die fünf bis zehn Prozent, die klassische indische Musik konsumierten. Der Rest bestand aus musikalischen Analphabeten, die sich mit billiger Massenware abspeisen ließ. Für Akshara etwa war das alles westliche Dekadenz, Teufelszeug, das zu bekämpfen war. Bei den Jungs war sie etwas gnädiger. Was auch immer sie da für ein schräges Zeugs zusammen zumpelten, Massenware war es jedenfalls nicht.

Natürlich würde Dinata nicht blindlings den nächsten Flieger nach Deutschland nehmen. Sie stand kurz vor dem Schulabschluss und den würde sie auch machen. Allerdings hatte sie nicht vor, nach Jaipur zurück zu gehen, sondern wollte den Rest der Zeit bei einer befreundeten Familie in Neu Delhi verbringen. Ihr Vater hatte Zeter und Mordio geschrien, aber sie hatte die Unterstützung ihrer Großeltern. Sie standen immer noch ganz oben in der Hierarchie und ihre Güte und Weisheit strahlte auf das ganze Familienleben ab.

Es ging nun auf den Abend zu und der Flughafen von Neu Delhi war nicht mehr weit. Sie fürchtete sich etwas vor dem Verkehrsgewimmel in der Metropole, welches das von Jaipur noch bei weitem übertraf. Zum Glück war der Flughafen ausgeschildert und sie hielt sich strikt an die Wegweisung. Es war schließlich sieben Uhr, als sie unter der gleichen Brücke direkt neben dem Eingangsportal parkte, wo auch Amit die Jungs vor zehn Tagen erwartet hatte.

NOIDA

Zur gleichen Zeit waren diese noch mit dem Zug unterwegs und näherten sich der Trabantenstadt Noida, wo der Zug nochmals hielt. Eine Station weiter gab es noch ein „Greater Noida", ein Ableger neueren Datums mit gigantischer Stadtkulisse. Bei der langsamen Einfahrt in den Bahnhof eröffnete sich ihnen ein Panorama, das sie in ein anderes Jahrtausend zu schleudern schien und das sich als Alternative zu den bekannten Bildern herausputze. Glitzernde Glasfassaden und Prachtbauten von Banken und Firmensitzen, die man eher in Singapur erwartete als in einem Vorort von Neu Delhi, zeigten ein anderes Indien, das kein Schwellenland mehr sein wollte, sondern schon über die Schwelle getreten war. Alles war blitzblank und sauber. Rinnsteine und Straßenränder waren frei von Müll. Bombastische Neonreklamen priesen die Namen großer Konzerne. Reinigungskolonnen fegten mit großen Maschinen über die Bürgersteige. Polizisten regelten den Verkehr. Riesige Werbetafeln priesen die neuesten Bollywood-Produktionen an. Maskenhafte Großvisagen grinsten von den Plakaten und schlichen sich in die Träume der Umworbenen. Schon vom Zug aus konnte man die gewaltigen Wohnkomplexe sehen, die von Zäunen umgeben die Bewohner wie Gefangene ihres Wohlstands hielten.

Diese „gated housing" genannten bewachten Areale trennen die Einkommensbezieher großer Dienstleistungsunternehmen von den unteren Schichten. Für die strikte Einhaltung dieser Trennung sorgen hoch gerüstete Sicherheitsfirmen. Auf den freien Flächen zwischen diesen klinischen, vielgeschossigen Hochhäusern wuchern freilich immer wieder neue Slumgebilde, die von Zeit zu Zeit niedergerissen werden, aber wie die Köpfe der Hydra immer wieder nachwachsen. Die Industriestadt Noida treibt den Konflikt auf die Spitze. Im aseptischen Steingerüst des Stadtbildes wuselt freilich das gleiche Personal wie anderswo. Wackelige Rikschas und stinkende Tuk-Tuks mischen sich auch hier mit hoch bepackten Lastenkarren.

„Wo sind wir hier gelandet?", fragte Pröbsting ungläubig in die Runde. Die Menschen wirkten irgendwie deplatziert wie Spielzeugfiguren, die sich auf dem Wohnzimmertisch in der Sahara wähnten. Wie programmierte Männchen, deren Programm von einer anderen Macht geschrieben war, tapsten sie durch die fremde Kulisse, die sie gleichzeitig mit ihrem Atem beseelte.

„Kapitalismus", raunte Lohmann, wohl wissend, dass diese Formel auch nicht die Erklärung für alles war. Ästhetisch war diese Konfrontation auf jeden Fall eindeutig unbefriedigender als alles, was sie bisher gesehen hatten. Welche Kraft würde den längeren Atem haben und sich durchsetzen?

NEU DELHI

Als sich der Zug wieder in Bewegung setzte und sie die noch monströseren Wolkenkratzer von Greater Noida hinter sich ließen, näherten sie sich Neu Delhi und es war wie ein Gefühl, nach Hause zu kommen. Wie ein wohliger Duft brannte sich der Rauch der vertrauten, überall glimmenden offenen Feuerstellen in ihre Nasen ein. Überall lag wieder dieser wunderbare Dreck herum und es stank nach fauligen Flüssigkeiten, die sich ihren Weg suchten. Endlich wieder das totale Chaos.

Ihre Dachgenossen waren ihnen schon ans Herz gewachsen. Ein geheimnisvoller Zufallsgenerator hatte ihnen eine traute Runde zusammengemischt und er würde das wohl noch öfter an verschiedenen Orten tun, wenn man ihm Gelegenheit dazu gab. Dabei war es gar nicht das Gespräch, das sie zusammenschmiedete, sondern das Sitzen als solches auf exquisitem Terrain. Ein preiswertes Vergnügen außerhalb der vorgesehenen Form. Man sollte sich vielleicht öfter neben die Bank setzen statt darauf. Die Einbuße an Bequemlichkeit wäre mit einem Zugewinn an Besonderheit mehr als ausgeglichen. Nach deutschem Recht und wahrscheinlich auch nach indischem handelte es sich allerdings um Schwarzfahrer, deren Kitzel natürlich mehr als frevelhaft war. Vielleicht fangen große Revolutionen ja ganz klein an und in der kleinen Verweigerung, den vorgeschriebenen Platz einzunehmen, köchelt die große, an den eingemeißelten zurückzukehren. Vielleicht war der Widerspruchsgeist ja zur mickrigen Lust an der Regelverletzung zusammengeschrumpelt und man konnte sich einreihen in die dumpfe Masse jener, die ihren heimlichen Vandalismus pflegten, indem sie ihr Wasser abseits der Rinne abschlugen. Allerdings war die Regelverletzung hier in Indien die Regel.

Bei allen schlich so etwas wie Wehmut ein, als sie das Dach verließen und viele freundliche Hände ihnen wieder dabei behilflich waren. Vom Bahnsteig aus winkten sie den Verbliebenen nach, als der Zug wieder Fahrt aufnahm. Der Trubel, der an den Gleisen herrschte, war unbeschreiblich. Das Stimmengewirr vermischte sich zu einer gläsernen Klangwolke, in der sie wie in einem Kokon zum Ausgang geschoben wurden. Sie mussten eng beieinander bleiben, um sich nicht zu verlieren, und wuchsen vorübergehend zu einem Körper zusammen, der sich seinen Weg bahnte.

Der Bahnhofsvorplatz war nicht weniger belebt. Zum Abschied wollten sie sich einmal etwas gönnen und schauten sich nach einem Taxi um. Die Preise für Taxis sind im Vergleich zu den unsrigen geradezu lächerlich. Einige der typischen gelben Hindustan Ambassadors waren an einem Stand aufgereiht und die Fahrer lungerten gelangweilt auf der Bordsteinkante und kauten Betelnüsse. Weil sie überall ihre rote Spucke hinterließen, sah es aus, als ob sie in Blutlachen hockten und gerade eine Art Schlachtfest feierten. Sie sprachen den Nächstbesten an, der sie zum Flughafen bringen sollte. Auch er hatte diese rot verfärbten Stummel im Mund stehen, die in degeneriertem Zahnfleisch vor sich hin rotteten und ihn als Konsument dieses weit verbreiteten Genussmittels auswiesen. Das Fahrzeug wirkte irgendwie englisch und war im Vergleich zu den Rikschas geradezu komfortabel, aber dennoch nicht gerade geräumig. Vor allem der Lange hatte Schwierigkeiten, hineinzukommen, und wusste nicht, wohin mit den Beinen. Er versuchte es auf dem Beifahrersitz und saß wie eine Sardine zwischen Armaturenbrett und Rückenlehne eingeklemmt.

Auf der Rückbank war es für den Rest der Truppe nicht viel anders. Dennoch stiegen royale Ambitionen in ihnen auf und sie waren fast versucht, eine sanft schwenkende Grußhand zu erheben und dem Volk zuzuwinken. Das allerdings nahm im Rahmen dieser extremen Geschäftigkeit keinerlei Notiz von ihnen. Der Fahrer nannte einen Preis, den man nicht verstehen konnte. Auch auf mehrmaliges Nachfragen kam keine verständlichere Artikulation aus ihm heraus. Mit Sicherheit würde er zu hoch sein. Aber ob sie nun umgerechnet drei oder zwanzig Euro bezahlten, war ihnen nun auch egal. Der Fahrer registrierte diese Nonchalance wohlgefällig und verbuchte sie unter Großzügigkeit. Aus dem Radio quoll süßliches Gesäusel, das aber mit Tabla untermalt war. Die Bilder, die sie von der Stadt archiviert hatten, wurden sofort wieder aktiviert und legten sich über die aktuellen Eindrücke, was ihre Eindringlichkeit verstärkte.

Der Fahrer verfügte über übersinnliche Fähigkeiten, die ihn wie durch Zauberhand durch den Verkehrsdschungel leiteten. Um nichts in der Welt würde sich einer der Fahrgäste hinter dieses Steuer setzen. Dabei hatte man nicht den Eindruck, dass der Herr am Lenkrad besonders konzentriert war. Die meiste Zeit telefonierte er hektisch auf seinem Handy. Er schien auf jeden Fall mehrgleisig zu fahren und hatte noch verschiedene andere Aufgaben zu bewältigen, um seine vielköpfige Kinderschar zu ernähren. Manchmal zeigte er auf irgendein Haus oder einen Platz und kommentierte die Stelle, die wahrscheinlich als Sehenswürdigkeit irgendeine Bedeutung hatte. Aber es war beim besten Willen nicht zu verstehen. Wahrscheinlich war es Englisch, aber man konnte nicht ganz sicher sein. Deswegen nickten sie nur gefällig und taten, als seien sie dankbar für die Erklärungen. Irgendwo waren wohl alle Inder verkappte Reiseleiter. Zumindest lag ihnen das Erklären im Blut.

Nachdem sie Teile der quirligen Innenstadt passiert hatten, landeten sie auf einer Ausfallstraße, deren Schilder schon auf den Airport hinwiesen. Die brutzelnden Straßenküchen bildeten eine Art Spalier, das sich grüßend vor ihnen verneigte. Lohmann verband allerdings eine unangenehme Erinnerung daran, fühlte sich aber dennoch ästhetisch angemessen eskortiert. Die Hinweisschilder auf den Flughafen mehrten sich und bildeten einen Ariadne-Faden heraus aus dem Labyrinth, das sie erst angesaugt hatte. Sie waren noch nicht verschluckt worden, aber der Mythos dieser mehrdimensionalen Verwicklung hatte sie auf der Zunge zergehen lassen und jetzt wurden sie rechtzeitig wieder ausgespuckt.

Der kleinteiligen Architektur der Improvisation folgte nun nach und nach der klotzige Gigantismus der Neuzeit, der im Marmor des Flughafens selbst seinen Höhepunkt fand. Es war, als führe man einen Geburtstunnel entlang und würde kurz vor der Entbindung in einen neuen Raum stehen. Aber das Archaische hielt sie zurück und eigentlich wollten sie nicht heraus. So hingen sie ihren Erinnerungen nach, die sie festhielten und die sie gleichzeitig als Grabbeilage mitnahmen. Alle verarbeiteten diesen Prozess unterschiedlich. Während Robert und Lohmann ihn still in sich arbeiten ließen, verfiel Pröbsting wieder in seinen Sprechzwang, der die latente Melancholie wohl überdecken sollte. Der eingequetschte Lange war zu sehr mit seinen Gliedmaßen beschäftigt, als dass er seinen Gedanken freien Lauf lassen konnte. Immer wieder versuchte er durch leichte Verrückungen, die Verknotungen zu entlasten. Der Fahrer reichte dem Langen lächelnd den Priem einer Betelnuss und der Lange griff zu, steckte sich das Ding in den Mund und begann, darauf herumzukauen. Ziemlich schnell verfärbten sich seine Zähne rot und seine Gedanken rosa. Denn die Wirkung dieses Stoffs soll Gelassenheit und Wohlbefinden zur Folge haben. Deswegen wird er in Indien auch nicht als Rauschmittel, sondern als Genussmittel gesehen. Allerdings regt er auch den Speichelfluss an. Alsbald drehte der Lange das Fenster herunter und spuckte seinen roten Saft auf die Straße. Der Fahrer wunderte sich nicht, denn er spuckte selber andauernd aus dem Fenster. Die Rückbank kicherte. Der Lange kicherte auch, aber aus anderen Gründen. Er war zwar nicht direkt berauscht, aber eine anregende Wirkung in Form einer gewissen Leichtigkeit verspürte er schon. So war seine eingeklemmte Lage etwas leichter zu ertragen. Und das erklärte sicherlich auch die überaus hohe Popularität der Betelnuss in Indien. Sie ließ alles leichter ertragen.

Nun war das Flughafengebäude in Sichtweite und der Hindustan Ambassador gondelte langsam in Richtung Abfertigungshalle. Wieder war davor ein Absperrgitter aufgestellt, hinter dem sich eine große Schar drängelte, die auf die Ankömmlinge wartete. Mittlerweile hatten sie sich an solche Gesichter gewöhnt, sodass sie nicht mehr so verwundert waren wie bei der Ankunft. Sie schälten sich aus dem engen Vehikel und überreichtem dem Priemkauer ein großzügiges Salär. Er verabschiedete sich gut gelaunt, nicht ohne noch einen roten Flatschen auf dem Pflaster zu hinterlassen. Der Lange tat es ihm gleich und setzte so seine Markierungen als potentielle Landeplätze für subatomare Teilchengeschwader, die den Unterschied von Geist und Materie negierten. Das Kauen vermittelte ihm ein Zugehörigkeitsgefühl, das ihn selbst ins Unermessliche verteilte, wenngleich es ihn auch mit jedem Spucken ins Singuläre zurückholte. Sie schauten sich nach Amit um, der aber in dem Wimmelbild unauffindbar war. Also begaben sie sich instinktiv zu der Stelle, an der er vor zehn Tagen auf sie gewartet hatte. Erfreut beschleunigten sie ihren Schritt, als sie den gelben Lastwagen an genau der Stelle sahen, an der damals der Transit gestanden hatte. Die Tür ging auf, aber es kam nicht Amit heraus, sondern zu aller Erstaunen nur Dinata. Ihr freundliches ‚Namaste' weitete sofort die Herzen und sie erkundigten sich besorgt nach Amit. Dinata erzählte ihnen die ganze Geschichte. Sie war ihrerseits besorgt, dass er über das Handy nicht erreichbar war. Auch bei seiner Familie hatte er sich noch nicht gemeldet. Dinata vermutete, dass er zu Zeugenaussagen bei der Polizei vorgeladen war oder sonstwie in Komplikationen mit dem Überfall verwickelt war. Sie wusste, dass er den Verbrechern das Geld und die Pistole abgenommen hatte, sodass er zumindest so liquide war, dass er sich helfen konnte. Das mit der Pistole fand sie aber dennoch besorgniserregend. Sie tauschte mit den Gästen die Adressen aus und versicherte, dass sie sich melden würde, sobald sie in Europa gelandet wäre. Das könne nicht mehr lange dauern, denn sie habe alle Hebel in Gang gesetzt, um ihren Wunsch Wirklichkeit werden zu lassen. Dann trennten sie sich schweren Herzens und sie winkte ihnen nach. Die Vier begaben sich zur Eingangstür. Davor setzte der Lange noch schnell einen roten Akzent und spuckte den Pfriem gleich mit aus. Dann waren sie schlagartig in der anderen Welt, von der die Außenstehenden mit Gittern abgetrennt wurden. Diese teuer erkaufte Scheinwelt war sicher nicht die eigene, aber die Schleuse in Heimatgefilde.

Als sie sich auf den Weg zu den Abfertigungsschaltern machten, bemerkten sie zwei kleine zierliche Mädchen mit weißen Schleifen in den pechschwarzen Zöpfen und in Schuluniformen, die ihnen folgten. Als sie auf gleicher Höhe waren, zupfte eines der Mädchen, das einen Karton dabei hatte, Lohmann am Ärmel und überreichte ihm den Karton. „Is for you. Namaste", rief es ihm entgegen. Dann liefen beide Mädchen schnell weg, zurück in ihre Welt.

Lohmann stand konsterniert und angewurzelt und wusste nicht, was ihm geschah. Er schüttelte den Karton und hatte keine Ahnung, was es damit auf sich hatte.

„Da ist garantiert ne Bombe drin", witzelte Pröbsting.

Sie gingen zum Schalter von Turkish Airlines und checkten ein. Dann begaben sie sich zu den Gates und warteten in schwarzen Polstern auf ihren Aufruf. Lohmann hatte den Karton auf seinem Schoß und starrte auf die Verpackung in Zeitungspapier.

„Mach auf", drängelte Pröbsting.

Der Lange schaute mit glasigen Augen zu, als Lohmann den Karton öffnete. Er konnte es nicht glauben, als er den Inhalt sah. Es waren seine Holzschuhe. Lohmann trieb es Tränen der Rührung in die Augen und er murmelte einen Satz, den er vor zehn Tagen wohl noch kaum über die Lippen gebracht hätte.

„I love India!"

WESTKIRCHEN

Nachdem sie eine Woche wieder zu Hause waren, bekam Lohmann Post aus Jaipur.

Es war die Todesanzeige für Amit.

Über die Todesursache wurde keinerlei Mitteilung gemacht.

Warum so?

DER AUTOR

Der Autor Herbert Schoppmann, Jahrgang 1952, hat an der Kunstakademie Münster Malerei studiert und an der Westfälischen Wilhelms-Universität Münster Philosophie. Den Schwerpunkt seiner künstlerischen Tätigkeiten bildet die Malerei. Die Begegnung mit Gerhard Lohmann fand vor über dreißig Jahren statt. Zusammen gründeten sie die Band ERROR SIX, die durch Gero Probst und Thomas Steinhoff ergänzt, auch heute noch existiert. Erst spät kam die Schriftstellerei hinzu. Im chili-verlag erschien 2014 ‚Zwischen Kuns tRäumen'. Auch in seinen Büchern dominiert ein ästhetischer Blick, der von philosophischen Untertönen begleitet wird.

DIE BAND

von links nach rechts:
Herbert Schoppmann, Thomas Steinhoff, Gero Probst, Gerd Lohmann

Herbert Schoppmann, **Zwischen Kuns tRäumen**
Roman, 252 Seiten, chiliverlag 2014
ISBN 978-3-943292-11-4, Euro 14,90

Georg Buschnagel lebt in zwei Parallelwelten: Er ist Kunst-Lehrer an einer weiterführenden Schule, aber nicht immer ist der Unterricht nach Lehrplan mit der Freien Kunst und dem Leben als freischaffender Künstler unter einen Hut zu bringen.

Mehr und mehr taucht er ein in die Welt der Galeristen und Ausstellungen, in der Geld, Glamour und manchmal auch Korruption die Geschäfte regieren. Die Bekanntschaft zu dem dubiosen „Galeristen" Kasorski, der sich als ehemaliger Immobilienmakler ohne jegliche Vorkenntnisse über die Kunstszene in dieser einen schnellen Namen machen will, endet in einer Katastrophe, die Buschnagels geordnete Welt zum Einstürzen bringt. Wird es ihm gelingen, seine zwei gegensätzlichen Existenzen unter einen Hut zu bekommen, und welche Rolle spielt dabei ein entwendeter mysteriöser Filzanzug?

wir wölfe – Gedichte
Eine poetische Hommage an unsere Tierwelt, Hg. Franziska Röchter
Mit Fotos von Heike Großmann und Christine Zeides
chiliverlag 2016, ISBN 978-3-943292-45-9
148 Seiten, Euro 9,90

Annähernd 60 Autorinnen und Autoren, unter ihnen Michael Starcke, Peter Ettl, Esther Ackermann, Thomas Rackwitz, Sören Heim, dichten über die Vielfalt und den Artenreichtum unserer Tierwelt. Aus den Gedichten und den Fotos von Heike Großmann und Christine Zeides spricht eine große Wertschätzung gegenüber Tieren und ein Erkennen ihrer unglaublichen Einzigartigkeit sowie Bewunderung ihrer Schönheit.

Mal humorvoll, zunehmend aber auch ernsthaft werden Besonderheiten einiger Tierarten und Wissenswertes poetisch beleuchtet und ihr Dasein in Relation zum Menschen bespiegelt. Mit Gedichten des Anfang 2016 verstorbenen Bochumer Lyrikers Michael Starcke.

Pappalappa Mirzapan – Gedichte für besondere Kinder
Hg. Franziska Röchter, mit einem Nachwort von Bernhard Winter
chiliverlag 2016, ISBN 978-3-943292-49-7
80 Seiten, 8,90 Euro

Rund 35 Autorinnen und Autoren, unter ihnen Alex Dreppec, Bernhard Winter, Jürgen Völkert-Marten, Elisabeth Drab u. v. m. schreiben Gedichte für ganz besondere Kinder.

Dieses ganz besondere Büchlein gibt Eltern Gedichte an die Hand, um ein Sprachverständnis selbst bei denjenigen Kindern und Jugendlichen zu fördern, von denen man annimmt, sie hätten nicht die nötigen Voraussetzungen, um Gedichte zu verstehen. Ein wunderbarer Band zur spielerischen Unterstützung von Sprachanbahnung und -entwicklung bei Spezialkindern, aber ebenso bei allen anderen Kindern, die Klang, Rhythmus und Stimme genießen und an Versen und Reimen Spaß haben. Mit einem Nachwort von Bernhard Winter, psychologischer Psychotherapeut und Lyriker.

Alex Dreppec, Tanze mit Raketenschuhen – Dance with Rocket Shoes
Wissenschaftsgedichte – Science Slam Poetry
chiliverlag, 12/2016, ISBN 978-3-943292-50-3
180 Seiten, 12,- Euro

Obwohl die vorliegenden Gedichte nicht dem – nicht-poetischen – Genre des Science Slam zuzuordnen sind, hat ihre Entstehung mit der des Science Slam zu tun. Alex Dreppec, Erfinder dieser besonderen Spielart des Poetry Slam, war und ist stark in die Organisation und Moderation dieser Wettbewerbe eingebunden. Im Laufe der zurückliegenden Jahre entstand die hier vorliegende einzigartige Sammlung. Alex Dreppec ist einer der meistgedruckten deutschen Lyriker.

Although the present poems are not part of the – non-poetic – genre of science slam, their origin has to do with the latter. Alex Dreppec invented this special field of poetry slam and has been involved for many years with its organisation and presentation. Over the past years, the present collection developed. Is is absolutely unique. Alex Dreppec is one of Germany's most frequently printed poets.